Xin Zhong Guo Chu Qi

Hun Yin Su Song Shi Jian yu Li Nian Tan Xi

曾 琼◎著

新中国初期

婚姻诉讼实践与理念探析

中国政法大学出版社

2016・北京

图书在版编目（CIP）数据

新中国初期婚姻诉讼实践与理念探析/曾琼著. —北京:中国政法大学出版社,2016. 8

ISBN 978-7-5620-6959-1

Ⅰ. ①新… Ⅱ. ①曾… Ⅲ. ①婚姻家庭纠纷－民事诉讼－研究－中国 Ⅳ. ①D923. 924

中国版本图书馆CIP数据核字(2016)第193169号

出 版 者　中国政法大学出版社

地　　址　北京市海淀区西土城路 25 号

邮寄地址　北京 100088 信箱 8034 分箱　邮编 100088

网　　址　http://www.cuplpress.com (网络实名：中国政法大学出版社)

电　　话　010-58908586(编辑部)　58908334(邮购部)

编辑邮箱　zhengfadch@126.com

承　　印　固安华明印业有限公司

开　　本　880mm×1230mm　1/32

印　　张　7.875

字　　数　190 千字

版　　次　2016 年 8 月第 1 版

印　　次　2016 年 8 月第 1 次印刷

定　　价　32.00 元

序　言

PREFACE

在中华人民共和国的法制建设历程中，新中国成立初期婚姻诉讼实践是我国民事诉讼制度发展中的关键性阶段。虽然我国立法中至今并没有明确规定“婚姻诉讼制度”，但在司法实践中，由婚姻纠纷引起的诉讼却大量存在，是民事诉讼的重要组成部分。在新中国成立初期的特殊条件下，婚姻案件几乎是民事案件的主流，因而当时婚姻案件的诉讼程序实际上代表了其他民事案件的诉讼程序。婚姻司法实践对新中国后来民事诉讼制度和程序发展有着重大而深远的影响。因此，研究新中国成立初期婚姻诉讼方式及特色，探讨其成功经验的传承价值，对完善新时期的婚姻家事诉讼制度就具有典型意义。

我国至今并没有明确规定“婚姻家事诉讼制度”，新中国初期的婚姻诉讼也只是婚姻家事诉讼制度的雏形。它的形成是历史发展中诸多因素作用的必然结果，其中既有革命根据地创建的民事审判程序和制度的传承，又包括新中国成立初期司法在婚姻法贯彻实施中的经验积累。特别重要的是，1950 年《中华人民共和国婚姻法》的颁布与实施，是一个有力的推动因素。1950 年颁布的《婚姻法》不仅引起了婚姻家庭制度的巨大变革，而且由此产生了对司法程序的需求，促使了婚姻诉讼程序制度雏形之形成。

新中国成立初期对婚姻纠纷的处理，总体上是诉讼内与诉讼外相结合的一种互动模式。在司法实践中，一般表现为专门机关与人民群众参与相结合、人民调解与诉讼调解相结合，以及运动推进式的运行方式。这种运行方式反映了当时婚姻诉讼实践的时代特征，即审理案件的程序简单而宽松，处理婚姻纠纷的方式方便而灵活；审判婚姻案件的依据中政策导向性较强；审判观念和审判活动过程的便民服务性与职权性相结合等特点。新中国成立初期处理纠纷的方式，不仅用于解决婚姻纠纷，而且在审理其他民事案件中也被长期沿用。

随着改革开放的深入发展和婚姻法的几次修改，婚姻家庭领域发生了大的变化，婚姻家事纠纷出现了种类繁多、性质复杂、发生频率高、排解难度大等特点。而新中国成立初期婚姻诉讼的历史局限性也显现出来，如程序立法滞后、过分偏重调解结案可能导致诉讼迟延和程序虚无而形成重实体轻程序倾向等。但是，也不能因此而全盘否定新中国成立初期婚姻司法实践及其所反映出的司法理念与合理性因素，如便民服务的司法理念、婚姻家事诉讼中职权干预、诉讼调解与诉讼外调解相结合的方法、法院审判与有关单位配合与互动等合理性因素，仍有理论启示和传承意义。

事实证明，新中国成立初期婚姻诉讼实践的成功经验与现代婚姻家事案件的程序需要，在很大程度上是契合的。不同的是，我国长期以来的职权主义模式是按照通常诉讼程序处理婚姻家事案件，而民事审判方式改革中又有单纯强调当事人主义的倾向，诉讼中普遍推行辩论原则和处分权原则，没有顾及婚姻家事案件的特殊性，自然也不可能充分认识婚姻家事诉讼的特殊要求。婚姻家事事件是由婚姻法所确定的权利义务关系发生争议，包括婚姻法所确认和保护的身份关系处于不稳定状态，以及以身份关系为基础并与身份关系有着密切联系的财产事件等。这类事件和一般财产关系的案件有着本质上的差异，它涉及身份关系和情感等多重因素。婚姻家事纠纷的解决，并不是单纯地追求权利义务型的“非黑即白”，在程序上更追求一定程度的非对抗性，因而在民事诉讼法中设立婚姻家事诉讼的特殊程序很有必要。

近几年来，已有不少专家学者就设立家事诉讼程序或人事诉讼程序进行了专门著述和系统论证。笔者在本书中只就自己的粗浅理解阐述一管之见。笔者认为，在当前新形势下，应根据婚姻家事纠纷的公益性、私益性、纠纷主体的复杂性等特点，及其对裁判公正性的客观需求，有必要吸收新中国成立初期婚姻司法实践经验，在民事诉讼程序体系中增设我国婚姻家事诉讼的特别程序，以完善我国婚姻家事审判程序和民事诉讼程序的设置，也是对建国初期婚姻诉讼制度的创新。

曾 琼

2016 年 6 月 18 日于湘潭大学

目录
CONTENTS

第一章 导 论

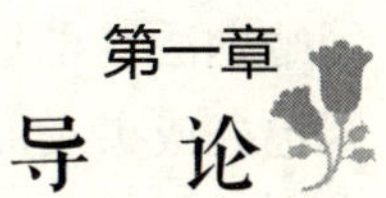

第一节 问题的提出及研究意义

一、问题的提出

在中华人民共和国的法制建设历程中，婚姻法律制度的确立，先于民事诉讼法律制度。在法典形式上，我国于1950年就颁布了新中国第一部婚姻法，即《中华人民共和国婚姻法》而直到1982年才颁布新中国第一部民事诉讼法，即《中华人民共和国民事诉讼法（试行）》。当然，不可否认，实体法本身同样包含有程序法的内容，而且现实中也存在着实质意义上的民事诉讼法。如1950年，中央人民政府法制委员会制定的《中华人民共和国诉讼程序试行通则》《最高人民法院审判方式方法及其经验》，1956年《最高人民法院关于各级人民法院民事案件审判程序总结》和1957年《民事案件审判程序（草稿）》等。但缺少形式意义上的民事诉讼法，因为以上毕竟不是完整意义上的民事诉讼法。不过，人民法院却不能因为没有完整的民事诉讼法典而拒绝审理案件。从建国初期[1]一段时间内的民事司法实践看，婚姻案件几乎是民事案件的主流，因而，事实上存在着婚姻司法活动。特别突出的是，随着1950年《中华人民共和国婚姻法》的颁布、宣传和贯彻实施，成千上万在封建压迫下，因包办或买卖而结成夫妻的男女，尤其是妇女，纷纷要求婚姻自由。因此，在这个过程中必然产生了大量的婚姻纠纷，其中又以离婚纠纷最为突出，其中大部分都是通过离婚来解除包办婚姻和买卖婚姻。因而，这一时期曾被称为我国第一次离婚“高峰”。人民法院根据婚姻法以及相关政策的规定，在新中国成立初期的几年中审理了数以百万计的离婚案件。据统计，“1951年法院受理的离婚案件较上年增长23.4%；1952年比1951年受理的离婚案件又上升51.5%”；[2]“1953年全国离婚案件达117万起”，比1952年增加10.54%。[3]对这些婚姻案件的处理，不仅进一步促进了婚姻法的贯彻实施，而且也在一定程度上推动了我国新婚姻家庭制度的形成和封建制婚姻家庭制度的解体，充分体现了司法程序的保障作用。同时，在这些婚姻案件的审理中，具有中国特色的民事诉讼制度之雏形也开始逐步显现。如：体现革命根据地时期“马锡五审判方式”特色的注重调解、群众参与、职权调查、就地解决等处理纠纷的方式，不仅被用于解决婚姻纠纷，而且在审理其他民事案件中

---

〔1〕 以中华人民共和国成立为标志，我国一般把中华人民共和国成立后的中国称“新中国”。为语言表达方便、简洁，也遵循一般用语习惯，本书中直接表述为“新中国”；把新中国成立初期表述为“新中国初期”，有时也按照约定俗成的习惯，表述为“建国初期”。本书的“建国初期”主要指1950年~1956年这一段时间。因为这一时期是我国从新民主主义到社会主义的转变时期，所以也称“过渡时期”。

〔2〕 何兵：《现代社会的纠纷解决》，法律出版社2001年版，第36页。

〔3〕 肖爱树：《20世纪中国婚姻制度研究》，知识产权出版社2005年版，第224页。

也被长期沿用。由此可见，建国初期婚姻案件的审判程序对新中国后来的民事诉讼制度和程序，特别是婚姻诉讼有着非常重大而深远的影响。同时也表明，新中国婚姻案件的诉讼程序实际上是被作为普通民事诉讼程序对待的，并没有对婚姻家事诉讼作特别规定。无论是1982年的《中华人民共和国民事诉讼法（试行）》（简称《试行民事诉讼法》），还是1991年的《中华人民共和国民事诉讼法》（简称《民事诉讼法》），都未将普通民事纠纷案件与婚姻纠纷案件的审判程序做明显区分，只是在诉讼程序的某些环节上作了些许特别规定。从某种意义上说，这也许是我国民事诉讼一直奉行职权主义诉讼模式的缘由之一。2012年8月31日，第十一届全国人大常务委员会第十八次会议通过了关于修改《中华人民共和国民事诉讼法》的决定，新修正的《民事诉讼法》（以下称“新民诉法”）已于2013年1月1日起实施。这是自1991年《民事诉讼法》实施以来的第二次修改。“新民诉法”相对于2007年的第一次修改，可以说是一次大修改，是对现行民事诉讼程序制度的进一步完善。这次修改，新增了公益诉讼、小额诉讼一审终审、诉讼行为保全、第三人撤销之诉等制度，并且在特别程序中增加了“确认调解协议案件”“实现担保物权案件”的程序。但是，“新民诉法”仍然没有关于婚姻家庭案件审判程序的特别规定。因而，“新民诉法”并不能满足婚姻家事案件对程序的特殊性需求。在这种情势下，研究建国初期婚姻诉讼就具有了典型意义。而法学界对这一方面却关注不够，对于建国初期的婚姻制度，从实体法的角度研究的著作很多，从程序法的角度来研究新中国初期婚姻司法制度及其对当代启示的成果却较少。在前一段司法改革的热潮中，研究者更多地把眼光投向了国外，接收了一些“现代”的理念。在民事诉讼领域里，伴随着改革与创新，借鉴国外先进的诉讼理念，无疑是必要的。但与此同时，也不可否认历史具有延续性，如果放弃历史沉淀的文化根基，改革会如同无源之水、无本之木。因此，在诉讼制度进一步改革时，不仅要眼光向外，还要眼光向内，去挖掘原有制度中已被淡化的优良传统，以达到本土的、大众的民事诉讼文化与先进的、现代的诉讼理念之完美结合。只有这样，才能进一步完善我国现代民事诉讼制度。就新中国初期婚姻纠纷的处理方式而言，其事实上也已经成了一种传统。既然如此，就还有一系列问题需要进一步探讨。比如：新中国初期婚姻司法究竟有哪些经验和教训？这些经验和教训对当前婚姻诉讼制度以及民事诉讼制度的完善有什么启示？市场经济体制形势下婚姻纠纷有哪些新特点？婚姻家事诉讼程序的独立价值取向是什么？新中国初期婚姻诉讼实践经验可否传承以及如何创新？等等。因此，笔者将以1950年《婚姻法》贯彻实施为切入点，分析司法保障对我国新婚姻制度形成过程中的作用的基础上，着重探讨新中国成立初期婚姻诉讼制度的形成背景及其特色，分析其历史功绩和局限，以期对我国进行的民事诉讼程序制度改革和婚姻诉讼制度的完善有所启示。同时，此书属于跨学科、跨领域的综合性研究，有些问题看似是实体问题，但实质上却是司法程序问题，或者说是婚姻诉讼程序问题。因为中华人民共和国初期的婚姻司法制度的运行方式，与婚姻法贯彻实施方式实际上是一致的，即：是一种政策导向式、运动推进式和民众参与式的诉讼实践。在当时的环境下，这种运行方式将诉讼制度与诉讼程序所蕴含的社会控制功能充分发挥出来，真正起到了司法的保障作用。所以，本书实际上需要把婚姻实体法与程序法融为一体进行研究。对笔者而言，本书的研究是一种尝试和挑战，而且面临着参考资料缺乏等因素，困难是相当大的。只能在学习中研究，在研究中学习。

二、研究的理论价值和实践意义

第一，研究新中国初期婚姻司法制度在社会变革与社会目标实现上所发挥的作用，可为当代婚姻诉讼制度的改革创新提供有益的启示。

男女婚姻关系是家庭构成的基础，并因男女婚姻而产生父母子女关系。婚姻家庭除了血缘关系外，还包括由此产生的经济关系。由男女婚姻产生的血缘关系和经济关系的家庭，是社会的细胞，也就是社会构成的基层单位。因而，婚姻制度是社会制度的组成部分，婚姻制度的变革与社会发展变化有着密切的联系，或者说有一种互动关系。从这个意义上说，处理好婚姻家庭纠纷，也是关系到人类社会发展和社会秩序稳定、和谐的重大问题。1950 年《婚姻法》是中华人民共和国成立后颁布的第一部法律，这部《婚姻法》彻底废除了以包办强迫、男尊女卑、漠视子女利益为特征的封建主义婚姻家庭制度，确立了婚姻自由、男女平等、一夫一妻、保护妇女儿童合法权益的社会主义新婚姻家庭制度。而在学术研究方面，从实体法视角研究这一时期的婚姻家庭制度的成果较多，从民事司法制度和程序角度的研究却较少，而对新中国初期婚姻司法制度展开专门化、系统化研究的成果就更少了。因此，把这一阶段婚姻司法制度确立与发展放到整个中国社会民事诉讼法律制度当中研究，可为构建我国婚姻家事诉讼的特别程序提供有益的参考，并可扩充民事诉讼法学理论研究领域，这在一定意义上具有填补空白的作用。

第二，客观评价中华人民共和国初期的婚姻诉讼实践，全面透视新中国初期婚姻诉讼制度的理论根基与实践创新，具有较强的实用意义。

这是因为，我国数千年历史形成了具有深厚传统的审判经验或制度，其中包括许多在今天看来仍然具有积极因素的成分。[1]而新中国初期，人民法院通过审判大量的婚姻家庭纠纷案件，支持了广大群众反封建的正义斗争，对于促进我国婚姻家庭制度的改革，发挥了重要作用。[2]这一时期的婚姻审判工作既有对新民主主义革命根据地司法优良传统的继承（也包含着对历史传统的继承），又有适应社会转型时期需要的观念和制度的创新。所以，对这一时期婚姻司法活动的经验与教训进行分析，探讨出处理民事案件中的一些规律，对新时期的婚姻诉讼制度的改革和民事诉讼程序的完善，对保障当事人的合法权利，实现诉讼公正，无疑具有一定的启示与借鉴意义。

第三，通过本书的研究，对促进我国民事诉讼程序制度进一步改革具有一定的理论价值和现实意义。

在我国社会由计划经济转为市场经济的新形势下，根据婚姻家庭纠纷的公益性、私益性、纠纷主体构成的复杂性等特点及其对裁判公正性的客观需求，运用多学科、多种形式相结合的方式以及诉讼法理与非讼法理的交错适用的理论，探讨在民事诉讼法中设立综合性的婚姻家事诉讼的特别程序，对于处理婚姻家事案件、完善婚姻诉讼程序、促进民事诉讼制度改革有着更明显的现实意义。全面透视新中国初期婚姻司法制度的理论根基与诉讼实践经验，并分析其运行的社会效果，不仅可以对婚姻诉讼制度进行客观的评价，而且在民事诉讼理论研究方面具有一定的开创性。

---

〔1〕 程维荣：《中国审判制度史》，上海教育出版社2001年版，第14页。

〔2〕 当然，除婚姻案件外，1950年到1953年期间，各地人民法院还审判了大量的财产权益纠纷案件，因为本书侧重于婚姻司法的研究，所以对财产纠纷，笔者在本书中不做详细论述。

第二节 相关研究成果综述

一、侧重于婚姻家庭法学领域的研究

新中国成立后颁布的第一个重要法律就是1950年的《婚姻法》。该《婚姻法》继承了革命根据地时期的婚姻立法传统[1]，也借鉴了苏联的立法体例和法制理论，将婚姻法作为独立的法律部门，使之成为具有基本法性质的法律。

该法彻底废除了以包办强迫、男尊女卑、漠视子女利益为特征的封建主义婚姻家庭制度，确立了以婚姻自由、男女平等、一夫一妻、保护妇女儿童合法权益为原则的新型婚姻家庭制度。这一时期大多是围绕《婚姻法》的贯彻实施进行婚姻家庭问题研究，关于诉讼程序问题的专项研究成果极为少见。当时，婚姻家庭理论研究主要服务于三大任务：一是抨击以包办强迫、男尊女卑、漠视子女利益为特征的封建主义婚姻家庭制度及其赖以支撑的纲常礼教等价值观念和理论体系；二是揭露资本主义社会婚姻家庭制度的虚伪性，批驳资产阶级婚姻家庭价值观，引导社会抵制资产阶级婚姻家庭思想意识的侵蚀；三是传播马克思主义的婚姻家庭理论，宣传社会主义婚姻家庭制度的内容及其进步性，为《婚姻法》的贯彻执行提供理论依据和舆论导向。[2]在研究成果方面，除了《婚姻法概论》《婚姻法讲话》《十年婚姻审判经验总结》等数十种有关婚姻法的宣传读物外，

---

〔1〕 革命根据地时期，1931年的《中华苏维埃共和国婚姻条例》和1934年的《中华苏维埃共和国婚姻法》，是我国婚姻家庭立法史上的两个重要法律文件，是建国后婚姻法的重要基础之一。

〔2〕 张敏杰：“中国的婚姻家庭问题研究：一个世纪的回顾”，载《社会科学研究》2001年第3期。

同时也翻译、引进了苏联社会主义婚姻家庭法学的相关著作。随着研究的逐步系统和深入，比较有影响的关于婚姻家庭的专著也相继问世。其中，马起先生的《中国革命与婚姻家庭》就是有代表性的著作之一。〔1〕由于1950年《婚姻法》颁布后，婚姻纠纷数量上升，其中主要是离婚案件较多，离婚问题一度成为社会问题的热点，因此对离婚问题探讨和研究的成果较为丰富。其中有代表性的著作包括李心远的《新中国的婚姻问题》《婚姻问题参考资料汇编》，马起的《谈离婚的政策界限》，丁一的《谈谈恋爱婚姻问题》等集中于离婚问题的探讨。与此同时，当时《中国妇女》杂志还曾开辟专栏，围绕韩幽桐在《人民日报》上发表的《对于当前离婚问题的分析和意见》文章，〔2〕就离婚理由的不同观点进行讨论，即对离婚标准上的“感情论”与“理由论”的辩论。理论界和司法实务界各抒己见，热烈争论，气氛活跃。1958年，法律出版社收集了各种不同观点的文章，编辑出版了《离婚问题论文选集》，这是20世纪50年代一本影响较大的论文集。虽然在新中国之初，司法制度还不完善，在“重实体，轻程序”的传统观念长期影响的环境中，上述研究成果主要是从实体法的角度探讨，但这些研究成果同样能从侧面反映当时婚姻司法状况。婚姻家庭问题本身具有复杂性、多样性和综合性的特点，基于实体法与程序法的密切联系，从实体问题入手研究婚姻司法问题是一个重要的、基本的途径。况且，婚姻家庭纠纷有许多是因为离婚而引起或派生的，对离婚案件的处理情况会直接影响到其他婚姻家庭纠纷的处理。离

---

〔1〕 参见马起：《中国革命与婚姻家庭》，辽宁人民出版社1959年版。

〔2〕 韩幽桐的文章讨论了四个问题：①婚姻案件是增加还是减少；②当前离婚的主要原因是什么；③怎样认识和对待离婚问题；④法院应当怎样处理离婚案件。参见法律出版社编：《离婚问题论文选集》，法律出版社1958年版，第1页。

婚的标准及其政策界限问题既是实体问题，也是程序问题，是法院判断婚姻案件“离”与“不离”的重要依据之一。所以，上述研究成果以及相关的政策文件，不仅是反映新中国初期司法状况的宝贵资料，而且也是研究婚姻诉讼程序的重要依据。

从1958年到20世纪70年代末的特定历史条件下，虽然婚姻家庭问题本身在不断变化，但法学理论研究（包括对婚姻诉讼方面的探讨）基本处于停顿状态。1980年《婚姻法》颁布后，婚姻家庭理论研究进入了新阶段。伴随着改革开放，在经济发展的同时，我国婚姻家庭问题出现了许多新情况。其中较为突出的问题是：部分人的婚姻道德观念混乱，婚外恋、婚外性关系日渐增多，甚至重婚纳妾、包养“情妇”等违法现象也时有发生；离婚率也有不断上升的趋势；一些家庭关系失衡，重子女，轻视老人、家庭暴力、忽视道德、轻视品质等现象也很严重；社会公德意识淡薄、邻里交往减少、人际关系冷漠等问题也逐渐暴露出来。这种情境引起了理论界和实务界的重视，理论研究又活跃起来。

在婚姻家庭方面，除了反映我国婚姻家庭领域的法制重建以及社会转型带来的新变化外，[1]许多以婚姻家庭问题为主题的论著都对离婚问题进行了分析和研究，从不同的角度就离婚问题提出了新的见解。如：陶毅、明欣的《离婚：单一破裂主义或混合主义》，高健生、刘宁的《离婚问题面面观》，曾毅、吴德清的《八十年代以来我国离婚水平与年龄分布的变动趋势》，张敏杰的《中国的离婚态势》，曾毅主编的《中国八十年

〔1〕秦燕、李亚娟：“20世纪80年代的婚姻法律与婚姻家庭变迁”，载《当代中国史研究》2003年第3期；王跃生：“社会变革与当代农村婚嫁家庭变动研究的回顾和思考”，载《当代中国史研究》2002年第5期；张树栋：《中国婚姻家庭的嬗变》，浙江人民出版社1990年版；等等。

代离婚研究》等，对离婚问题进行了比较系统的研究。在农村婚姻家庭问题研究方面，由雷洁琼领衔的课题组出版了《改革以来中国农村婚姻家庭的新变化》。2001 年《婚姻法》修改前后，学者们围绕着 1980 年《婚姻法》的修订，对婚姻家庭法的性质、婚姻家庭法的基本原则、婚姻家庭法的发展趋势以及妇女的人权保障等问题进行了更深入的研究，又有一大批较有影响的关于婚姻家庭问题的成果问世。如杨大文的《中国婚姻家庭法的修订与完善》，巫昌祯、杨大文主编的《走向 21 世纪的中国婚姻家庭》，1999 年李银河、马忆南主编的《婚姻法修改争论》，陈苇的《家事法研究》和《中国婚姻家庭立法研究》，曹诗权的《新婚姻法导论》，李秀华的《妇女婚姻家庭法律地位实证研究》，等等。此外，张希坡的《中国婚姻立法史》涉及了婚姻家庭法基础理论的立法史学研究；蒋月的《婚姻家庭法前沿导论》对婚姻家庭基本理论、婚姻家庭当中出现的新动向进行了探讨。还有一些学者对建国初婚姻制度改革情况进行了回顾与探讨，如张志永的《建国初期华北农村婚姻制度的改革》，庆格勒图的《建国初期绥远地区贯彻婚姻法运动》，[1]以及张懋的《建国初期的民事审判工作》，肖爱树的《20 世纪中国婚姻制度研究》等都很有代表性，这些成果对研究我国婚姻司法制度的形成与发展无疑有借鉴作用。

但从近几十年来的婚姻家庭法学的研究情况来看，大多数的研究成果都集中在应用研究和法律解释，主要围绕法律条文的阐释及其立法背景、适用效果、具体制度等方面，或者是纯粹研究某一历史时期的司法制度。研究思路和方法单一，视野还不够开阔，无论是广度还是深度都还有待加强。而运用比较

---

〔1〕 参见肖爱树：《20 世纪中国婚姻制度研究》，知识产权出版社 2005 年版，第 25 ~26 页。

研究方法，通过对不同历史时期或者同一时期不同方面相同或类似问题的对照分析，讨论各自利弊优劣及导致这种现象的背景性因素，可以开阔视野，甚至较快捷地寻找到解决问题的思路。[1]这正是本书想要努力探讨和尝试的。希望通过本书的研究能够发现隐藏在具体法律制度背后的依据和理论，客观评价中华人民共和国初期的婚姻诉讼实践，全面透视新中国初期婚姻诉讼制度的理论根基与实践创新。这种研究依然具有实用意义，因为，在我国数千年的历史上，形成了具有深厚传统的审判经验和制度，其中有许多在今天看来仍然具有积极因素。而在新中国成立初期，人民法院通过审判大量的婚姻家庭纠纷案件，支持了广大群众反封建的正义斗争，对于促进我国婚姻家庭制度的改革，发挥了重要作用。

二、涉及婚姻诉讼程序方面的研究

由于新中国初期司法制度尚不完善，民事审判基本上沿袭了新民主主义革命根据地的做法，程序观念不强，因此少有民事诉讼法学方面的研究成果。在民事诉讼制度建设方面，1956年~1982年间仅有一些规范性文件作为民事司法指导。主要包括：1956年的《关于各级人民法院民事案件审判程序总结》、1957年的《民事案件审判程序》和1979年的《人民法院审判民事案件程序制度的规定（试行）》，以及一些法律法规中包含的民事诉讼规范。这些文件既是民事审判的经验总结，也为制定民事诉讼法奠定了基础。这一阶段的研究成果主要是对国内外相关资料的收集和整理。随着我国第一部民事诉讼法，即1982年《民事诉讼法（试行）》的颁布，民事诉讼法学的研究

---

〔1〕 蒋月：《婚姻家庭法前沿导论》，科学出版社2007年版，前言部分。

才开始启动并逐渐发展。1991 年新的《民事诉讼法》颁行。1992 年，我国确立了建立市场经济体制的方针以后，随着民主法制建设的发展，民事诉讼法学研究逐步从注释法学转向了对现行民事诉讼制度的结构问题的探讨，以及对民事诉讼基本价值和基本理论等基本问题的研究。[1]如：柴发邦的《体制改革与完善诉讼制度》、江伟的《市场经济与民事诉讼法学的使命》及《民事诉讼法学原理》、陈桂明的《诉讼公正与程序保障》、王亚新的《社会变革中的民事诉讼》、章武生的《司法现代化与民事诉讼制度的建构》、齐树洁的《民事司法改革研究》等一大批优秀作品推动了民事诉讼法学的发展。目前，民事诉讼法学领域可以说是欣欣向荣、硕果累累。不过，从笔者所进行的书目查询和在因特网上的检索情况来看，对建国初婚姻司法状况和新时期婚姻诉讼程序创新的研究成果极少。其中与研究婚姻诉讼问题有联系的成果主要有：王强义的《民事诉讼特别程序研究》、马原的《民事审判理论与实务》、程维荣的《中国审判制度史》、邵俊武的《建立婚姻家庭民事诉讼专门程序之我见》、王礼仁的《建议设立人事诉讼制度》、范愉的《简论马锡五审判方式——一种民事诉讼模式的形成及其历史命运》和《非诉讼纠纷解决机制研究》、汤维建的《试论诉讼法理与非讼法理的交错适用》、曹诗权的《新婚姻法的宏观抽象评价》、胡士林的《完善我国多元化纠纷解决机制的对策研究》、张学军的《离婚诉讼中的调解研究》、陈爱武的《人事诉讼程序研究》以及郭美松的博士论文《人事诉讼程序研究》等等。这些研究成果为当今婚姻司法制度的改革创新提供了有益的启示，也为本书的研究提供了有一定价值的资料。此外，我国台湾地区学者邱联恭

---

〔1〕 参见江伟：《民事诉讼法学原理》，中国人民大学出版社 1999 年版，第 117 页。

的《基本权的程序保障》《程序保障之机能》《诉讼法理与非讼法理的交错适用——从民事事件之非讼化审理及诉讼化审理》等著作，对研究如何确立和完善我国婚姻纠纷的诉讼程序有着重要的理论指导意义。

第三节　研究思路和方法

一、研究思路与基本内容

从严格意义上说，我国至今在立法中并没有明确的“婚姻诉讼制度”概念。而在现实当中，由婚姻纠纷引起的诉讼却是一种客观存在，并且在民事案件中占有很大比重，是民事诉讼的重要组成部分。根据最高人民法院对全国第一审婚姻案件收案情况的统计，1954 年占 59%、1955 年占 63.7%、1956 年第一季度占 66.2%。[1]因此，作为民事诉讼制度的一个组成部分，婚姻诉讼制度的研究是不容忽视的。但从我国法学研究状况看，建国初期婚姻制度似乎已成为被学界淡忘了的历史。笔者认为，在进行民事司法改革（包含着婚姻司法制度）时，既要借鉴国外先进的理念，还应挖掘本土旧有制度中的合理因素和优良传统，才能使本土的、大众的婚姻司法文化与先进的、现代的诉讼理念相结合，以逐步实现民事诉讼制度现代化，并与国际“接轨”。为此，本书以新中国初期婚姻制度及其司法程序统摄全文，客观评价建国初期的婚姻诉讼制度，全面透视其理论根基与实践创新。概括地讲，全书共六个组成部分，除第一部分为导论外，主要研究内容包括：第二部分，主要研究新中国婚姻诉讼制度形成的社会历史背景。即从实体法与程序法

〔1〕 马起：《谈离婚的政策界限》，辽宁人民出版社 1957 年版，第 1 页。

的互动关系入手，以1950年《婚姻法》的颁行与贯彻实施为基础，论证新中国婚姻家庭制度变革对婚姻诉讼程序制度的促进，同时分析革命根据地人民司法经验对建国初期婚姻司法的启示，以及婚姻诉讼程序制度如何在保障新婚姻制度形成的过程中形成与发展。第三部分，通过回顾建国初期婚姻领域内的司法状况，从总体上研究建国初期婚姻纠纷的一般处理方式。并在此基础上分析“马锡五审判方式”的运用和群众路线在解决婚姻纠纷中的作用。第四部分，研究建国初期婚姻诉讼实践特色，分析诉讼外解决纠纷的方式与诉讼内解决纠纷方式的结合与互动、调解在婚姻诉讼中的运用经验，以及婚姻家庭诉讼制度对民事诉讼制度的影响。第五部分，对建国初期婚姻诉讼实践进行总体评价和科学总结，分析其理论意义、实践功绩以及经验的传承。揭示便民服务理念、职权干预、诉讼法理与非讼法理交错适用在婚姻诉讼中的典型意义。第六部分，在分析建国初期婚姻司法局限性的基础上，探讨我国婚姻诉讼制度的需求和走向。在分析建国初期婚姻诉讼实践对当代的启示的基础上，分析我国婚姻诉讼制度的发展趋势；通过阐明新时期婚姻制度的变迁对程序保障的新的需求以及处理婚姻纠纷所面临的程序困境，分析婚姻家事纠纷的特殊性和婚姻诉讼程序的独立价值取向，论证如何吸收建国初期婚姻司法可供借鉴的经验，探讨在民事诉讼中构建新的、具有综合性的家事诉讼特别程序的必要性与可行性，为完善婚姻诉讼程序制度提供建议。

二、主要研究方法

本书主要采取以下研究方法：第一，历史分析方法。以辩证唯物主义和历史唯物主义为指导，以1950年《婚姻法》的贯彻实施为切入点，客观地描述新中国初期婚姻制度改革及婚姻诉讼的基本特点以及形成的原因，并进行实事求是的评价，总结经验和教训，从中发现规律性或合理性的因素，挖掘其对当代婚姻诉讼程序的启迪意义，以便为民事诉讼制度进一步改革和婚姻诉讼制度的创新提供有益的参考。新中国初期的婚姻制度与司法程序总体来讲是不够完善的。但是，如果将其放在具体的历史时空、具体的社会背景下来评价，其在很大程度上又是成功的。所以，研究建国初期的婚姻司法制度必须结合当时社会的历史变迁与社会转型状况，以社会转型期的社会控制为视角对婚姻司法制度进行分析，才能正确解读建国初期婚姻司法制度的建构与发展，也才能对我国民事诉讼的传统模式有一个正确的评价。第二，案例分析的方法。对当时的个别案件进行实证性的分析研究，对建国初期司法状况从区域性和全局性两方面的历史资料进行系统分析，并与封建社会的婚姻制度进行比较，论证1950年《婚姻法》的历史意义和现实功效。第三，实体与程序相结合的分析方法。通过对我国1950年《婚姻法》的贯彻实施和新婚姻制度的形成及其对司法的促进作用分析，可发现建国初期民事诉讼制度的源流与创新之处，并为构建新的婚姻程序制度提供借鉴。

总之，通过回顾过去，笔者发现，新中国初期婚姻诉讼制度既有对历史的传承，又有根据当时社会需要而有所创新，并在实践中积累了丰富的经验。其中一些因素在今天看来仍有存在的合理性和可行性。展望未来，随着民事诉讼现代化的进程的加速，程序以不同的案件进行分类，诉讼法理与非讼法理的交互适用，诉讼与非讼解纷机制相结合是必然趋势，婚姻诉讼制度的进一步创新与发展也成了必然。

第四节 相关问题说明

一、婚姻诉讼与民事诉讼

诉讼，在拉丁文语义上是活动过程或程序的意思。在英语中诉讼另有多种表达方式，如 action，case，lawsuit，1egalaction，suit，procedural 等。与中文相对应的概念代表社会冲突解决的一种法律机制，是国家司法机关在当事人及其他诉讼参与人的参加下，依照法定程序解决各种形成案件的权利争议和纠纷，即社会冲突的活动。就现代对民事诉讼的解释而言，民事诉讼是人民法院与当事人，在其他诉讼参与人的参加下，运用民事诉讼程序、制度审理和解决民事案件而依法进行的诉讼活动。从广义上说，民事诉讼泛指国家运用民事审判权解决当事人之间的民事纠纷的活动。〔1〕婚姻诉讼是由婚姻纠纷引起的诉讼，是民事诉讼的重要内容之一。婚姻纠纷包括婚姻问题引起的纠纷以及与婚姻问题相关或由其派生的婚姻家庭纠纷。比如，离婚、离婚后的子女抚养与财产分割，以及赡养、财产继承、无效婚姻、可撤销婚姻等。本书涉及的婚姻诉讼不是单纯的男女婚姻诉讼，其实际上泛指婚姻家事诉讼。民事纠纷一般包括因财产权利义务关系发生的纠纷和因人身权利义务关系发生的纠纷。人身权是与人身不可分离而无直接财产内容的权利，婚姻纠纷一般属于人身权利义务关系纠纷。不过，因婚姻关系而派生的纠纷则既有人身关系内容又有财产关系内容。本书所指的婚姻纠纷主要包括离婚以及与婚姻问题相关联的纠纷，也称家事纠

---

〔1〕 参见何文燕：《民事诉讼理论问题研究》，中南工业大学出版社 1996 年版，第 4 ~5 页。

纷案件或人事纠纷案件。与此相适应的诉讼，也称家事审判程序或家事诉讼程序。处理婚姻家庭纠纷所适用的程序在不同国家、不同地区有不同的名称和内涵。德国现行的《民事诉讼法典》称其为家庭事件程序，我国台湾地区称其为人事诉讼，而苏联则称其为身份关系诉讼。在日本则是通过《人事诉讼程序法》和《家事审判法》规定的不同程序来处理婚姻家庭纠纷。各国在对家事审判程序概念的界定、理论背景和审理对象上的不同，直接影响着有关家事审判程序的程序理念、价值追求和具体制度的设置。

二、关于实体法与程序法关系的认识

关于实体法和程序法的关系，历来存在着不同的认识，归纳起来主要有两种不同观点。一种观点认为，程序法只是实体法的“助法”，程序法的所有价值和功能就在于为实现实体法的内容提供手段或工具。这是一种典型的“重实体、轻程序”的程序工具主义甚至是程序虚无主义观。按照这种观点，程序法实际上成了实体法的附庸，程序本身没有任何独立的价值。另一种观点认为，实现实体法的内容归根结底是通过程序法所规定的诉讼过程实现的，实际上程序法对这个过程进行的调整结果总会归结到实体法上去。因此，程序法并不是实体法的“助法”，而是具有使实体内容形成作用的法的重要领域。实体法上所规定的权利义务，只有在一定程序过程产生的确定性判决中才能得以实现。实体法依赖于程序过程中法官的判断这一点也已经是不争的事实。

笔者认为，上述两种观点都只关注了实体法与程序法的联系与区别，并没有关注二者之间的互动作用。事实上，实体法与程序法既有区别又有联系，并发生互动作用。二者的密切联系主要体现在程序对实体法实施的保障作用方面，实体法与程序法的区别在于二者各自有着不同的调整对象和相互独立的价值，因而也存在着冲突。正因为程序法与实体法既有联系又有冲突，所以二者在实际运行中必然发生互动作用。二者的联系主要体现为程序法对实体法的实施起着保障作用。作为直接规范社会生活内容的实体法，其本身并不能自动得以适用，因为抽象的规范与广泛而复杂的社会事实之间总是存在着间距，实体法要适用于解决个案纠纷，必需依赖于程序来简化并确认这种社会事实。程序法通过顺序、步骤和方式的规定，使实体权利义务得以实现，从而为实体法的正确实施创造了必要的条件。〔1〕然而，在百废待兴的新中国成立初期，司法程序规则还处于初步建立之中，健全与完善更需要一个过程。立法上，我国婚姻法律制度的确立早于程序法律制度。从这个意义上说，在程序法很不完善的情况下，实体法的实现条件虽然并不充分，但是，由于实体法的确立和贯彻实施需要程序保障而促使程序制度的发展正是实体法与程序法互动关系的具体体现。因此，可以认为，婚姻法的制定和贯彻实施，事实上是建国初期婚姻诉讼制度产生的重要社会背景之一。因而，以 1950 年《婚姻法》的颁布和贯彻实施为切入点来研究新中国初期婚姻诉讼制度的形成是非常必要的。

三、婚姻司法与司法保障

婚姻司法实际上就是婚姻诉讼，也称家事诉讼或者人事诉讼。因为建国初期诉讼制度不完善，涉及人民法院依法律程序解决问题时，人们一般习惯称为“司法”，而且对司法也作宽泛

〔1〕 参见何文燕：《民事诉讼法研究文集》，湘潭大学出版社 2013 年版，第 93 页。

理解。所以，当时涉及婚姻纠纷的处理也泛称婚姻司法。新中国初期虽然尚未明确树立程序意识，也没有完整的程序法，但对程序存在的现实需求，程序的保障作用仍有体现，这里姑且称为司法的保障作用。当时的“司法”对新婚姻制度的促进和保障作用，主要体现在设立司法机关、初步确立婚姻审判工作的一些原则和制度，以及由司法机关处理婚姻纠纷案件并参与婚姻法的宣传活动等几个方面。

四、关于诉讼结构的简要分析

现代意义上的民事诉讼是法官与双方当事人基于特定目的在一定时空范围内通过各自的行为进行相互交流和相互作用的互动过程。〔1〕互动情境是一种三方关系的活动形式，法官和当事人分别属于特定的社会角色，互动的场所则是一定的民事诉讼制度所形成的诉讼结构。从静态上看，诉讼呈现三角形结构，即人们经常所描述的“等腰三角形”。从动态上说，民事诉讼是人们的一种实践活动。诉讼是一个过程，即在法院、双方当事人的共同参与下，使社会冲突由震荡趋向平息的过程。诉讼作为一种结构，指的是诉讼的各个组成要素有着特定的构成和排列方式；作为一种机制，诉讼的运作有相应的机理和特定的系统，并同其他的社会机制共成一系；作为一种专门性的活动，就必须依据法律；就其整体而言，诉讼是特定主体的活动；就其场所来说，诉讼有特定的空间，还有着较强的技术操作要求。〔2〕

---

〔1〕何文燕、黄娟：“民事诉讼中法官与当事人互动关系”，载《湖南财经高等专科学校学报》2000 年第 4 期。

〔2〕何文燕等：《民事诉讼理念变革与制度创新》，中国法制出版社 2007 年版，第 43 页。

所谓结构，一般是指各个组成部分的搭配和排列。[1]或者说是构成事物本身的各种要素以及这些要素相互作用的方式。[2]笔者所称的民事诉讼结构，是民事诉讼程序制度的内在结构，是当事人和人民法院的诉讼地位与相互关系的内在反映。诉讼结构的表征是行为双方当事人地位平等、利益对立，法官居于其中，进行公正裁判。其内在要求是：①审判中立，裁判者与当事人分离，法官作为独立的第三者解决当事人之间的冲突。它逻辑地蕴含了“诉审分离”“辩审分离”的基本诉讼原则以及审判的非偏向性，即等距离性。在诉讼过程中，法官有义务与双方当事人保持相同的司法距离，不得偏向诉辩任何一方。同时，法官不得与当事人有任何特殊关系，否则只能回避而不能参加审判。法官对各方当事人的诉讼请求和主张都应予以相同重视，“重诉轻辩”或“重辩轻诉”都为审判中立原则所不容。②诉辩双方平等。诉辩双方的法律地位完全平等，原被告双方都是有程序处分权的主体。从法官角度看，双方当事人的差异不过在于对案件事实和法律适用的看法主张的不一致而已。控辩双方的权利相同或相应。相同指双方完全享有同样的诉讼权利。对应则指一方有权行使与他方行为相对应的权利。在庭审中，双方均可提出和论证自己的主张、证据的权利，都可以反驳他方主张，攻击他方证据，审判者须给予双方同等的机会或条件行使权利，不得加以限制。③诉辩双方积极对抗。任何种类的诉讼，其目的都在于排解一定的社会纠纷或冲突，恢复原有利益关系，维护社会安宁。在民事诉讼中，原告方是

---

〔1〕 中国社会科学院语言研究所词典编辑室编：《现代汉语词典》，商务印书馆1983年版，第577页。

〔2〕 王亚新：《对抗与判定——日本民事诉讼的基本结构》，清华大学出版社2002年版，第56页。

诉讼的发动者和民事权利的积极主张者，整个诉讼过程基本呈现出原告的进攻性诉讼活动及被告方的防御性诉讼活动相互交织的情景。由于审判者对纠纷经过一无所知，因此要正确处理案件，就必须倚重于双方的主张和证据。诉辩双方的相对辩论，是法官发现案件事实真相，正确运用法律的基础和前提。

诉讼的内在结构实际是指法院与当事人在诉讼中的地位及相互关系，也即民事诉讼内部要素间的排列、组合关系。依据民事诉讼结构的基本构成要素——裁判者与当事人之间关系——的不同，世界上的民事诉讼结构大体上可以被分为两大类，即：当事人主导型和法院主导型。当事人主导型的诉讼结构在英美法系中被称为对抗式辩论原则或当事人诉讼进行主义。实际上，其可以被概括为两点：其一是当事人有权决定诉请的权利范围，其二是程序上法院不得超出当事人双方的主张而行判断。〔1〕法院主导型的诉讼结构特征是，在整个民事诉讼进行过程中，法官处于主导和支配地位，是诉讼活动的指挥者和控制者，法官主动收集证据，调查案件事实，主动根据案件的需要询问当事人和证人，并对当事人根据自主意愿的处分行为进行审查和干预。在这种结构下，国家不再将纠纷的解决仅仅看作是私人间的事务，而是纳入国家事务的范围。其核心内容有两点：审理对象不为当事人意思所限；法院可依职权主动收集、调查必要的证据。这两种模式逐渐演化和抽象为现代所谓的当事人主义和职权主义诉讼模式。〔2〕

不过，基于新中国初期的特定情形，我国并没有将婚姻案

〔1〕［日］谷口安平：《程序的正义与诉讼》，王亚新、刘荣军译，中国政法大学出版社 1996 年版，第 25 页。

〔2〕何文燕等：《民事诉讼理念变革与制度创新》，中国法制出版社 2007 年版，第 46 页。

件与其他民事案件的不同特点及其对程序的特殊要求加以区分，还谈不上有完整的诉讼结构。早期的研究也还不可能涉及诉讼结构理论。在处理婚姻纠纷的实践过程中，法院虽然有主导作用，但由于该类纠纷的群众参与程度较强，其实际上是一种群众参与性的诉讼结构，大体上也可被称为人民性的或者说是群众性的职权主义结构，与现代意义上的诉讼结构不能同日而语。

第二章

新中国初期婚姻诉讼制度的形成背景

尽管在我国立法中至今并没有明确规定“婚姻诉讼制度”，但在司法实践中，由婚姻纠纷引起的司法活动或者说诉讼活动却大量存在，并且婚姻纠纷案件在民事案件中占有很大比重，是民事诉讼的重要组成部分。不过，在民事诉讼中，始终没有特别关注婚姻家庭纠纷与普通民事案件的区别，无论是财产案件还是婚姻家事案件，所适用的审判程序基本相同。特别是在新中国初期，因为婚姻案件几乎是民事案件的主流，所以在这个意义上说，当时婚姻案件的诉讼程序实际上代表了其他民事案件的诉讼程序。也正是在处理婚姻案件的过程中，才逐步显现出我国民事诉讼制度之雏形，事实上也可以被称为婚姻诉讼制度的雏形。当然，这只是从立法和司法表象分析，从更深层面上分析，新中国初期婚姻诉讼制度的形成与当时中国政治、经济、文化等各个方面的发展状况是密不可分的。建国初期正是新民主主义革命取得胜利、中国由新民主主义革命向社会主义社会转变的过渡时期，社会政治、经济、文化等方面都发生了根本性的变化，基本完成了中国社会的历史转型。而民事司法制度也是一个确立和发展的关键性阶段，这一时期的婚姻司法实践为我国民事诉讼制度的形成与发展打下了坚实的基础。

相对于中国几千年的传统诉讼制度而言，新中国初期婚姻家事诉讼实践，只是新中国民事司法制度尝试变革与创新过程中的一个重面。任何制度的形成，既受偶然性因素影响，也有着必然性的走向。如同新中国成立是历史的必然一样，具有中国特色的婚姻家事诉讼制度的雏形，也是历史发展中诸多因素作用的必然结果。婚姻家庭法具有鲜明的历史性、民族性和文化性特点。一个国家或者一个社会的历史传统、民族习俗、文化传承总是在婚姻家庭领域表现得最为显著、最为深厚。这其实也正是我国婚姻法的一个重要立法背景，在幅员辽阔的中华大地上，56 个民族呈现出来的婚恋习俗和婚姻家庭观念各不相同，而我们的婚姻法是要通行全国的，如何把握这部婚姻法的基调、如何为民族习俗的多样性预留空间也需要有相当的智慧和魄力。[1]具体到程序制度方面，除了政治、经济和文化因素影响外，其主要根源还在于三个方面：其一，历史渊源。新中国婚姻诉讼制度的形成根源于革命根据地的民事审判制度，实际上也是新中国初期婚姻诉讼制度形成的程序制度背景。其二，实体法颁布与实施的推动。婚姻领域内实体立法引起婚姻家庭制度变革对司法程序的需求，促使了婚姻诉讼程序制度的形成。其三，社会实践背景。司法保障在婚姻法贯彻实施中的经验积累，是新中国婚姻诉讼制度形成的实践基础。

第一节　新中国初期婚姻诉讼制度的历史渊源

一、根源于革命根据地的民事审判制度

中国共产党领导的革命根据地的审判制度是新中国初期的

〔1〕 邓丽："论法律在婚姻家庭领域的智慧与担当——纪念 1950 年婚姻法颁布 60 周年"，中国法学会婚姻法学研究会 2010 年学术年会论文。

民事审判制度的重要根源和制度基础。在新民主主义革命不同的发展阶段，各根据地和解放区建立的政权都非常重视审判制度的建设。早在第一次国内革命战争时期，中国共产党领导下的革命组织先后设立了司法机构，如广州省港罢工委员会设立的会审处、特别法庭、军法处、湖南省审判土豪劣绅特别法庭，还有一些省农民协会所设立的仲裁部或公断处等，可以说是人民司法制度的萌芽。基于当时的战争环境，这些司法机构的工作偏重于对反革命分子和土豪劣绅的镇压，但同时也解决一部分民事纠纷。如湖南、广东、江西等省的一些县农民协会所成立的仲裁部或公断处，也负责对民事案件的处理。这表明，新民主主义性质的民事审判制度形态已初步产生或显现。

第二次国内革命战争时期，中国共产党所领导的革命政权相继建立了人民司法机构。1931 年 11 月，在江西瑞金成立了中华苏维埃共和国中央工农民主政府，此后便设立了中央临时最高法庭，并在地方设省、县、区三级裁判部，实行四级两审制，诉讼中实行公开审判、合议、陪审、死刑复核等制度。由于当时民事案件相对较简单，数量较少，不可能形成较完备的民事审判制度和程序，但民事调解制度已经确立。

抗日战争时期，革命政权的组织形式为适应抗日民族统一战线的需要，作了相应改变，司法机构也随之发生了相应的变化。如在陕甘宁边区设高等法院，延安市设地方法院，县设立司法处，实行二级二审制，审检合署。为方便人民群众诉讼，又在边区所辖各分区设立高等法院分院，在其他抗日民主根据地也建立了大体相同的司法机构。此时，各抗日民主根据地在加强政权建设的同时，也加强了司法机构的建设，并逐步形成了一系列的诉讼程序和制度。解放战争时期，解放区的审判机构为适应革命和战争发展的需要，有了一些新的发展，但大体上是沿袭抗日战争时期的体制。[1]

总体上说，新民主主义革命时期各根据地和解放区的审判机关以中国共产党和革命政权制定的刑事、民事政策、法令为依据，配合各个历史时期的中心工作，审理了大量的刑事、民事案件，其中也包括婚姻家事案件。其不仅对于巩固革命政权、支援革命战争、维护社会治安、促进生产发展起到了重要的作用，而且也是新中国成立初期的民事诉讼制度的重要基础。

二、传承革命根据地民事审判经验

在中国共产党领导的新民主主义革命时期和抗日战争以及解放战争时期，随着革命根据地司法制度的发展，各根据地依据人民民主原则，制定了一些诉讼法规，民事审判方面的有关程序制度初步得以确立。比如 1944 年 10 月颁布的《苏中区处理诉讼案件暂行办法》，明确规定了有关民事诉讼的制度和原则。该暂行办法共 9 章，从总则、管辖、起诉、送达、证据、审判到上诉和执行，对民事审判的有关程序、制度作了比较详尽的规定。而 1946 年 8 月颁布的《冀南区诉讼简易程序试行法》除了规定民刑通用诉讼程序外，还规定了专门的民事诉讼程序。虽然当时还不可能形成系统的诉讼法典，在分散的立法文件或草案中，“民刑合一”的体例，“重刑轻民”的观念还是比较明显的。但这些诉讼法规已具备了现代程序法的一些要素，比较一致的内容主要表现在以下几个方面：①实行两审终审制。②实行公开审判制度。③实行就地审判和巡回审判制度。④简化诉讼程序，即允许口头起诉等。⑤实行人民陪审制度。⑥高度重视调解的作用。由此表明，在各根据地和解放区，新民主

〔1〕 参见马原：《民事审判理论与实务》，人民法院出版社 1992 年版，第 36 ~ 37 页。

主义性质的民事审判制度已初步形成。

在婚姻案件的审判方面，1931年12月颁布了《中华苏维埃共和国婚姻条例》，不少根据地也都制定了有关婚姻的单行条例。这些条例规定，男女婚姻以自由为原则，废除旧的婚姻制度，实行一夫一妻制度，禁止强迫、包办与买卖婚姻，禁止童养媳与纳妾。同时规定了结婚年龄、结婚的相关条件和登记程序，并从维护妇女和儿童利益出发，对离婚及离婚后子女抚养、财产分割等问题做了原则规定。1934年4月的《中华苏维埃共和国婚姻法》更加明确地规定了婚姻制度，并提出了禁止三代以内近亲结婚等。[1]这些规定，既是审判婚姻案件的依据，又为广大青年男女追求婚姻自由提供了法律保障。这些程序制度在建国初期的婚姻审判实践中也一直被沿用，是新中国婚姻诉讼的制度基础和历史渊源。

（一）便于人民群众的审判方式

由于处于革命战争时期，各根据地和解放区处理民事案件一般都采取较简便的程序，并确立了巡回审判、就地审判等便利群众诉讼的诉讼制度。如1943年9月颁布的《苏中第二行政区诉讼暂行条例》第20条明确规定："受理民事案件应径行传讯并随之答辩。"第39条规定："兼理司法县政府得组织巡回法庭至区乡处理司法案件。"冀南区专门制定了《诉讼简易程序试行法》，明确规定要减轻群众讼累，方便群众诉讼。在人民司法工作的实践中，便利人民群众的审判制度逐渐得以创立，如巡回审判、就地审判等。巡回审判在第二次国内革命战争时期就已实行，抗日战争时期，更为各解放区普遍采用。晋西北行政公署在总结审判经验的基础上，制定了《巡回审判办法》，其基

〔1〕 陈维荣：《中国审判制度史》，上海教育出版社2001年版，第246页。

本精神是便利群众诉讼。特别值得一提的是“马锡五审判方式”对婚姻司法所起的作用。马锡五审判方式是以从事司法审判工作的马锡五的名字命名的。马锡五是陕甘宁边区高等法院陇东分庭的庭长，马锡五审判方式实际上是对当时的司法理念、制度和经验的总结。

其中审理封棒儿与张柏儿一案，是马锡五在当时处理婚姻纠纷的一个典型案例。〔1〕这一案例具体情况是：陕北华池县监台区四乡封家园子村居民封彦贵的女儿叫棒儿，幼年经其父许婚于张金才次子张柏儿。巧合的是，棒儿长大以后，经人介绍与张柏儿相识相恋，棒儿愿意与张柏儿结婚。但其父封彦贵则贪图钱财，暗中又将棒儿许与朱某。张金才得悉后，即纠集张金贵等亲邻等 20 人，深夜闯入封家，将棒儿抢回与张柏儿成婚。封彦贵控告到法院，审判人员并未追查源由，即判决张金才徒刑 6 个月，宣布张柏儿与封棒儿的婚姻无效。适值马锡五同志赴华池县巡视工作，封棒儿在路上遇到他，当即拉住他在一棵树下，口述起诉，表示她不愿意与朱某结婚，死也要与张柏儿结婚。马锡武同志受理后，首先详细询问当地区干部、乡干部，了解了实际情况。又亲自向附近许多群众询问，了解了一般舆论趋向。并另派与封棒儿接近的人，再三征求意见，全部真相查明后，协同华池县干部，召集当地群众，举行公开审理，征求了到会群众对案件的处理意见。群众一致认为：“封姓（指封棒儿的父亲）屡卖女儿，捣乱咱政府婚姻法，应受处罚。张家黑夜抢亲，既伤风化，并碍治安，也应处罚。”并认为封棒儿与张柏儿一对青年夫妻没有问题，不应拆散。在查清这些事

〔1〕“审判方式方法及其经验”，载中国社会科学院法学研究所民法研究室民诉组编：《民事诉讼法参考资料》（第 2 卷第 1 分册），法律出版社 1981 年版，第 254 页。

实后，马锡五宣布判决：张柏儿与封棒儿双方同意结婚，按婚姻自主原则，其婚姻准予有效。但不论新式、旧式均应采取合法手段，黑夜纠众抢亲，妨害地方治安与社会秩序，因此对张金才、张金宝处以徒刑，对其他参与者给予严厉批评。封彦贵以女儿为货物反复出卖，因之科处苦役。群众对于这一恰当判决感到十分满意，认为合情合理。受罚者也表示自己罪有应得，封棒儿、张柏儿更是衷心欢喜。从现在的眼光看，这种处理方式也许欠缺程序公正性，处理过程也有较大的随意性，但在当时的历史条件下，该案的审理，在一定程度上实现了实体公正，维护了婚姻自主原则，并在当时产生了很好的反响。尤其重要的是，马锡武运用这些具体事例不仅教育了当事人，而且当场教育了群众，也教育了区乡干部和审判工作人员。“马锡五审判方式”不仅在民事诉讼中得以运用，并且作为整个边区司法工作的原则和经验被推广开来。

总之，这一时期所确立的便民、亲民化的解决纠纷方式，在新中国初期甚至更长的时期内的婚姻司法实践中仍然继续得到实施。

（二）调解制度的广泛运用

调解是处理民事纠纷的重要方式之一，在婚姻家庭纠纷处理中经常运用。作为根据地和解放区人民司法制度重要组成部分的调解制度，各根据地和解放区先后制定、颁布了有关调解的条例，规定对于民事案件和一部分轻微刑事案件可以进行调解，而且调解形式多种多样，有民间调解、政府调解、法院调解等；同时明确了调解所应遵循的原则。如 1948 年 9 月 1 日陕甘宁边区高等法院安宁第 3 号指示就明确提出了调解的三项原则，即双方自愿、要遵守政府政策法令并照顾民间善良习惯、调解不是诉讼的必经程序。晋察冀边区规定，调解由村公所民政委员会进行，已涉讼者也可以调解；调解成立后，未涉讼者不得起诉，已涉讼者应请求销案。[1]边区高等法院先后发出指示信明确指出："由于边区巩固和扩大，民刑事案件相对增多，要求大力加强调解，在老区继续贯彻调解政策，在新区要以调解的范例教育群众，培养调解积极分子，使群众相信调解，然后，逐步推行调解制度。"[2]高等法院在指示信中还重新解释了调解的原则，并特别强调在调解工作中发动群众的重要性，使调解工作科学化。由于调解处理纠纷符合当时农村实际情况，各根据地都大力推广，调解工作发展很快。据统计，陕甘宁边区 1942 年处理的民事案件中，调解结案的占 18%，1943 年上升到 40 %，1944 年为 48%。[3]

总之，新民主主义革命时期民事审判制度是中国共产党领导下的新型司法制度，不仅在新民主主义革命发展的不同阶段发挥了重要作用，而且这种审判制度也为新中国民事审判制度的建立和发展奠定了坚实的基础。其实事求是、调查研究、依靠人民、便利人民的基本精神和审判方式，在中华人民共和国成立初期的婚姻诉讼实践和婚姻诉讼制度的形成中具有重要的借鉴意义，发挥了基础作用。

第二节　新中国婚姻法的颁布与实施

如导论部分所述，新中国成立初期，婚姻立法对诉讼制度实际上具有促动作用，这是笔者基于实体法与程序法二者关系

---

〔1〕 陈维荣：《中国审判制度史》，上海教育出版社 2001 年版，第 252 页。

〔2〕 杨永华、方克勤：《陕甘宁边区法制史稿（诉讼狱政篇）》，法律出版社 1987 年版，第 193 页。

〔3〕 马原：《民事审判理论与实务》，人民法院出版社 1992 年版，第 39 页。

的分析得出的结论。即实体法与程序法既有区别又有密切联系，并产生互动作用。1950年《婚姻法》的制定和贯彻实施，事实上是新中国初期婚姻诉讼制度产生的重要社会背景之一。

一、1950年《中华人民共和国婚姻法》的制定

几千年以来，我国虽然经过纷繁的朝代更替，但是在中华人民共和国成立之前，以专制、等级和特权为特征的封建主义宗法制度并没有根本改变。在婚姻家庭的立法方面，国民党政府仿照日本、德国的大量法律条文，制定了民法亲属篇。但是，在现实生活中，这些法律并没有真正实施，占主导地位的还是封建主义的婚姻家庭制度。这种建立在封建主义私有制基础之上的婚姻家庭制度，受着封建的政权、族权、神权和夫权的支配。毛泽东早就指出："中国的男子，普通要受三种有系统的权力的支配，即：（一）由一国、一省、一县以至一乡的国家系统（政权）；（二）由宗祠、支祠以至家长的家族系统（族权）；（三）由阎罗天子、城隍庙王以至土地菩萨的阴间系统以及由玉皇上帝以至各种神怪的神仙系统——总之为鬼神系统（神权）。至于女子，除受上述三种权力的支配以外，还受男子的支配（夫权）。这四种权力——政权、族权、神权、夫权。代表了全部封建宗法的思想和制度，是束缚中国人民特别是农民的四条极大的绳索。"[1]因而旧中国婚姻制度与此相关，其基本特征主要就是包办强迫、男尊女卑、漠视子女利益，这也是封建婚姻家庭制度的有机的组成部分。这种婚姻家庭制度，实际上是封建专制制度的派生物。改革这种野蛮的束缚生产力发展的婚姻家庭制度，建立新的婚姻家族制度，也是使中国妇女获得解放的一个

---

〔1〕 毛泽东："湖南农民运动考察报告"，载《毛泽东选集》（第1卷），人民出版社1966年版，第31页。

重要环节，是中国共产党领导的革命事业中的一个重要任务。

（一）1950年婚姻法的立法基础和前期准备

对于封建主义的婚姻家庭制度的改革和立法，早在建国以前就开始了。中国共产党自成立以来，就十分重视对旧的、封建主义的婚姻制度改革，把族权和夫权视为束缚中国人民特别是妇女的两条绳索。在土地革命和抗日战争时期，随着解放区的进一步扩大和各种政治、民主运动的开展，人民群众的思想觉悟逐步提高，特别是针对封建土地制度的土地改革运动，社会上一切和封建土地制度有关的问题都发生了极大的变化，妇女和男子同样分得了一份土地，使妇女在经济上、政治上获得了与男子平等的地位。但是，上层建筑的变化总是落后于经济基础，封建婚姻制度仍然几乎完整地保留下来。正如陈绍禹所指出的："作为半封建半殖民地的旧中国社会组成部分的旧婚姻制度，不但成了家庭痛苦的一种根源，而且成了社会生活的一条锁链；它不但把占人口半数的绝大多数的妇女投入奴隶生活的深渊，而且也使大多数男子遭受无穷的痛苦。它真正成了新生的社会肌体上已经衰败的细胞，阻碍着新社会健全有力的发展。"〔1〕因此，许多革命根据地先后通过了有关解放妇女、改革婚姻制度的决议和命令。如闽西根据地的《婚姻法》、鄂豫皖根据地的《婚姻问题决议案》等，这些都是婚姻家庭方面最早的法律文献。全国性的工农民主政权建立以后，《中华苏维埃共和国宪法大纲》就有关于实行婚姻自由、保护妇女利益的规定。1934年，又颁布了《中华苏维埃共和国婚姻法》，共6章21条。在这部法律中，确定了以个人自愿为婚姻成立的基本原则，实行离婚自由、男女平等、保护妇女权益和子女利益的原则，对

〔1〕陈绍禹："中华人民共和国婚姻法起草经过和起草理由的报告"，载云南省高级人民法院编：《司法业务学习资料》，1951年，第48页。

结婚、离婚的条件和程序也作了明确的规定。在抗日战争时期、解放战争时期，各个革命根据地都先后颁布了地区性的婚姻条例，如《陕甘宁边区婚姻条例》《晋察冀边区婚姻条例》等。如：在陕甘宁边区，结婚要有两人证婚，男满 20 岁，女满 18 岁，必须在乡政府登记。各根据地规定大同小异，但这些条例的基本精神，和中华苏区的婚姻立法是完全一致的，只是在某些问题上，根据实际需要，规定得更加具体、更加灵活，而且带有时代的特点，形成新婚姻制度雏形。

新中国成立前期革命根据地关于婚姻法的制定、贯彻和执行，实际上是对封建主义婚姻家庭制度的初步改革。由于历史条件的限制，这个阶段的婚姻法适用范围还不大，规定过于简单，对封建主义婚姻家庭制度的改革还不太彻底，难以适应后期的社会需要，新中国需制定一部统一的新婚姻法。因此，中华人民共和国成立前，中共中央妇女运动委员会和中共中央法律委员会在 1948 年冬就着手起草婚姻法，并经过反复研究、讨论和修改后形成了婚姻法草案，为新中国的婚姻立法奠定了基础。

（二）1950 年《婚姻法》的制定与颁布

1949 年 10 月 1 日，中华人民共和国宣告成立后，我国人民在中国共产党的领导下进行了一系列重大社会改革，各方面都在发生变化。但由于新的社会制度刚刚建立，百废待兴，半封建半殖民地婚姻家庭制度还来不及彻底废除，包办买卖婚姻、虐待妇女现象还较严重。据不完全统计，1949 年 1 至 10 月，仅山西老解放区五十几个县就发生了妇女人命案件 464 起，其中 25% 是直接迫害致死的；有 40% 是因要求离婚不成而自杀；因受虐待而自杀的占 20%；还有 12% 是因其他家庭纠纷而自杀。[1]

---

〔1〕 巫昌桢：《婚姻法论》，中央广播电视大学出版社 1986 年版，第 32 页。

因此，婚姻家庭制度的改革势在必行。婚姻家庭制度的改革首先从婚姻立法开始，立法的指导思想是总结实践经验，适应新中国现实需要。

要制定一个具有中国特色的婚姻法，就应该从中国的实际出发，从中国国情出发，从传统的中华民族的道德出发。革命根据地几十年的实践经验，为婚姻立法提供了十分丰富的材料。新中国成立以后，在1948年起草的《婚姻法（草案)》的基础上，经法制委员会与全国民主妇女联合会及其他有关机关代表联席会议研究讨论后，在政务院政治法律委员会第四次会议修正通过。又经过政务院第二十二次会议讨论，并由毛泽东主持、中央人民政府委员会副主席、委员、政务院总理、副总理和委员以及政协全国委员会常务委员等联席座谈会两次讨论，在全国范围内广泛征求意见，与此同时还就有关婚姻问题进行了实地调查。为了使实际与理论相结合，法制委员会曾组织学习马克思、恩格斯、列宁、斯大林学说和毛泽东思想中有关妇女问题以及婚姻、家庭和社会发展问题的主要部分。此外，为学习苏联经验并参考朝鲜等其他国家的经验，翻译、出版了苏联和其他国家有关法典和书籍，参考了中国历史上有关婚姻制度的某些史料和国民党政府民法中“亲属编”关于婚姻章节的内容，对某些专门性问题（如中表婚与遗传影响问题等）也做了一些调查研究。可见这一婚姻法草案的拟定，正是群策群力的结果。〔1〕

1950年4月13日，《婚姻法（草案)》经中央人员政府委员会第七次会议正式通过，于1950年5月1日起公布施行。这就是我国建国后的一项重要立法，即《中华人民共和国婚姻法》(简称1950年《婚姻法》)。

---

〔1〕 参见华东政法学院教务处编印：《婚姻法学习参考资料》，1953年，第1～3页。

（三）1950 年《婚姻法》的基本内容

这部《婚姻法》共分 8 章 27 条。第一章为婚姻法的基本原则。第二章是关于结婚条件和结婚登记的规定。第三章是关于夫妻间的权利和义务的规定。第四章是关于父母子女之间的关系的关系。第五章是关于离婚的规定。第六章是关于离婚后子女的抚养和教育的规定。第七章是关于离婚后的财产和生活的规定。第八章是附则。从 1950 年《婚姻法》的基本内容看，这部婚姻法是以调整婚姻关系为主，同时也涉及家庭关系的许多主要问题。虽然名称为《婚姻法》，但实际上是关于婚姻家庭的立法。

1950 年《婚姻法》直接废除了包办强迫、男尊女卑、漠视子女利益的封建主义婚姻家庭制度，明确规定建立“实行男女婚姻自由、一夫一妻、男女权利平等、保护妇女和子女合法利益的新民主主义婚姻制度”。同时明文禁止旧婚姻制度的一切副产品和补充品。即“禁止重婚，纳妾，禁止童养媳，禁止干涉寡妇婚姻自由，禁止任何人借婚姻关系问题索取财物”等。这部婚姻法的任务主要是废除封建的婚姻家庭制度，建立新民主主义婚姻家庭制度，同时也实际包含着社会主义婚姻家庭制度的创建。[1]所以，1950 年《婚姻法》所确立的婚姻家庭制度，实际上是社会主义婚姻家庭制度的雏形。

1950 年《婚姻法》颁布之后，中央人民政府法制委员会、司法部、内务部和最高人民法院相继发布了一系列指示，并就《婚姻法》实施过程中的若干问题做了法律上的解答。特别是在 1953 年全国性的贯彻婚姻法运动之后，在各级党政机关和各有关部门的通力合作下，学习和贯彻《婚姻法》的工作在全国绝大部分地区迅速开展。婚姻法所确立的各项基本原则以及为实

---

〔1〕 夏吟兰等：《21 世纪婚姻家庭关系新规则》，中国检察出版社 2001 年版，第 191 页。

现这些原则而作的具体规定，逐步得到贯彻执行，取得了新中国初期婚姻家庭制度改革的决定性胜利。在贯彻婚姻法的过程中，中央人民政府法制委员会和中央贯彻婚姻法运动委员会又发布了许多规范性文件，使婚姻法的立法原则有了具体的充实和配套性的措施，从而使婚姻法作为一个基本部门法的格局大致形成。〔1〕

二、1950 年《中华人民共和国婚姻法》的实体意义

（一）实现了我国婚姻制度的历史性变革

中国传统社会的家庭实行封建宗法家族制，婚姻的成立及解除也受其制约。“婚姻者合二姓之好，上以事宗庙，下以继后世。”这个最古老的、最典型的婚姻定义说明婚姻的目的在于宗族的延续及祖先的祭祀，在于传宗接代，以家庭为本位。因此，家族至上也就成了传统婚姻制度的最高原则。“婚姻对于家族关系重，而对于个人关系则极轻微，从婚姻的缔结到婚姻的解除无不表现此种征象。”〔2〕并且，封建统治者把“三纲五常”“三从四德”作为划分人们社会地位和家庭地位的准则，形成了较完备的封建婚姻制度，其特点就是包办强迫、男尊女卑、漠视子女利益。而 1950 年《婚姻法》则废除包办、强迫婚姻，确立了全新的婚姻关系的原则和制度。

作为被称为社会细胞的家庭制度的基础，婚姻制度是整个社会制度的一个组成部分。它随着社会的变化而变化，伴随着社会整个经济基础和上层建筑的发展而发展。在它的基础上建立起来的作为社会经济单位和社会文化教育单位的家庭制度，

---

〔1〕 肖爱树：《20 世纪中国婚姻制度研究》，知识产权出版社 2005 年版，第 205 页。

〔2〕 瞿同祖：《瞿同祖法学论著集》，中国政法大学出版社 1998 年版，第 107 页。

在一定程度上也会严重地影响社会生产力的发展。中国人民革命的伟大胜利，中华人民共和国的诞生，中国人民政治协商会议共同纲领的实施，尤其是土地改革的实行，使中国社会发生了一个根本的变化，即：由半封建半殖民地社会发展为新民主主义的社会进而向社会主义社会转变。这个呱呱落地的新社会，迫切地需要用一切力量和一切方法去进行政治的、经济的和文化的建设，以便最后地、完全地取得中国革命的胜利，并使贫困的农业社会转变成为富强的工业社会，进而向更高级、更进步、更繁荣的社会发展。旧婚姻制度的衰败和死亡，新婚姻制度的形成和发展，正如同全部半封建半殖民地社会经过革命让位于新民主主义社会一样，是历史的必然。作为旧中国社会组成部分的旧婚姻制度，是家庭痛苦的根源之一，其严重阻碍了新社会健全有力的发展。为了新社会在政治上、经济上和文化上建设力量的增长，解开一切束缚生产力发展的枷锁，随着全部社会制度的根本改革，必须把全体人民，尤其是妇女从旧婚姻制度这条锁链下也解放出来，使人民群众有美满的婚姻、和睦的家庭，以发挥各方面的积极性。必须建立一个崭新的、合乎新社会发展的婚姻制度，并保护新婚姻制度的正常发展。这不仅有利于建立新的家庭关系和新社会事业的建设，而且有利于促进社会生产力的发展。1950 年《婚姻法》的制定和实施，真正实现了我国婚姻制度的历史性变革。《婚姻法》从法律上确立了我国新的婚姻制度，是中国婚姻家庭制度的重大革新。正如当时的《人民日报》所言："这部新的婚姻法完全符合全中国男女人民的一致要求。它的颁布有划时代的历史意义——废除了封建主义的婚姻制度，实行了新民主主义的婚姻制度。"〔1〕

〔1〕"全国妇联与北京市妇联邀西北参观团座谈：新婚姻法获得各族人民热烈拥护"，载《人民日报》1950 年 4 月 26 日。

婚姻法的颁布实施，标志着我国婚姻家庭制度的革新。因为1950年《婚姻法》的基本精神，就是废旧立新。所谓废旧，就是废除统治了几千年的封建主义婚姻家庭制度；所谓立新，就是建立新民主主义的婚姻家庭制度。这部法律所确定的基本原则、各种具体制度，在当时来看，许多还是纲领性的。经过1953年的宣传、贯彻婚姻法运动，1950年《婚姻法》的各项规定才得以实施，并取得了基本的成效。新的婚姻家庭制度的确立，进一步清除了封建主义婚姻家庭制度及其思想影响，初步树立了新的婚姻观念，新型的婚姻家庭关系逐渐形成，自由婚姻显著增加。据1955年、1957年对28个省市的统计，符合婚姻法规定的婚姻占90%以上。这些统计数字表明，我国已改变了建国前包办买卖婚姻占大多数的状况，婚姻家庭制度方面的废旧立新已基本完成。[1]从此，衡量婚姻行为有了法律标准，处理婚姻家事纠纷也有了实体法依据。

（二）确立了新的婚姻原则和制度

1950年《婚姻法》确立的新婚姻制度，与我国过去的各种旧婚姻制度相比，发生了根本性的变革。这种变革主要表现为其废除了封建宗法家族制度，且其基本内容都体现了新婚姻关系的原则与制度精神。

第一，废除包办、强迫婚姻，实行男女婚姻自由原则。1950年《婚姻法》第1条规定：“废除包办强迫、男尊女卑、漠视子女利益的封建主义婚姻制度。实行男女婚姻自由、一夫一妻、男女权利平等、保护妇女和子女合法利益的新民主主义婚姻制度。”第3条明确规定：“结婚须男女双方本人完全自愿，不许任何一方对他方加以强迫或任何第三者加以干涉。”这就是

---

〔1〕 王战平：《中国婚姻法讲义》，全国法院干部业余法律大学婚姻法法教研组1986年，第15页。

说，婚姻当事人有权自由选择所合意的对象，有权决定自己的婚姻大事，并根据双方自愿由双方自己到政府申请登记结婚。当然，青年男女结婚可以而且应该征求父母的意见，也可以征求其他人的意见。父母给子女介绍结婚对象也是可以的。但是，子女如果不同意父母介绍的对象，可以拒绝父母之命；子女自己合意的对象，如果父母不同意，也不能强行干涉，子女完全可以与自己选择的对象登记结婚。也就是说，婚姻应当由子女自己做主，而不能由父母包办或他人干涉。同时，1950 年《婚姻法》在第 2 条规定了“禁止干涉寡妇婚姻自由”，并且规定寡妇结婚时，可以把应该归她继承的遗产带走，任何人都不能干涉。但如果她有子女，又不带走，应先保证为子女留下足够的生活费用。〔1〕这就在法律上排除了婚姻的外来干涉压力，使男女结婚获得了法律保障。

另一方面，社会主义的婚姻自由包括结婚自由和离婚自由两个方面，因而婚姻法同时规定了离婚自由。一般而言，结婚是男女间的普遍行为，而离婚只是个别夫妻解决双方婚姻矛盾的特殊行为。为了实现真正的、完全的婚姻自由，就必须在保障结婚自由的同时，也实行离婚自由。因为只有保障了离婚自由，才能使男女双方实现真正的平等对待、互敬互爱、和睦团结、家庭幸福。凡是一方受到他方虐待，或双方感情极端恶化，再也不能共同生活下去的，离婚为法律所许可。特别是对要求离婚的妇女来说，她们因为婚姻被包办、强迫和婚后被打骂虐待而迫不得已提出离婚要求，这种要求是合情合理的，如果强迫继续保持痛苦的婚姻，才是不合情理的。婚姻法的这些规定，使妇女不仅与男子一样拥有了结婚自由的权利，而且还获得了

〔1〕“中央人民政府法制委员会有关婚姻问题解答（问题 6）”，载《人民日报》1953 年 3 月 19 日。

离婚自由的法律依据。

第二，禁止重婚、纳妾，实行一夫一妻制。1950 年《婚姻法》第 2 条规定：“禁止重婚、纳妾。禁止童养媳。”这也是一项重要的基本原则。一夫一妻制是实现男女平等的必要条件，也是建立新型婚姻家庭关系的必然要求。实行一夫一妻制，必须反对重婚、纳妾。对于婚姻法施行前的重婚、纳妾和童养媳的问题，中央人民政府法制委员会的解答是：“对于《婚姻法》施行前的重婚、纳妾，一般的可以‘不告不理’；但女方提出离婚或其他合法要求时，人民法院应依法处理。”中央法制委员会于 1950 年 10 月 30 日在《关于重婚案件的处理原则》中规定：“在当地解放后，《婚姻法》实施前，这段时期的重婚事实，一般可不追究，也不必检举，对个别案件根据具体情况，除依法判令离婚外，可予有罪的一方以批评教育。对《婚姻法》施行后的重婚，原则上应加以处罚。”〔1〕“在《婚姻法》施行前未结婚的童养媳，自愿回家或另择配偶的，男家不得阻碍并不得索还彩礼和讨取在童养期间消耗的生活费。已经结婚的童养媳提出离婚或其他合法要求时，人民法院应依法处理。”〔2〕

第三，反对男尊女卑，实行男女平等。旧社会的婚姻制度是男尊女卑，重男轻女的制度，妇女完全没有地位和权利。而在新中国，必须实行男女平等原则。男女平等原则是指男女权利平等，即男女双方在政治、经济、文化、社会和家庭生活等各方面都享有平等的权利，也要共同承担义务、相互平等对待、互相尊重、互相帮助。如 1950 年《婚姻法》第 7 ~ 10 条规定：

---

〔1〕 中国人民大学法律系民法教研室编印：《中华人民共和国婚姻法资料选编》（一），1982 年，第 183 页。

〔2〕 中央人民政府法制委员会：“有关婚姻法施行的若干问题”，载《人民日报》1950 年 6 月 28 日。

“夫妻为共同生活的伴侣，在家庭中地位平等”；“有互敬互爱、互相帮助、互相扶养、和睦团结、劳动生产、抚育子女，为家庭幸福和新社会建设而共同奋斗的义务”；“双方均有选择职业、参加工作和参加社会活动的自由”；“对于家庭财产有平等的所有权与处理权”；“有各用自己的姓名的权利”；“有相互继承遗产的权利”。这些规定使得妇女的人格得到了充分的尊重，也使传统的夫权失去了法律的依据。因而，《婚姻法》从家庭地位、经济地位和参加社会活动等方面保证了妇女同男子享有同样的权利，为建立新式夫妻关系和幸福家庭奠定了法律的基础。

1950年《婚姻法》规定的这些基本原则，不仅体现了党和政府关于婚姻家庭的政策，而且比较充分地反映了无产阶级的婚姻家庭观，代表了我国广大人民群众的切身利益。

第四，废除漠视子女利益的传统婚姻家庭制度，实行保护妇女和子女合法利益的婚姻家庭制度。传统婚姻制度实行封建家长制，家长是家庭对外的唯一代表，对妇女和子女的权益极端限制。因此，1950年《婚姻法》规定了父母子女间的关系。如《婚姻法》第13～16条、第20～21条分别规定：父母对子女有抚养教育的义务，子女对父母有赡养扶助的义务，双方均不得虐待或遗弃；严禁溺婴或其他类似的犯罪行为；非婚生子女享有与婚生子女同等的权利，任何人不得加以危害或歧视；夫对其妻所抚养与前夫所生的子女，或妻对其夫所抚养或与前妻所生的子女，不得虐待或歧视；养子、养女享有与亲生子女同等的权利，不得虐待或歧视；父母和子女有互相继承财产的权利；父母和子女的血亲关系不因离婚而消灭，离婚后父母对其子女仍有抚养和教育的责任，如果子女由女方抚养，男方应负担必需生活费的全部或一部。为保护子女合法权益，中央贯彻婚姻法运动委员会在《贯彻婚姻法宣传提纲》中进一步作了明确规定。[1]这些规定确立了新型的亲子关系的基本准则。

此外，为了保护妇女权益，《婚姻法》不但保障男女婚姻自由，保障妻子在家庭中享有与丈夫同等的权利，还在第24、25条对离婚后妇女的财产权问题作了特别规定。“离婚时，除女方婚前财产归女方所有外，其他家庭财产如何处理由双方协议；协议不成时，由人民法院根据家庭财产具体情况、照顾女方及子女利益和有利发展生产的原则判决”；“离婚时，原为夫妻共同生活所负担的债务，以共同生活时所得财产偿还；如无共同生活时所得财产或共同生活时所得财产不足清偿时，由男方清偿”。1950年《婚姻法》之所以这样规定，是因为国家虽然在《共同纲领》中明确规定了妇女在政治、经济、文化教育上以及家庭、社会生活各方面均有与男子完全平等的权利，并实行男女婚姻自由。但由于传统婚姻制度和传统婚姻伦理的影响，当时大多数妇女实际上还没有完全取得这些权利。因此，如果对妇女的合法权益不加以特别保护，就不可能实现真正的男女权利平等。

第五，明确规定结婚的必备条件和排除条件以及保护军婚问题。婚姻家庭关系有其本身的自然属性，是一种特殊的社会关系。婚姻家庭这种特殊社会关系是以两性结合和血缘联系为其自然条件的，如果没有这种自然条件，也就无所谓婚姻和家庭了。自然因素是婚姻家庭关系的前提条件，其必然受自然规律制约。婚姻家庭关系中涉及生理学、生物学领域的某些自然规律，对婚姻家庭的发展具有不容忽视的影响和作用。

任何时代、任何国家的婚姻家庭制度和婚姻家庭立法，都不能无视这些自然属性。例如，关于结婚年龄的规定，对近亲

---

〔1〕 参见中国人民大学法律系民法教研室编印：《中华人民共和国婚姻法资料选编》（一），1982年，第110页。

结婚、特定疾病者结婚的限制，以缺乏性行为能力作为禁止结婚或准予离婚的理由，等等，都是出于对婚姻家庭关系自然因素和社会属性的考虑。

基于婚姻家庭关系的特殊性，1950 年《婚姻法》明确规定了结婚的必备条件和排除条件。所谓结婚的必备条件，是指男女结婚不具备法定条件或条件欠缺时，婚姻登记机关不准许其结婚登记。结婚必备条件之一是结婚必须男女双方本人完全自愿，双方都不受对方的强迫、威胁或欺骗，也不能由任何第三者加以干涉，在婚姻决定权上，完全由本人做主，这是结婚的必要前提。这不仅禁止了以“父母之命”决定子女婚姻的包办强迫式婚姻，使婚姻当事人拥有自己的婚姻自由权，而且也排除了婚姻当事人（主要是男方）的强迫或诱骗行为，为人们彻底摆脱传统婚姻制度的束缚和自由恋爱提供了法律保护。

结婚必备条件之二是结婚必须达到法定的最低年龄。我国传统习惯和旧中国的婚姻制度实行早婚，“《大清通礼》规定清代的适婚年龄为男 16 岁，女 14 岁，民间往往依地方习惯或宗族法规”，[1]甚至年龄更早。结婚时必须遵从“父母之命，媒妁之言”的形式，“嫁娶皆由祖父母、父母主婚，祖父母、父母俱无者，从余亲主婚”。[2]父母的意志在法律上成了婚姻成立的要件之一，必然使他们掌握了当事人的婚姻决定权，婚姻当事人反而没有选择丈夫或妻子的权利。中华民国时期的民法在亲属编中规定的结婚年龄也比较低，即男未满 18 岁，女未满 16 岁不得结婚。早婚的最大危害是影响男女双方的身体发育，影响

---

〔1〕 张晋藩:《中国法制通史》（第 8 卷），法律出版社 1999 年版，第 438 页。

〔2〕 张荣铮、刘勇强、金懋功点校：《大清律例》，天津古籍出版社 1993 年版，第 218 页。

后代及民族的健康和发展。[1]因而，根据早婚的危害和实际情况，1950年《婚姻法》明确规定男女结婚必须达到法定最低年龄。《婚姻法》第4条规定："男20岁，女18岁，始得结婚。"《婚姻法》规定的结婚年龄是为限制早婚而规定的最低年龄，男女可根据自己工作或学习的实际情况，选择晚几年结婚。

结婚的排除条件是指阻碍结婚的原因条件，有这种原因条件存在，婚姻登记机关不予结婚登记。《婚姻法》第5条规定了禁止结婚的亲属范围，即：禁止直系血亲或为同胞的兄弟姊妹和同父异母或同母异父的兄弟姊妹结婚；五代以内旁系血亲从习惯。这是按照人类发展的自然规律所做的规定。恩格斯在《家庭、私有制和国家的起源》中曾经多次指出，人类通过对自然选择规律的认识，逐步限制、排斥了近亲结婚，使两性结合和血缘关系的社会形式渐次从低级向高级发展。从优生学的角度来看，自然选择规律对创造体质、智力更加健全的人种，推动社会的进步，起了很重要的作用。"不容置疑，凡血亲婚配因这一进步而受到限制的部落，其发展一定要比那些依然把兄弟姊妹之间的结婚当作惯例和义务的部落更加迅速，更加完全。"[2]"没有血缘亲属关系的氏族之间的婚姻，生育出在体质上和智力上都更强健的人种；两个正在进步的部落混合在一起了，新生代的颅骨和脑髓便自然地扩大到综合了两个部落的才能的程度。"[3]

考虑到婚姻家庭的自然属性及其生理规律、遗传规律对婚

---

〔1〕马起：《中国革命与婚姻家庭》，辽宁人民出版社1959年版，第98页。

〔2〕［德］恩格斯："家庭、私有制和国家的起源"，载《马克思恩格斯选集》（第4卷），人民出版社1972年版，第33页。

〔3〕［德］恩格斯："家庭、私有制和国家的起源"，载《马克思恩格斯选集》（第四卷），人民出版社1972年版，第42页。

姻家庭的发展和人的发展的影响作用，《婚姻法》第5条还增加了生理和医学条件的限制，如“有生理缺陷不能发生性行为者”，“患花柳病或精神失常未经治愈、患麻风或其他在医学上认为不应结婚之疾病者”，不许结婚，以保障男女幸福健康和子女的身心健康。此外，《婚姻法》关于禁止买卖包办婚姻的规定，进一步从法律上废除了聘礼制，而把“结婚时男女双方应亲自到所在地（区、乡）人民政府登记”作为结婚的法定程序，但对传统的订婚和婚礼都没做出规定。这实际上是不再把订婚和婚礼作为婚姻成立的法定要件，以法律条件和程序取代了沿用两千多年的“事实婚”的婚姻成立形式。

同时，1950年《婚姻法》还规定了对军人婚姻的特殊保护。该法第29条规定：“现役革命军人与家庭有通讯关系的，其配偶提出离婚，须得革命军人的同意；自本法公布之日起，如革命军人与家庭两年无通讯关系，其配偶要求离婚，得准予离婚；如革命军人在本法公布前与家庭已有两年以上无通讯关系，而在本法公布后又与家庭有一年无通讯关系，其配偶要求离婚者，也得准予离婚。”

对军人进行保护重要的原因在于，军队是国家的长城，军心不容分散，否则小到影响军人的情绪安定，大到影响战争的胜负甚至国家的兴亡。因此，国家必须通过必要的保护，以维护军队的稳定和战斗力，激发军人保家卫国的热情，从而维护整个国家的稳定，维护人民群众的正常生活。正是在这种背景下，我国形成了对军人婚姻的特别保护，即相对其他婚姻而言，对军婚进行严格的保护合情合理。

综上所述，1950年《婚姻法》作为新中国成立后颁布实施的第一部法律，是我国婚姻家庭制度的重大变革。在一定意义上，这部法律是婚姻自由、妇女解放的宪章。它的颁布与实施，标志着以包办强迫、男尊女卑、漠视子女利益为特征的传统婚姻制度将被彻底废除，以男女婚姻自由、一夫一妻、男女权利平等、保护妇女和子女合法利益为原则的新型的婚姻制度和家庭关系在法律的保障之下逐步地建立起来。新中国初期这部《婚姻法》的具体规定，既是衡量婚姻家庭关系和行为的法律依据，也是当时处理婚姻家事纠纷适用法律的重要依据。

三、1950 年《中华人民共和国婚姻法》的程序意义

实体法与程序法的关系，除了互动关系外，还表现在内容交叉。实体法包含有程序内容，程序法也涉及实体内容。1950 年《婚姻法》的程序内容主要体现在其规定了婚姻登记程序和诉讼程序性质的条款。

（一）确立了婚姻登记程序

传统婚姻制度下的婚姻缔结采取“仪式婚”，婚姻当事人只要具备“六礼”或“四礼”等条件，并举行公开的结婚仪式就可以得到社会认可，不需要去官府登记。仪式婚是当事人举行公开结婚仪式，其以向社会公示其婚姻成立为目的。订婚、婚礼是婚姻程序不可缺少的两个步骤。订婚主要是指女方收受聘礼（又称彩礼或财礼），交换婚书，立定具有法律效力婚约的过程。其中，聘礼是订立婚约的必备要件，立婚书时，聘礼还往往具有法律效力，“凡男女订婚之初……务要两家明白通知，各从所愿，写立婚书，依礼聘嫁。若许嫁女已报婚书及有私约而辄悔者，笞五十，虽无婚书但曾受聘财者，亦是”。[1]可见，如果没有婚书仅有聘礼，同样具有订婚的法律效果。另外，《大清律例》虽然没有具体规定婚礼礼仪，但民间一般按照“六礼”

〔1〕 张荣铮、刘勇强、金懋功点校：《大清律例》，法律出版社 1999 年版，第 217 页。

的规定，以“拜天地”为主要形式，设筵席招待亲朋好友，以此向社会宣告双方婚姻的正式缔结。虽然仪式婚具有手续简便易行等特点，但仪式婚的缺点也是非常明显的。首先，公开仪式无一定标准，尤其是在民间下层社会更是如此。仪式是否举行或举行之形式是否符合法律标准，很难断定，一旦发生争执，举证十分困难，这就可能使婚姻当事人的婚姻关系长期处于不确定状态。其次，仪式婚的公示力比较弱。由于人口的流动和迁徙，第三人往往难以确知当事人之婚姻是否有效成立，也无从查询，这对当事人及其子女、第三人，乃至社会秩序，均属不利。再次，国家公权力机关无从介入，也就无法审查当事人之婚姻是否违背了法定的实质要件，从而也就无法有效地防止非法婚姻的产生。[1]中华民国时期的民法中关于结婚条件规定，结婚应有公开的仪式以及两人以上的证人，也没有强调法律登记程序。中国共产党和人民政府则认为，婚姻家庭问题不仅是男女婚姻和家庭的事，而且也与广大人民群众、社会和国家利益密切相关。结婚是建立婚姻和家庭关系的重要环节，为了保证婚姻的合法性和婚姻质量，必须通过一定的程序予以制约。离婚也涉及家庭稳定和男女平等幸福，同样需要程序规范制约，即通过法定条件和法定程序去实现真正的婚姻自由。因而，1950 年《婚姻法》规定，符合结婚或离婚条件的当事人必须亲自到所在地人民政府进行婚姻登记，符合《婚姻法》规定的，由所在地人民政府即发给结婚证或离婚证。只有经过登记程序，其婚姻关系和与婚姻有关的行为才能得到法律的承认和保护。

根据《婚姻法》第 6 条的规定，结婚应男女双方亲自到所在地（区、乡）人民政府登记。凡符合《婚姻法》规定的，所

---

〔1〕 肖爱树：《20 世纪中国婚姻制度研究》，知识产权出版社 2005 年版，第 220 页。

在地人民政府即发给结婚证或离婚证。人民政府的登记机关在办理婚姻登记时，不能简单地发给证书，还必须了解结婚男女双方是否符合法定条件，是否真正自愿，并防止盲目和轻率结婚或离婚现象的发生。因此，结婚登记程序是国家认可某对男女的婚姻关系具有法律效力的法定程序。当时有关资料显示，经过《婚姻法》的贯彻与宣传，华东、华北、中南、东北等广大地区的人民群众到政府进行登记结婚的络绎不绝。比如，北京市仅1950年5月至10月，自由结婚的就有6686对（合理离婚的有1279对），山东胶东地区1950年的3个月内共有3000对青年男女到人民政府举行婚姻登记。[1] 此后，随着贯彻婚姻法运动普遍展开，婚姻登记逐渐为普通民众所接受。普法宣传运动结束后，从1953年4月初开始，上海市闸北区每天都有10对以上的男女前往区人民政府登记结婚。[2]这说明婚姻登记已成为被广大群众普遍接受的婚姻行为。

此外，为了通过婚姻登记保障婚姻自由，保障《婚姻法》的各项原则和制度落到实处，1955年5月，国务院批准了《婚姻登记办法》，同年6月公布实施。《婚姻登记办法》明确规定，在城市的，婚姻登记机关是街道办事处，没有街道办事处的，婚姻登记机关是市人民委员会或者区人民委员会；在农村，婚姻登记机关是乡、镇人民委员会。办理离婚和恢复结婚登记的机关，在城市是市辖区人民委员会和不设区的市人民委员会；在农村是区公所，没有区公所的是县人民委员会。婚姻登记的程序是申请、审查和登记。这就使结婚、离婚程序得到了进一

---

〔1〕“全国各地为开展贯彻婚姻法运动创造经验，进行贯彻婚姻法试点工作”，载《人民日报》1953年2月26日。

〔2〕“北京、上海贯彻婚姻法运动胜利结束”，载《人民日报》1953年4月27日。

步规范，对于保护法律确认的婚姻关系，维护婚姻家庭法律秩序起到了程序保障作用。

(二) 设置了诉讼程序性条款

1950 年《婚姻法》规定了相关的程序条款，为解决婚姻家事纠纷提供了一定的法律依据。如《婚姻法》第 17 条第 2 款规定："男女双方自愿离婚的，双方应向区人民政府登记，领取离婚证；区人民政府查明确系双方自愿并对子女和财产确有适当处理时，应即给离婚证。男女一方坚决要求离婚的，得由区人民政府进行调解；如调解无效时，应即转报县或市人民法院处理；区人民政府并不得阻止或妨碍，男女任何一方都可向县或市人民法院申诉。县或市人民法院对离婚案件，也应首先进行调解；如调解无效时，即行判决。"第 18 条规定："女方怀孕期间，男方不得提出离婚，男方要求离婚，须于女方分娩一年后，始得提出。但女方提出离婚的，不在此限。"这种规定，既体现了《婚姻法》保护正当的离婚自由，也反对轻率离婚的原则精神，也是人民法院受理离婚案件的依据，同时也是离婚案件应当先进行调解的程序规定。

1950 年《婚姻法》第六章专门就离婚后子女的抚养与教育等问题作了相关的程序规定。如第 20 ~ 21 条分别规定：父母与子女间的血亲关系，不因父母离婚而消灭。离婚后无论哪一方抚养子女，仍是父母双方的子女……离婚后哺乳期内的子女，如双方均愿意抚养发生争执不能达成协议时，由人民法院根据子女的利益判决；离婚后，女方抚养的子女，男方应负担必需的生活费和教育费的全部或一部分，负担费用的多寡及期限的长短，由双方协议；协议不成时，由人民法院判决……离婚时，关于子女生活费和教育费的协议或判决，不妨碍子女向父母任何一方提出超过协议或判决原定数额的请求。《婚姻法》第七章还规定了离婚后的财产等问题的处理程序。如第 23 条规定："离婚后，除女方婚前财产归女方所有外，其他家庭财产如何处理，由双方协议；协议不成时，由人民法院根据家庭财产具体情况、照顾女方及子女利益和有利发展生产的原则判决。"第 25 条规定离婚后一方如未再结婚而生活困难，他方应帮助维持其生活；帮助的办法及期限，由双方协议；协议不成时，由人民法院判决。这一系列涉及程序的规定，不仅为当事人寻求权利救济提供了法律依据，而且也是人民法院受理和审判婚姻家事案件的法律依据。由此可见，1950 年《婚姻法》的程序条款是新中国初期婚姻诉讼制度形成的重要基础之一。

总之，1950 年《婚姻法》颁布后，随着几次大规模的宣传贯彻婚姻法运动，《婚姻法》可谓家喻户晓，政策深入人心，形成了一股巨大的精神和物质力量，大大加速了封建婚姻制度的崩溃和死亡。人们开始运用《婚姻法》所赋予的权利，与旧的婚姻习俗展开斗争。婚姻不自由、男女不平等、妇女受虐待的现象得到了很大的扭转，新的婚姻观念和婚姻道德正在形成，许多不和睦的家庭通过学习《婚姻法》也改善了关系，变成了民主、和睦的幸福家庭。婚姻法运动使被旧婚姻束缚在家的妇女得以解放，旧式婚姻、旧式家庭得到改造，妇女的家庭社会地位也得到了提高，广大妇女群众心情舒畅，生产积极性被调动起来，对新中国的生产建设起到了很大的推动作用。人民群众懂得了提高政治觉悟、劳动生产是争取美好生活的根源，未婚男女青年选择对象的标准也不再是金钱、地位，而是"劳动好、思想好"。很多青年男女在劳动中相互鼓励和督促，结成了夫妻，并将劳动视为光荣而自豪的事业。有的还把自己和祖国的社会主义建设联系起来，许多从不参加社会活动的妇女，也与男子一样，参加各种社会活动、文化学习、生产组织，在这中间涌现了大批积极分子。所有这些，不仅塑造了我国新的婚姻家庭模式和男女平等、婚姻自由的社会新风尚，而且有力地促进了社会的安定和国家各项建设事业的顺利进行。婚姻习俗的变革，不仅使我国婚姻家庭生活发生了新变化，对重塑中国家庭起到了重大的推动作用，而且对社会形态的变革产生了积极影响，对创造一个新的社会起到了推动作用。〔1〕

1950 年《婚姻法》所确立的新中国婚姻家庭制度的基本原则、体系结构，以及一些符合国情、行之有效的规定，对新中国的婚姻立法的发展和婚姻家庭制度的进一步变革有着重要的历史意义。1980 年《婚姻法》实际上是对 1950 年《婚姻法》的继承和发展。同时，1950 年《婚姻法》规定的基本原则和基本精神也是 2001 年《婚姻法（修正案）》的法律基础。

特别重要的是，新中国初期民事司法工作是伴随着《婚姻法》的贯彻实施而开展的。新中国婚姻家庭制度的确立，既依靠司法程序的保障，同时又促进了婚姻家事诉讼程序制度的形成和发展。

第三节　婚姻法实施中司法实践的经验积累

在 1950 年《婚姻法》的实施过程中，司法实践的经验积累是新中国婚姻诉讼制度形成的社会实践基础。1950 年《婚姻法》的颁布实施，标志着我国婚姻家庭制度的革新。如前文所述，1950 年《婚姻法》的基本精神，就是废旧立新。在这种废旧立新的变革过程中，司法活动对新婚姻家庭制度的形成也起了促进作用。关于“司法”这一概念，在法学理论上有多种界

---

〔1〕 李立志：《变迁与重建——1949～1956 年的中国社会》，江西人民出版社 2002 年版，第 140 页。

定或解释：一是认为司法就是执法，即将法律付诸实现的活动；二是认为司法就是法院的审判活动；三是认为司法是执掌法律之意。笔者认为，司法是国家司法机关的一种专门性活动，与国家立法活动和行政活动是有区别的。因为司法的最根本任务在于依法处理各种案件，解决和平息社会冲突，这就使司法这种国家活动具有了区别于国家立法活动和行政活动的独特性。因而，司法是司法机关根据法定职权和法定程序，应用法律处理案件的专门活动。〔1〕而要体现处理案件、解决纠纷的公正性，就必须依照法定程序进行，并且只能由专门的国家司法机关进行。关于司法机关的范围学界也有不同的认识，我国和传统的大陆法系国家把法院、检察机关以及从事与司法事务有关的警察机关都视为司法机关。而英美法系国家却只把法院视为司法机关，并将检察机关和警察机关列入行政机关。本书认为，新中国初期情况所涉及的司法及司法机关，主要指人民法院，在有些情况下也包括检察机关。这个意义上的"司法"应包括司法活动和体现公正理念的司法程序。同时，司法需要专门的法律知识和技能，所以只能由专门的国家司法机关进行。这里需要说明的是，在百废待兴的新中国初期，司法制度处于初创阶段，程序意识和公正司法理念尚未明确树立，当时的司法程序与现代司法理念和程序当然不能同日而语。但这并不等于司法无所作为，新中国初期的程序保障主要表现在三个方面：一是设立司法机构，为实施婚姻法提供组织保障；二是初步确立婚姻审判工作的一些原则和制度，并为处理婚姻家事案件提供裁判依据；三是司法机关参与《婚姻法》的宣传贯彻活动，处理婚姻纠纷。正是在这些活动中，司法机关逐步积累经验，并且形塑出了我

---

〔1〕 黄松有、梁玉霞：《司法相关职务责任研究》，法律出版社 2001 年版，第 2 页。

国婚姻诉讼制度之雏形。

一、司法机构的建立

随着中华人民共和国的成立，根据《中国人民政治协商会议共同纲领》《中央人民政府组织法》和《各级人民政府组织通则》精神，在打碎旧国家机器的基础上，我国从上至下逐级建立了人民民主专政的国家机构，其中就包括各级人民法院的相继建立。1949 年 10 月，中央人民政府委员会任命沈钧儒为中央人民政府最高人民法院院长，不久又任命了 16 位最高人民法院委员会委员。1950 年 1 月，中央人民政府委员会批准了《最高人民法院试行组织条例》。其中规定，最高人民法院设立民事、刑事和行政三个审判庭及其他相关机构。当时的人民法院组织体系分为三级：县级人民法院（市、区）；省级（行政区、自治区）人民法院；最高人民法院。此外，最高人民法院在大行政区还设有分院、分庭。各级人民法院是同级人民政府的组成部分，受同级政府委员会领导和监督。下级人民法院受上级人民法院领导和监督，是一种双重领导体制。截至 1951 年 4 月，全国共建立了人民法院 2400 多个，其中包括最高人民法院和它的 6 个分院，省级人民法院 50 个、省分院 194 个，县级人民法院 2208 个。全国法院干部截至 1951 年 6 月已达到 25 000 余人。从此，新中国初期基本上形成了自己的法院体系。[1]这为我国婚姻法的贯彻实施和民事审判工作的顺利进行提供了组织保证。根据 1954 年通过的《人民法院组织法》规定，人民法院设立地方各级人民法院、专门人民法院和最高人民法院。专门人民法院包括军事法院、铁路运输法院、水上运输法院。地方各级人

〔1〕 程维荣：《中国审判制度史》，上海教育出版社 2001 年版，第 266 页。

民法院分为基层人民法院、中级人民法院和高级人民法院。这就形成了四级人民法院。基层人民法院根据本地情况可以设立人民法庭。作为基层人民法院的组成部分，人民法庭的判决和裁定就是人民法院的判决裁定。这是继承革命根据地人民司法制度的优良传统，并且总结建国初期巡回审判经验而作的规定。至此，人民法院体系进一步健全，各种审判活动也开展起来，民事审判制度也得到了相应的发展。

二、司法实务保障

司法实务保障主要体现在司法机关通过对婚姻案件的处理，促进和保障新中国婚姻法的贯彻实施之中。

（一）新中国初期民事案件概况

从新中国初期民事案件的大体情况来看，新中国初期，人民法院受理的民事案件主要有两类：一类是婚姻家庭纠纷，一类是财产权益纠纷。这一时期的民事案件中，婚姻案件比重较大，婚姻家庭纠纷案件处于不断变化状态：其一，离婚案件数量增长。建国初的一段时间内婚姻案件几乎是民事案件的主流，伴随着1950年《婚姻法》的颁布、宣传和贯彻实施，成千上万在封建压迫下因包办而结成夫妻的男女，尤其是妇女，纷纷要求婚姻自由。因此，在这个过程中必然产生大量的婚姻纠纷，其中又以离婚纠纷最为突出，出现了建国后的第一次离婚高峰。从全国情况看，人民法院受理的婚姻案件大幅度上升。1953年，全国离婚案件从1950年的46万件升至117万件。[1]“1951年法院受理的离婚案件较上年增长23.4%；1952年比1951年受理的离婚案件又上升51.5%；1953年离婚案件比上年再增

〔1〕 张懋：“建国初期的民事审判工作”，载中国法律研究网：http://lexchina.com/Type.asp? TypeId=30，访问日期：2007年9月21日。

10.54%。"[1]根据最高人民法院对全国第一审婚姻案件收案情况的统计：1954年婚姻案件占民事案件的59%，1955年占63.7%，1956年第一季度占66.2%。[2]所以，透过离婚案件的变化也可以看出婚姻家庭案件的主要特点。其二，引起婚姻纠纷的原因变化。从离婚案件看，随着新的婚姻家庭制度开始形成并逐步巩固，从1954年起，人民法院受理的离婚案件有所下降。而离婚的原因也发生了变化。这一时期的离婚原因是多种多样的，常常涉及政治、经济、情感、性格志趣、生活习惯、家庭关系、健康和生理状况等各种复杂因素。婚姻和家庭的问题是牵涉每个家庭每个人的问题，而封建思想和封建习惯，是几千年来根深蒂固地存在于人们思想意识中的，并非一朝一夕所能根除。1950年颁布《婚姻法》时，新婚姻制度才刚开始实行，因此当时绝大多数离婚案件针对的都是反对封建主义的包办强迫、买卖婚姻制度的压迫，争取婚姻自由。《婚姻法》颁布一段时间后，虽然新婚姻制度得以逐步确立，但一部分人对婚姻自由、男女平等还有顾虑和怀疑，还存在父母包办代替、强迫、买卖婚姻等现象。虽然家庭中的夫妻、婆媳关系有了初步改善，但虐待、杀害妇女的事件并没有绝迹。因此，封建思想影响仍然是离婚的一个重要因素。1954年以后，由于封建婚姻制度解体，反封建斗争性质的婚姻案件大量下降，其中离婚案件的情况也与过去有所不同，较多地反映出封建思想的影响、对婚姻自由缺乏正确理解以及追求物质享受等因素。[3]如有些人基于好逸恶劳、贪图虚荣享受、嫌弃农村、鄙视劳动的思想，以及基于见异思迁、迎新弃旧、堕落腐化思想而引起婚姻纠纷。这

〔1〕何兵：《现代社会的纠纷解决》，法律出版社2001年版，第36页。
〔2〕马起：《谈离婚的政策界限》，辽宁人民出版社1957年版，第1页。
〔3〕程维荣：《中国审判制度史》，上海教育出版社2001年版，第283页。

表明，婚姻纠纷的产生，既有封建婚姻制度的残余因素，又有资产阶级思想的影响。同时，因草率结婚导致草率离婚，也是一个重要原因。由于男女双方相互之间婚前未经充分了解，草率结婚，感情基础不牢固，夫妻关系稍不协调，就可能提出离婚。因此，婚姻纠纷发生的原因是错综复杂的，需要分清情况慎重处理。

（二）人民法院对婚姻案件的处理

人民法院面对大量的解除封建包办婚姻诉求，根据《婚姻法》的有关规定，针对各种原因，根据不同情况，区别处理。对女方深受封建压迫、夫妻关系恶劣、无法继续维持的，判决准予离婚；对离婚后的财产处理和子女抚养问题，本着保护妇女和子女合法利益的原则予以妥善处理；对于虽系包办婚姻，但婚后建立了一定的感情，或男方虽有打骂虐待女方行为，但表示认错愿意悔改的，则尽量多做说服教育工作，调解和好或判决不准离婚，使许多家庭关系按照婚姻法男女平等的精神得到了改善，这种情况在人民法院处理的婚姻案件中占多数；对于旧社会遗留下来的重婚、纳妾问题，一般是尊重当事人意愿，采取“不告不理”态度，但如果女方提出离婚，人民法院按照婚姻法规定的一夫一妻原则予以处理，使女方早日解脱痛苦，并尽量满足其有关财产等问题的合法要求。在 1951 年至 1953 年，全国各级法院通过审判，解决涉及旧社会遗留的童养媳、妻妾、寡妇要求人身解放的婚姻家庭案件 280 万件，使一大批妇女重获人身自由。[1]其中还包括 20 多万件继承案件。各级人民法院在处理继承案件的过程中进一步贯彻男女平等原则，有力地保护了妇女的遗产继承权。通过审判大量的婚姻家庭纠纷

---

〔1〕 中国人权研究会：“人民法院的审判工作”，载人权网：http：//www. humanrights. com. cn，访问日期：2006 年 9 月 20 日。

案件，各级人民法院支持了广大群众反封建的正义斗争，对于促进我国婚姻家庭制度的改革，实现生产力的解放，调动建设新中国的积极性，发挥了重要作用。

（三）对其他民事案件的处理

除婚姻案件外，从1950年到1953年，各地人民法院还审判了大量的财产权益纠纷案件，主要包括债务，房屋、土地、山林，水利，劳资，公私纠纷等几类。债务纠纷大多是解放前当事人因生活困难借贷而形成的，标的额一般都不大。根据政务院1950年10月公布施行的《新区农村债务纠纷处理办法》的规定，人民法院处理债务案件时，对属于当地解放前劳动人民欠地主的债务，予以废除；对于工商业往来欠账，仍依原约定处理；对劳动人民之间的借贷关系，予以维持，根据双方的实际经济情况合情合理地解决；对当地解放后成立的借贷关系（包括地主为债权人的在内），凡借贷目的正当、借贷关系明确、利息合理的，本着有借有还的原则，予以保护。房屋纠纷以城市特别是大城市发生的为多，其中又以房屋租赁纠纷为主。这是由解放前房荒严重，少数房产主高租剥削，特别是“二房东”从中残酷盘剥造成的。1949年8月11日，《人民日报》发表了新华社《关于城市房产、房租的性质和政策》一文。依照这个政策规定，各地人民法院在4年内共处理了45万件房屋纠纷案件，从中取缔了“二房东”的封建高利盘剥，妥善处理了欠租纠纷，维护了业主和房客的合法权益，稳定了建国初期的城市住房秩序。土地、山林、水利纠纷主要是1950年土改以后发生的土地、山林确权纠纷，土地买卖、租赁纠纷，因婚姻家庭关系变化而引起的土地产权纠纷等。人民法院本着“以土改时确定的产权为准”的原则，4年之内共判处了33万件，从而巩固了土地改革的成果，维护了土改后农村新的生产关系，促进了农业生产的发展。劳资和公私纠纷是在当时实行新民主主义制度的特定历史条件下发生的。劳资纠纷是指私营工商业企业资本家与被雇佣的职工之间，为工资、解雇、劳保、福利等问题而发生的纠纷。公私纠纷是国营企业与私营企业之间发生的加工订货、收购包销、包工承揽等经济合同纠纷。人民法院按照"发展生产、繁荣经济、公私兼顾、劳资两利"的新民主主义经济政策，在4年之内共审判了13万件劳资纠纷案件、5万件公私纠纷案件。通过审判，保护了公私企业、劳资双方的合法权益，保障了新民主主义制度下的公有制和私有制、生产关系和生产秩序，这对于促进当时工商业的迅速发展和国民经济的迅速恢复起到了积极作用。〔1〕

三、司法程序制度保障

新中国初期，审判体制还处于新旧交替之中。为了巩固和完善人民司法制度，最高人民法院等单位于1950年7至8月间召开了第一届全国司法会议。会议确定了人民法院的任务：依法审判刑事案件，惩治反革命罪犯和一切危害国家利益、侵犯公民合法权益的罪犯；依法审判民事案件，调整公民之间的财产关系和人身关系，调整国家机关、国营企业、社会团体等互相间的纠纷；通过上述审判活动，保护国家利益和个人的合法权益，保护新民主主义的政治经济和文化制度，维护社会秩序等。1950年12月，中央人民政府法制委员会拟定了《中华人民共和国诉讼程序通则（草案)》（简称《通则草案》)。《通则草案》对人民法院在审判案件中如何适用法律问题作了原则性规定，明确了以《中国人民政治协商会议共同纲领》，人民政府或

〔1〕 张懋："建国初期的民事审判工作"，载中国法律研究网：http://lexchina.com/Type.asp?TypeId=30，访问日期：2007年9月21日。

人民解放军的纲领、法律、法令、条例、命令、决定作为审理案件的依据；如无明确规定的，则依新民主主义政策。同时，《通则草案》还对就地审判、巡回审判、陪审等原则作了规定，并进一步明确规定了管辖、代书、起诉、回避、送达、调解、上诉、抗告、执行、再审等诉讼程序和审理方式。继此之后，中央人民政府于1951年9月又公布了《中华人民共和国人民法院暂行组织条例》和《中华人民共和国检察署暂行组织条例》，进一步明确了上述程序规定。

1953年是我国"第一个五年计划"开始的第一年，大规模的有计划的经济建设已经开始。在此情况下，司法领域逐步健全和运用人民民主的法制，进一步巩固人民民主专政，保障经济建设和社会主义改造事业的顺利进行。1953年4月召开的第二届全国司法会议进一步明确了法院工作任务和工作制度。在民事政策方面，强调要保护全体人民的合法权益。会议之后，各地人民法院在审判实践中初步建立了一些制度，如：逐步统一了三级两审制度、上诉制度、大中城市实行公开审判制度、部分农村地区的法院实行就地审判和巡回审判制度以及调审结合、人民陪审等制度，为人民法院审判婚姻案件和其他民事案件提供了依据。1953年底，全国范围内大规模的群众运动基本结束，国家进入了有计划的经济建设时期，政法工作也步入了新的计划发展时期。归纳起来，这些变化体现在审判原则和制度方面。

（一）初步确立了审判工作原则

1954年9月召开的第一届全国人民代表大会通过了《中华人民共和国宪法》。这是我国第一部社会主义宪法，也是我国社会主义法制的基石。它带动了建国初期立法工作的大发展，各方面的立法都被纳入了计划发展的轨道。同时，会议还通过了

《人民法院组织法》和《中华人民共和国人民检察院组织法》。从而明确了民事司法机构、基本审判原则以及人民检察院参加民事诉讼等问题。中国社会主义法制建设的奠基人之一——董必武——在第一届全国人民代表大会第一次会议的发言中谈到1954年前我国法制建设时指出："我们的法律是根据各个时期革命斗争的需要并且总结斗争经验而制定的。中华人民共和国建国之初，曾有人主张在那时候就制定出一套完备细密的法律，这是一种脱离实际的、主观主义的想法。因为在当时的军事行动和领导广大人民群众进行土地改革、镇压反革命等社会改革运动中，我们还只能根据需要和可能，总结已经成熟的经验；制定一些单行法规，通则性的法律和法令，不可能也不应该主观地，生硬地制定一套所谓完备的法律。如果硬要这样做，其结果只能是不合乎实际；只能束缚群众手足。"〔1〕因此，在此期间，放手发动群众，激发各部门积极性与创造性，在政策指导下，允许各地方司法机关进行大胆地探索与尝试，可以为下一步全面立法打好基础。《人民法院组织法》以《宪法》为依据，对人民法院的性质、任务、体制、组织机构、审判原则和审判工作制度等都作了明确规定，人民司法工作从此进入了按照社会主义的法律制度进行审判活动的新阶段。〔2〕根据1954年的《人民法院组织法》的规定，法院体制和审级制度有所改变，实行四级二审制。

归纳这一时期民事审判活动原则，主要包括：第一，国家审判权由人民法院统一行使，其他任何国家机关或社会团体都无权审判案件。第二，人民法院独立审判案件，只服从法律，

---

〔1〕 董必武："五年来政治法律工作中的几个问题和加强守法教育问题"，载董必武法学文集编辑组编：《董必武法学文集》，法律出版社2001年版，第235页。

〔2〕 程维荣：《中国审判制度史》，上海教育出版社2001年版，第268页。

坚持实事求是，严格依法办案，不受任何干涉。当然，为了加强和保证人民法院独立审判，人民法院须接受中共中央和中共各级组织的领导，接受人民代表大会的监督和人民检察院的法律监督。第三，一切公民在适用法律上，不分民族、性别、职业、社会出身、宗教信仰、教育程度、财产状况，一律平等。第四，具体到婚姻诉讼中，因离婚案件占的比重大，离婚的原因复杂。最高人民法院根据各地人民法院的司法实践经验，制定了指导性的原则界限，以保障继续贯彻落实婚姻自由和男女平等原则，正确审理婚姻家庭案件。这些原则界限包括：婚姻关系离与不离的原则，主要是看双方感情的实际情况，以及有无改善关系的可能；如一方提出离婚的原因是对方有生理原因或有严重疾病的，经查证属实，应准予离婚；因对方 3 年以上无音讯而提出离婚，可以判决离婚；一方因普通刑事犯罪被判刑在执行期间，对方提出离婚，可酌情处理。同时，在审理离婚案件中，处理夫妻财产时，应遵循照顾女方和子女利益、照顾无过错一方和子女利益，有利于发展生产的原则。对于家庭财产继承案件，坚持继承权男女平等、互相扶助、养老育幼和权利义务相结合的原则。[1]

（二）确立了相应的审判制度

新中国初期，我国通过《法院组织法》和其他相关法规还确立了一些对审判起指导作用的工作制度。与审理民事和婚姻案件密切相关的制度主要包括：第一，公开审判制度。即人民法院审理民事案件（除法律有特殊规定的以外）和宣告判决，一律公开进行。第二，人民陪审员制度。1951 年《人民法院暂行组织条例》对此已有规定，1954 年《宪法》进一步加以确

[1] 程维荣：《中国审判制度史》，上海教育出版社 2001 年版，第 283 页。

认。《人民法院组织法》规定，人民法院审理第一审案件实行陪审员制度，但是简单的民事案件、轻微的刑事案件和法律另有规定的案件除外。第三，回避制度。即如果当事人认为审判人员对本案有利害关系或其他关系不能公平审判，有权请求审判人员回避，以保护当事人权利。此外，合议制度、审判监督制度等都对审理婚姻案件起到了审判依据和制度保障的作用。1954 年的《人民法院组织法》将法院的组织体系改为四级二审制度，并进一步确认了公开审判、人民陪审制度，尤其是确认了独立审判制度，从而初步形成了一套正当的司法程序。

（三）逐步统一民事审判程序规范

由于解放的时间有先有后，全国各地新民主主义政权建立的时间并不统一。原老解放区政权建立早，运行时间长，干部较充实，部门较齐全，经验较丰富，而新解放区情况则有所不同。在工作中，新解放区首先要解决老解放区已经解决了的问题，如：土地改革等问题。工作重心的不同决定了各地的情况也各异。各地工作重心、工作难点不同，探索的工作方法与总结尝试的工作制度也不同。实践中，全国缺乏统一的法律法规加以规范，特别是在民事、刑事诉讼程序与制度规定方面更是如此。随着 1954 年《中华人民共和国宪法》和《中华人民共和国人民法院组织法》的颁布，有关民事诉讼程序制度的建设才进入了一个新阶段。同年，最高人民法院以贯彻《人民法院组织法》为中心，进行了大量的调查研究工作，召开了第三次全国司法工作会议，并在会后下达了《各级人民法院审理刑、民事案件程序总结》，使民事诉讼程序制度的建设有了长足的发展。这一时期民事诉讼程序制度的发展主要表现在以下几方面：

第一，确立了民事诉讼的一系列基本原则。1954 年《宪法》和《人民法院组织法》规定了“人民法院行使国家审判权”“人民法院独立进行审判”和“公民在法律面前人人平等”的原则。这些原则既是宪法原则，也是民事诉讼的基本原则。

第二，健全了民事诉讼程序、制度。建国以后，各级人民法院审理了大量民事案件，在诉讼程序、制度上积累了丰富的经验。因此，1954 年颁布的《人民法院组织法》规定了一系列民事诉讼制度，如人民法院独立审判原则、公民在适用法律上一律平等原则，各民族公民都有权用本民族语言文字进行诉讼的原则以及公开审判、合议、回避等一系列原则、制度。此外，最高人民法院在总结实践经验的基础上制定下达的《各级人民法院审理刑、民事案件程序总结》，使民事诉讼程序规范化并日益健全。

第三，统一了人民法院民事案件的审理程序。建国初期，各地人民法院在民事诉讼程序上分别沿用各解放区的有关规定，因此，全国各地人民法院在诉讼程序的适用上是不统一的。1955 年，董必武在最高人民法院党组会上发言时强调：“法院依法审判的意义，包括依实体法，也要依程序法。我国尚无程序法，但我们法院已工作了五年多，审理和判决的案件总数在几百万件以上，办理和办结这样多的案件，总必是有一定程序的。各级法院、各个法院没有共同的诉讼程序，这是事实。但各级法院、各个法院各自有它们自己实行的一套诉讼程序。”〔1〕中华人民共和国成立后第一个专门规定民事诉讼程序的规范性文件是最高人民法院于 1956 年 10 月印发的《关于各级人民法院民事案件审判程序总结》（以下简称《总结》）。这个《总结》的许多内容，是在对北京、天津、上海等 13 个大中城市的民事

〔1〕 董必武：“关于收集整理十四个大中城市法院审理民、刑案件的资料问题”，载武延平等：《刑事诉讼法学参考资料汇编》，北京大学出版社 2004 年版，第 837 页。

审判程序制度进行调查研究的基础上，根据《人民法院组织法》的规定而作的总结。

《总结》系统地概括了中华人民共和国成立后民事审判的工作经验，对审判中存在的问题提出了正确的意见和要求，并结合新中国初期的实际情况，较为全面地规定了民事审判的基本程序和方式。其中对婚姻纠纷案件和其他民事案件来源和立案手续、案件审理前的准备、审判组织、证据调查、调解、案件的审理、裁判、上诉、再审以及当事人诉讼权利的相关内容等都作了规定。〔1〕1957年，最高人民法院在《总结》的基础上又草拟了《民事案件审判程序（草稿）》，使之进一步系统化。由此，在全国范围内基本统一了各级人民法院的民事审判程序，保证了《人民法院组织法》的各项程序制度的全面贯彻执行，有利于提高各级人民法院的办案水平，有力地推动了民事诉讼程序制度的建设。〔2〕

本章小结

我国立法中尽管没有“婚姻诉讼制度”的概念，但在司法实践中因婚姻纠纷引起的诉讼却是客观存在的。因而，婚姻诉讼是民事诉讼的重要组成部分。我国婚姻诉讼制度的雏形与民事诉讼制度的形成具有同源性，即根源于革命根据地的优良司法传统和新中国成立初期的司法实践。略有不同的是，基于程

〔1〕“最高人民法院关于各级人民法院民事案件审判程序总结”，载中国社会科学院研究所民法研究室民诉组编：《民事诉讼法参考资料》（第2辑第1分册），法律出版社1981年版，第209页；中国人民大学审判法教研室编：《中华人民共和国法院组织、诉讼程序参考资料》（第5辑），1956年，第89页。

〔2〕马原：《民事审判理论与实务》，人民法院出版社1994年版，第42页。

序法与实体法的互动关系原理和建国初期的特殊情况，婚姻领域内的实体法促进了我国婚姻诉讼制度的生成和发展。

从内容上看，我国1950年的《婚姻法》虽然以调整婚姻关系为主，但也涉及家庭关系的许多方面，实际上是婚姻家庭法。该法明确废除了包办强迫、男尊女卑、漠视子女利益的封建主义婚姻制度，确立了婚姻自由、一夫一妻、男女权利平等、保护妇女和子女利益的新婚姻制度和原则，新型的婚姻家庭制度得以形成。《婚姻法》规定的基本原则是千百年来男女当事人在婚姻问题上梦寐以求的愿望。在贯彻《婚姻法》的过程中，中央人民政府法制委员会和中央贯彻婚姻法运动委员会又发布了许多规范性文件，使《婚姻法》的立法原则得到具体充实，并有了配套性措施，使《婚姻法》起到了基本法的作用。总之，《婚姻法》的贯彻落实，促进了新型婚姻家庭关系的确立，是我国婚姻家庭关系变化的重要转折点，对新中国初期的社会生活和道德观念造成了深远影响。在《婚姻法》的实施过程中，人民群众受到了教育，提高了思想认识，婚姻自由、男女平等的观念逐步形成，旧社会遗留的许多婚姻问题得到了有效解决，并呈现出家家和睦、民主平等、团结生产的新局面。

在广泛的宣传贯彻过程中，伴随《婚姻法》的深入人心，广大群众纷纷要求解决过去不合理的婚姻，人民法院受理的婚姻案件必然增多，这正是婚姻诉讼制度形成的社会基础。

当然，总体上说，由于新中国初期婚姻家庭制度先于民事法律制度和诉讼法律制度，因而曾出现了民事诉讼领域以婚姻家庭方面的诉讼案件为主的局面。如：1953 全国第一审民事案件为185万件，其中婚姻案件为117万件，占总数的63.2%；1954年民事案件总数为120万件，其中婚姻案件为71万件，占58.84%；1955年民事案件总数为95万件，其中婚姻案件为61

万件，占 63.73%；1956 年民事案件为 73 万件，其中婚姻案件为 51 万件，占民事案件总数的 69.7%。[1]从这种意义上说，新中国初期，婚姻家庭案件的诉讼程序直接影响着其他民事案件的诉讼程序，婚姻案件的审理程序也是其他民事案件的审理程序。

---

〔1〕 韩幽桐："对于当前离婚问题的分析和意见"，载法律出版社编：《离婚问题论文选集》，法律出版社 1958 年版，第 1 页。

第三章 新中国初期婚姻纠纷的处理方式

新中国成立初期的司法实践，还不可能有现代性的程序公正意识和规范而完备的程序设计。从司法活动运行的方式看，其总体上是一种诉讼内活动与诉讼外活动相结合的一种习惯性的互动模式。在对婚姻家事纠纷的处理方面，一般表现为专门机关与群众参与相结合、人民调解与法院调解相结合，以及运动推进的运行方式。

第一节 专门机关与群众相结合

新中国初期婚姻立法及民事司法工作的重要指导思想和特色之一就是坚持“群众路线”的工作方法和“调查研究、实事求是”的工作作风。“群众路线”是毛泽东思想的重要组成部分。毛泽东多次提出：“在我党的一切实际工作中，凡属正确的领导，必须是从群众中来，到群众中去。”“从群众中集中起来又到群众中坚持下去，以形成正确的领导意见。”〔1〕新中国成

〔1〕 毛泽东：“关于领导方法的若干问题（1943年6月1日）”，载《毛泽东著作选读》（下册、甲种本），人民出版社1965年版，第301页。

立后，以毛泽东为首的党中央将群众路线的思想方针，应用到了国家政治、经济、文化建设的各个方面，并在中国第一部《宪法》当中规定了国家机关坚持群众路线的基本原则。1954年《中华人民共和国宪法》第17条规定："一切国家机关必须依靠人民群众，经常保持与群众的密切联系，倾听群众意见，接受群众监督。"该法第18条规定："一切国家机关工作人员必须效忠人民民主制度，服从宪法和法律，努力为人民服务。"群众路线与中国共产党的宗旨"全心全意为人民服务"的精神是一致的。一切为了群众，人民群众的利益高于一切，一切工作都必须从人民群众利益出发，全心全意为人民服务，是毛泽东群众路线的根本出发点和最终归宿。这里的"人民群众"是对社会中绝大多数民众的称谓，一切依靠群众，是群众路线的立足点，也是党和国家机关的具体工作方法。从群众中来，就是要密切联系群众，将群众中分散的意见和观点收集上来，党和国家的路线、方针、政策的制定，其思想精髓都要来源于群众；到群众中去就是要将集中群众意见与思想的指导方针贯彻到人民群众的社会实践当中，解决人民群众的实际问题，并通过人民群众的实践来检验领导工作的正确性，反馈群众的意见，纠正工作中的偏差，最终达到最大程度地实现人民的利益。群众路线还有一项重要内容是坚持民主集中制原则，民主集中制是实事求是和群众路线的重要保证。民主集中制就是要充分发扬民主，广泛听取群众意见，在民主的基础上集中制定正确的决策。坚持民主集中制，就要深入群众，到群众中去寻找真理和实现真理，并将法律和政策贯彻到人民群众之中。

基于新中国初期的理解和认识以及当时的具体情况，在处理婚姻案件中贯彻群众路线精神，采取人民法院与群众相结合的方式方法是妥当而可行的。在当时，《婚姻法》的制定只是建立新婚姻制度的开始，而宣传普及法律才是建立新婚姻制度的关键。建国初期婚姻制度是以宣传贯彻婚姻法为突破口，这恰好抓住了破除旧婚姻制度和建立新婚姻制度的关键环节。其主要方法是通过国家政权力量，采取群众运动的方式，自上而下地进行婚姻制度改革。其把过去妇女精英运动普及为妇女大众运动，使绝大多数妇女在接受了新《婚姻法》的宣传后，从思想上突破了传统禁忌并颠覆了不适应时代发展要求的礼教规范，开始主动地追求自己的婚姻家庭权利。并且，其还能够深入到城镇、农村之中，使市民、农民都接受《婚姻法》的教育和影响，从而广泛而深刻地把《婚姻法》的基本精神和内容贯彻到社会最基层的民众中。其以前所未有的力量冲击了社会上的封建传统思想，对人们社会生活和家庭生活秩序进行重新整合，并使新婚姻制度逐渐获得了社会民众的服从和心理认同，进而成了社会大众自觉遵守的行为规范，迅速地促进了新婚姻制度的建立。〔1〕

一、婚姻案件的集体处理方式

新中国在建国初期民事诉讼制度尚处于初创阶段，在缺乏实践经验的情况下，除了学习苏联的理论和实践经验，就是在继承革命根据地司法传统的基础上，坚持群众路线，采取专门机关与群众参与相结合的审判方式处理各类民事纠纷。如当时的中南司法部于瓯江主任就曾在司法训练班的报告中指出："法院办案应当掌握群众路线，创造与运用诉讼程序，都不能离开这个范围。因为群众路线是无产阶级政党的基本政治路线和组织路线，司法工作同其他政治工作一样，也不能例外，审判不

〔1〕张志永：《婚姻制度从传统到现代的过渡》，中国社会科学出版社 2006 年版，第 331 页。

是所谓‘推事’‘法官’所能包办的，而是要依靠群众的力量，才能搞好的。”〔1〕婚姻家事纠纷的审判活动也不例外，人民法院的工作人员应认真贯彻党的群众路线，做到专门机关与群众运动相结合，依靠群众，正确处理婚姻案件。

群众路线是人民法院工作的根本路线，人民法院或法庭应在审判工作中密切联系群众、深入群众。其目的在于便利群众、促进生产，通过处理具体案件去联系群众、教育群众，发挥人民参与司法的主动性。群众路线被运用于新中国初期婚姻纠纷的处理，首先表现为人民法院与有关单位在群众参与下的集体办案方式。

当时的文献资料记载的许多实证案例都表明，运用这种办案方式曾经有效地解决了多起案件。下面，笔者以大连市一次集体处理婚姻家庭纠纷为例展开说明。

大连市人民法院于1950年2月对53起婚姻案件进行了集体处理。〔2〕其程序步骤大体如下：其一，由人民法院普遍了解每一案件的具体情况，按照案件不同的情由，分为离婚、解除婚约、争执彩礼、请求赔偿、要求生活费和抚养子女等类别，并从各类案件中选出一个具有代表性的案件，作进一步的调查研究。其二，邀请民政局长、妇联会主席、各区调解员、各区妇联主任开会，共同商讨处理原则及办法，并决定召集大会的日期、地点、程序、组织分工等问题。其三，于2月5日这天召开大会。参加开会的人除诉讼当事人、关系人、证人外，还有各区、坊的干部和部分群众，计约三百余人。并由法院、市政府、妇联、工会共同组织主席团。首先，由人民法院院长按照

〔1〕“诉讼程序的基本原则”，载《中南司法通讯》1950年第5期。

〔2〕“审判方式方法”，载中国社会科学院法学研究所民法研究室民诉组编：《民事诉讼法参考资料》（第2辑第1分册），法律出版社1981年版，第260页。

各类案件分别介绍具有代表性的不同案情内容。继而，由妇联主席说明婚姻政策。随后，由到会的人就各类案情结合政府的政策，进行讨论，发表个人意见。最后，由主席团综合大家的意见表示态度，并宣布处理各该类别案件的一般原则。会议至此宣告停止，让各案的当事人回到本区，在一定时间地点由法院派员分别就地处理（其相隔时间不宜过久）。其四，分别处理，由审判员、区调解员、区妇联主任及相关的街坊干部、妇女会长一起开会，研究具体的处理办法。取得一致意见后，即由这些参会人员针对具体情况，分别对不同案件的当事人，进行说服动员、酝酿和解，同时决定在该区集体解决的日期。其五，召开集体调解会议。于2月8日至11日这4天中在各区分别召开集体调解会议，会上逐一介绍案情，由当事人说明自己的要求和理由，继而由大家发表意见，提出调解方案。最后，征求各当事人的意见，同意和解的就和解，不同意的就带回法院另行审理判决。这样，53起案件中除10件因一方当事人的申请而需要等待证明不能及时解决外，其余43件都顺利地解决了。与此同时，还解决了区里在第一次会后新收的婚姻纠纷5起。前后不足一个星期的时间，总计解决了48起案件。

又如，河北定县为解决婚姻案件过多而造成的积压现象，一次性集体传唤20个婚姻案件，先集体宣传婚姻政策，在审理案件时，着重了解离婚根源和感情发展的程度，根据是否属于强制、虐待、不和，或是童养、买卖等，来决定离婚与否。并以调解为主解决婚姻问题。这种方式节省了人力和时间，效率比较高，经冀中行署推广后，不少县也采用此方法。如赵县处理婚姻案件，传30案到20案，和解离婚者18件，和解重归于好者1件。肃宁县巡回审理就地办案，用集体方式解决问题，

20天解决了78案，无极县6天解决了52起案件。[1]

集体处理案件一般适用于同一类性质且案情繁简大体相同的案件。虽然当时各地集体处理案件的具体步骤和规模大小不一定完全一致，但基本情况和方法则与上述事例大体相同。集体处理婚姻案件的过程，也就是集体调解和群众参与的集体审理相结合的过程。如果依当代眼光审视，当时的集体处理婚姻纠纷案件实际上是诉讼机制与诉讼外解决纠纷机制相结合的集中体现，也是人民法院按照非讼程序解决纠纷的一种方式。近几年，有些地方推行的“大调解”方式与建国初期的这种办案方式有类似之处。在新中国初期的社会条件下，集体处理婚姻案件的方式不仅与中国共产党的群众路线精神一致，而且也与这一时期的调解处理婚姻案件方式和巡回审理、就地审判婚姻家事案件或公开审判案件的方式具有相同的意义，发挥着大体相同的作用。

二、巡回审理、就地审判的方式

巡回审理、就地审判是革命根据地时期经常运用的方式。新中国初期的人民法院并非孤立地置身于社会劳动生产活动之外，被动地坐堂等案，而是坚持审判为人民群众服务，为党的中心工作服务的原则，传承了革命根据地时期的办案方式。人民法院在审理案件中坚持实事求是原则，深入到人民群众当中，积极主动地围绕人民群众的利益和中心工作，有计划地安排司法活动，配合生产一线，服务人民群众。而就地审判是正确、合法、及时地审理婚姻案件的关键。当时各级人民法院的审判

[1] 河北省地方志编纂委员会编：《河北省志·审判志》，河北人民出版社1994年版，第270页，转引自张志永：《婚姻制度从传统到现代的过渡》，中国社会科学出版社2006年版，第125页。

人员，经常上山下乡、深入实际、深入群众、就地开展民事审判活动。审判人员与群众同吃、同住、同劳动，生活在群众当中，深入到田间地头，田头办案，或登门进行调解工作。由于审判人员走出了法院大门，深入发案地点开展审判活动，这样就便于加强当地党委对婚姻审判工作的领导，便于依靠广大群众正确、及时地审理婚姻案件，便于围绕党的中心工作开展审判活动，便于开展法律宣传扩大审判工作影响，同时也便利了群众，有利于生产和增强人民群众的团结。巡回审理、就地审判，是革命根据地时期“马锡五审判方式”在建国初期的具体应用。前述封棒儿与张柏儿一案就是巡回审理、就地审判的典型案例。办案人员贴近群众，有利于查清案件事实，而就地公开审理与宣判，则起到了更好地教育群众的作用，也给广大人民群众带来了方便，体现了人民法院深入基层、服务群众的优良作风，使人民法院与国民党旧法院的衙门作风形成鲜明对比。

在处理婚姻案件时，要求办案人员全面地查明双方的婚姻基础、婚后感情变化过程、产生破裂的真正原因等有关情况。而要全面了解情况、彻底弄清事实真相，就必须深入群众，反复进行调查研究。在婚姻家事司法实践中，由于被调查的对象的思想觉悟、年龄、性别、与当事人的利害关系等情况各有不同，他们所提供的情况，难免都会带有一定的片面性。因此，当时的办案人员一般都是进行多方查证、核实，去伪存真，辨明是非，以便作出正确的判断。比如，法院受理案件后，并非仅仅在法庭内做出判决，而是先与当事人单独谈话，亲自调查案件的事实。同时还应当与群众交谈，包括当事人的亲属、邻居和同事，力图查明相关的事实和背景，尤其要了解当事人婚姻关系的性质和引起矛盾原因。法院审判人员通常也会询问当事人的人品与工作和政治上的表现，这些都是法院在形成对案件的总体态度时所要考虑的因素。此后，法院约谈相关的各方，最初通常是个别谈话，以寻求达成协议所必需的共同点和让步。该过程不仅包括夫妻双方，也涉及他们的父母、其他重要的亲属及当地的领导。最后，当"和好"的条件大致成型时，法官会召开一个正式的"和好会"，当地领导和亲属一般都会参加。作为"调解和好"的组成部分，双方当事人要在逐字纪录的会谈笔录上签名，或签署一份正式的"调解协议"。如在河北省康保县薛家营村76岁的冯之俊要求赡养一案中，法院工作人员于收案后第二天就到当事人所在地进行调查。通过调查得知，冯之俊的7个儿子互相推诿，谁也不赡养老人。事实查清后，法院工作人员对7个儿子进行了批评并根据实际情况让他们分担了老人的生活费用。老人的吃住有了着落，对法院很是感激。又如，法院工作人员到处长地黄家村审理杨佃英和黄登有离婚案时需要向两个证人取证。当时，这两个证人正在种地，审判人员便到地头向他们进行调查。其中一人怕得罪人不愿意作证，审判人员就一边帮他种地一边做思想工作，使他提高了认识，实事求是地作了证。〔1〕

当然，巡回审理、就地审判并不排斥正式的开庭审判。法院开庭审理仍然是基本的审判方式。新中国成立初期，一般采取审判员单独办理和审判小组集体办理两种方式，对重大案件，还会组织临时的评议委员会和审判会议。其中，前者由庭长及所属审判员组成，一旦案情较为复杂，小组不能解决，便由评议委员会进行评议；后者由院长、庭长主持，全体审判员参加，对比较重大、复杂或有关政策性的典型疑难案件进行研究。

当时，婚姻案件处理后，人民法院比较注意做好回访和善

---

〔1〕 张松辉："庭长办案到家门，农民告状免出门"，载《人民司法》1983年第5期。

后工作，善始善终，负责到底，这是党的全心全意为人民服务的观点在审理婚姻案件过程中的充分体现。有的案件，当法院判决不准离婚之后，对方不是主动地搞好夫妻关系，而是加以讽刺打击；有的案件，当妇女提出离婚之后，其家庭成员基于封建思想，也会对其冷嘲热讽，这都会使得提出离婚的一方当事人再受刺激，难以回心转意。从而为某些本来可以和好的夫妻增加了障碍和困难。针对这种情况，对于判决不准离婚的案件，人民法院会注意主动做好善后工作。如宣判时，全面地指出造成夫妻不和的原因，教育双方各自认真地纠正自己的缺点错误。判决之后，人民法院会与当地调处委员会或者妇女组织联系，请他们协助其教育男女双方、家庭及其亲邻朋友，不要互相讽刺打击，争取搞好关系。有些妇女不愿去夫家的，法院还通过其亲友，帮助打通思想，必要时还组织父母送女儿、公婆迎媳妇、丈夫接妻子的办法，动员妇女到夫家。对于在提出离婚之后，生活或其它方面产生了一些实际困难的，法院也尽量协助解决，使其不致因为这些问题而妨害夫妻搞好关系。[1]

巡回审理、就地审判制度在纠纷发生地众多群众旁听的情况下开庭，展现了法律的公正与透明。法官巡回审理、就地办案除了审判场所发生了变化以外，法官的中立、平等态度并没有改变。其提倡的诉讼便利化、人情化也是符合现代司法理念的。与当前最高人民法院提出的“司法为民”要求完全吻合。在大力提倡推进司法体制改革的今天，巡回审判制度有其相当大的存在空间，符合现代司法理念。此外，笔者认为，被我们淡忘的——但其实仍然具有借鉴作用的——是当时的回访和善后工作。因为婚姻家事案件不同于普通的民事案件，它是特殊

---

〔1〕 福建省高级人民法院编印：《十年婚姻审判工作经验总结》，1960 年，第 14 页。

主体之间的法律关系，有着复杂的情感因素，法律并不能解决所有情感问题。有时候不是法院判决了离或者不离，或者强制执行了就能够取得一个好的效果。只有相关工作人员能够继续协调、劝解和联系，使法院的判决有一个可持续性、良好的效果，对当事人双方来说，这份判决才算发挥了它该有的效力，才符合我国婚姻法维护婚姻美满、保障婚姻主体利益的宗旨，进而促进整个社会的和谐发展。这在今天，仍然是必需的。

三、多方协作的办案方式

在审理婚姻案件过程中，法院工作人员经常主动地与妇联取得联系，请她们协助开展工作。妇联的干部对于妇女的情况了解比较多，联系也十分密切，妇女群众更愿意与她们说真心话。因此，在审理婚姻案件时，特别是审理某些比较疑难复杂的案件时，取得了妇联的协助，问题就能比较顺利地获得解决。其他如共青团、工会、民政部门、基层政权组织、当事人所在的企业机关单位等团体也是协助法院工作人员了解情况、调解案件、执行判决、正确处理婚姻案件的重要力量。此外，加强对调处委员会的指导，通过他们的活动，及时调处简易的婚姻家庭纠纷，广泛地宣传婚姻政策法令，也是审判工作贯彻群众路线的一个重要方面。由于调解委员会经常与群众相处，情况了解深透，问题发现及时，纠纷处理简便，为群众所欢迎与爱戴，因此，只要他们认真工作，充分发挥潜在力量，大量的婚姻纠纷就会被消灭在萌芽状态。

以上几种方式并不是孤立的，常常是几种方式综合运用。下面的案例对反映上述婚姻纠纷的处理方式具有代表意义。[1]

---

〔1〕 云南省高级人民法院编印：《司法业务学习资料》，1951 年，第 145 页。

一位年青的农村妇女张巧花向县人民法院起诉要求离婚，其离婚的原因是她的婆婆对她态度凶狠而暴躁，处处刁难，甚至还殴打了她，而她丈夫却站在母亲一边。因而一年多以来，夫妻间经常吵闹。当地干部以及当事人的亲戚已在村里进行过调解。然而，双方并不能和好，女方为此要求离婚。审判人员找原告的丈夫面谈，男方承认了妻子所讲的部分事实，但也指出原告的缺点。不过男方反对离婚，他认为只要夫妻二人从家中搬出去与母亲分开住，夫妻就有可能重归和好。于是，法院的审判人员在当地干部配合下，着手做和好工作。审判人员首先到这对夫妇所在的村进行调查。通过村干部和邻居了解到女方有时有些懒惰，也有点好吃的缺点。与此同时，当地干部和邻居也反映其婆婆相当吝啬，态度恶劣，并确认了双方陈述的相关事实。但是，当地干部和群众认为，这些都是表面现象，夫妇俩的问题归根结底在于经济状况不好，又不知道如何持家。除此之外，夫妻关系之间并没有大的、不可克服的矛盾。审判人员接着访问了当地其他的相关干部，他们已多次参与这对夫妻的调解工作。而他们更倾向于批评婆婆，媳妇的问题只是不爱干活。但总的说来，夫妻二人感情不是太坏。此外，审判人员也走访了另一些群众和当事人的亲友，进一步确认了当地群众所反映的关于婆婆和媳妇关系的许多情况，经济困境也的确是一个重要原因。

对村里干部和群众进行走访后，审判人员开始与原告的婆婆谈话，并表示已经在群众中调查了解到她有封建的思想和行为，令其改正。审判人员接着走访了女方父亲。父亲表示支持女儿离婚。审判人员说，我们可以对男方进行教育，“你劝劝你闺女”。几天后，审判人员同原告谈话，原告仍然坚持离婚。审判人员在劝导的同时，也指出了原告的缺点，同时批评原告不实事求是，把不对的方面都推给别人，并教育原告应当有尊老爱幼的思想。试图一边抚慰一边施以道德压力，并向女方摆明他们对事情的观点，“我们调查真相，打骂还是不严重的。经济问题是主要的”。同时表明态度：经济问题可以和婆婆协商解决。审判人员与村治保主任又和原告的父亲见了面。耐心、细致地做劝说工作，指出当事人婚姻基础还不错，离婚主要是因为婆婆态度恶劣，通过对其婆婆进行批评教育，使其现在也有了新的认识，婆婆因为自己还能劳动，还可以尽其所能对当事人给予经济帮助。几天后，审判人员再次到女方娘家，在当地干部陪同下做原告及其母亲的思想工作。在多方劝说下，女方的态度终于有了明显缓和。在此期间，被告本人也曾两次去女方的娘家，原告答应回男方家，女方父母也没有表示反对。过了几天，审判人员又回到这对夫妇所在村庄，在村治保主任陪同下，再次与原告婆婆和丈夫谈话。男方表示只要和母亲分开住，夫妻间的矛盾就会减少。在当地村干部参加下，办案审判人员再次到当事人住地，把当事人全家人聚在一起开“家庭和好会”。在会上，男方母亲表示分家后会对双方给予一定的经济帮助。双方终于和好，以调解结案。这一起案件从原告起诉到结案共用了两个多月的时间，审判人员多次到争议发生的地点以调解的方式“开庭”，并几次到女方婚前所在村庄调查和做思想工作，以查明这对夫妇婚姻不和的根源以及和好的可能性，并且都有正式的调查访谈和调解记录。此外，审判人员还同村干部进行过多次非正式讨论，研究解决方案，实际上是一种村干部协作办理案件的方式。

当然，从上述案件处理过程也可以看出，这种审判方式事实上既有一定的强制成分，又得到了当事人自愿服从的结果。审判人员既运用道德约束力，又注意从现实出发，想办法解决当事人的经济困难；既以国家审判人员的身份施加一定的职权压力，又借助社区和家庭的力量，使当事人及其亲属达到预期的结果，促成和解。

其实，群众参与的审理方式也可以说是人民陪审的特殊表现形式，只是在许多情况下，采用这些方式方法审理婚姻案件时，并没有直接以陪审员的名义，而当法院指定特定人员直接参与案件审理时，才明确称为人民陪审员。这种群众参与，就地审理及劝说调解相结合的处理婚姻纠纷模式，不仅是对革命根据地司法制度和工作原则的传承，也可以说是“马锡五审判方式”在新形势下的具体运用，而且在一定程度上显现出了政策性、群众性、服务性和职权性相结合的婚姻家事诉讼之雏形。同时，这种处理方式也体现了诉讼机制与非讼解纷机制的结合，并包含着诉讼中程序法理的交错适用的现代精神。

第二节　调解方式的运用

调解是我国解决民事纠纷的一个重要传统，也是一个古老而常青的制度。其在第一次国内革命战争时期的工农运动中就有所发展。在第二次国内革命战争时期的革命根据地里，调解制度被以法律形式规定在了政府组织条例中。抗日战争时期，调解制度得到了更普遍的发展。当时关于调解包括如下原则：其一，调解须双方当事人自愿，不得强迫。其二，调解必须符合政策和法律以及善良风俗，不能无原则地“和稀泥”。其三，调解不是必经程序。调解种类有民间调解、群众团体调解、政府调解、司法调解。[1]调解意义在于：解决矛盾、增强团结，

---

〔1〕 参见常怡：《中国调解制度》，重庆出版社1990年版，第19页。

以利于抗战民族解放事业；增强法纪观念，减少纷争；利于司法机关集中精力处理重大的刑民案件，提高办案质量。该调解制度为解放战争和新中国的人民调解工作提供了丰富历史经验，是我国人民司法的一大特色。

新中国成立后，随着人民民主专政的国家制度的建立和司法制度的改革，在总结新民主主义革命时期的人民司法工作经验，结合当时的具体国情，考虑中国人民的生活习惯的基础上，调解制度得以逐渐健全和发展。[1]调解在处理婚姻纠纷中也倍受重视，是我国处理婚姻纠纷的特色之一。1950 年《婚姻法》第 17 条规定：“男女双方自愿离婚的，准予离婚。男女一方坚决要求离婚的，经区人民政府和司法机关调解无效时，亦准予离婚。”“男女一方坚决要求离婚的，得由区人民政府进行调解；如调解无效时，应即转报县或市人民法院处理；区人民政府并不得阻止或妨碍任何一方当事人向县或市人民法院申诉。县或市人民法院对离婚案件，也应首先进行调解；调解无效时，即行判决。”按照上述条款规定，对离婚案件的调解主要包括行政调解和诉讼调解。事实上，民事纠纷的调解主要分为诉讼外调解和诉讼调解。诉讼外调解主要包括民间调解、仲裁调解和行政调解。诉讼调解又称法院调解，是人民法院受理案件后根据具体情况主持的调解。新中国初期民事纠纷的解决机制呈现出一种司法、行政和民间三种基本体制并存的格局。本章所说的调解主要是指人民法院的诉讼调解和人民调解及其在调处婚姻纠纷中的作用。

---

〔1〕 常怡：《中国调解制度》，重庆出版社 1990 年版，第 20 页。

一、人民调解在处理婚姻纠纷中的运用

（一）人民调解的性质及法律依据

人民调解属于非讼性质的调解，是民间调解的一种。我国传统的民间调解还包括亲朋好友调解、家族调解、邻里调解以及建国初期的治安保卫委员会的调解。现代的非讼调解还有乡镇法律服务所调解，律师事务所调解，居民委员会、村民委员会及其他行政机关的调解等。人民调解是由纠纷所在地的人民调解委员会的委员主持进行的调解。人民调解方式与其他民间调解有着类似的历史渊源。也就是说，它们都以民间纠纷为调解对象，采用说服劝导、讲理说情的方法，以平息纠纷和稳定社会秩序为目的。[1]不过，传统的民间调解虽然受到了官方的重视和支持，但始终没有形成系统的立法和制度化的整体建制。而人民调解则在20世纪40年代就开始了制度建设。从1941年4月直到1943年3月，山东抗日民主政府、陕甘宁边区人民政府、华北人民政府以及天津人民政府等许多地方政府先后制定和颁布了十余部关于人民调解的组织、方法的规定。虽然这时的立法还没有把人民调解与其他调解加以严格区分，但这些立法为新中国建立以后的人民调解立法奠定了基础。[2]

中华人民共和国成立后，各村均设调解委员。1951年，行政村成立调解委员会，调解民事纠纷。1950年前，民事调解工作原来是由县人民政府司法科负责，1950年5月以后则由人民法院负责。1954年2月，政务院颁布了《人民调解委员会暂行组织通则》（以下简称《通则》）。这部法规为进一步开展人民调解工作打下了良好的基础。也可以说，《通则》的颁布实施是

---

〔1〕 刘广安：《中华法系的再认识》，法律出版社2002年版，第47页。

〔2〕 江伟、杨荣新：《人民调解学概论》，法律出版社1990年版，第28页。

人民调解制度发展的里程碑，标志着人民调解工作进入了重要的发展阶段。[1]其意义在于：其一，在全国范围内统一了人民调解组织，对人民调解委员会的性质、任务、组织、职权、活动原则和方法等都作了规定，使人民调解作为一项普遍的解决纠纷的制度得以确立。其二，肯定了人民调解委员会为人民调解组织。其三，规定了农村以乡为单位、城市以派出所辖区为单位建立调解委员会。1954 年 12 月，政务院又公布了《城市居民委员会组织条例》，规定在居民委员会中设立人民调解委员会。《通则》规定，人民调解委员会是在区、乡人民政府和基层人民法院的指导下，由人民采用批评与自我批评的方法解决民间纠纷的群众性组织。它的任务是调解一般的民事纠纷和轻微的刑事案件，并通过调解工作向群众进行政策法令的宣传教育，以预防和减少纠纷或犯罪行为的发生。到 1955 年底，全国 79% 的乡村、街道都建立了人民调解委员会，共有调解人员 100 万人。据山西省的一项统计：1955 年，全省 72 个县、市共调解纠纷 14.8 万件，相当于全省法院收案数的 1.5 倍。[2]调解民间纠纷的范围包括婚姻、继承、赡养抚养、房屋宅基地、债务、家庭、邻里纠纷以及对一般打架伤人的轻微刑事案件纠纷的调解。在当时的实践中逐步形成了调解的三项原则，即：当事人自愿原则；调解依照政策、法律进行的原则，调解不是诉讼必经程序的原则。这些原则标志着人民调解制度进一步完善。

（二）人民调解委员会对婚姻纠纷的调解

在人民调解委员会调解的民间纠纷中，婚姻纠纷占较大比例。以广东为例，1949 年底，由广州政府部门设立的调解组织已开始对婚姻纠纷进行调解。调解组织对婚姻纠纷只能调解，

---

〔1〕 西南政法学院编：《民事诉讼法讲座》（下册），1983 年，第 313 页。

〔2〕 何兵：《现代社会的纠纷解决》，法律出版社 2001 年版，第 38 页。

不能处理，争取调解和好。经调解自愿离婚的，由当事人按离婚程序办理，调解不成，可移送法院裁决；属轻微刑事案件和一般违法或有不良行为的，可由调处委员会处理；已触犯治安处罚条例，但危害少、影响不大又是偶犯的，仍交调处委员会调处；治安部门也可将未构成拘留或罚款的案件移交调处委员会调处。从1950年至1951年，各区人民政府调解科所受理的婚姻纠纷，占各种民事纠纷的9.2%～10.5%。如惠福区1950年受理婚姻纠纷103件，其中调解离婚的有56件，占54.4%；调解和好的有9件，占8.7%；调解不成移送法院审理的有27件，占26.2%。1952年，广州各区人民法院成立后，受理的婚姻案件大幅度上升，成了当时法院民事审判工作的主要任务。各区街道成立的居民调解小组，大力协助区人民法院对受理的各种婚姻纠纷案件进行了调解。如河南区人民法院于1952年11月受理的婚姻纠纷较多，广大调解干部和工作人员依据《婚姻法》，进行了大量工作，缓解了婚姻矛盾，维护了妇女儿童的合法权益。该区的草芳街民事纠纷案件共17件，其中婚姻纠纷案件有10件，其中绝大部分都是交由该街的居民调解小组进行调解的。从1954年开始，广州婚姻纠纷的原因发生了转化，主要是草率结婚和离婚、通奸、选择配偶时从物质上着眼、不负担教育子女的义务、对家庭漠不关心等。[1]

（三）人民调解处理婚姻纠纷的方法

人民调解委员会根据《婚姻法》的精神，一般采取“三步”“两通”“一结合”的工作方法进行调解。“三步”是指：第一步找当事人了解情况，个别谈话；第二步开展面对面的调解；第三步是召开家庭会议劝说与调解。“两通”是指调解工作

---

〔1〕“广州中院55年审理案件30万件”，载广州法院网：http://www.gzcourt.org.cn/zfxw/zfxw.jsp？lsh＝1051，访问日期：2004年11月5日。

务求使双方当事人思想贯通，统一认识。“一结合”是指调解委员会调解婚姻纠纷要与有关部门、有关单位密切结合。据广州各区的不完全统计，1954年至1958年6月，调解的婚姻纠纷占各种民间纠纷的14%左右。除婚姻纠纷外，还包括对家庭纠纷的调解。家庭纠纷包括父母子女、兄弟姐妹、婆媳、妯娌之间相处不和，以及分家析产等。广州这类纠纷不多，如1951年广州市大东区人民政府调解科共受理调解家庭纠纷31件，仅占各种民事纠纷397件的7.8%。〔1〕

（四）人民调解调处婚姻纠纷的程序

在调解程序上，建国初期的人民调解程序和方法比解放区革命根据地更具体一些。首先，调解的开始。调解开始一般有两种情况：一种是依当事人申请。人民调解委员会收到当事人书面或口头申请后，要在3日内发出调解通知书并指定调解时间与地点。如果当事人双方无故不到场，视同撤回申请。另一种是人民调解组织主动调解。即发现有需要调解的纠纷时，即进行调查研究，收集有关材料，提出解决方案，随时进行调解。〔2〕其次，在调解过程中，要求调解人员以和蔼、诚恳的态度，以极大的耐心，对当事人进行劝解和教育，可采取多种形式（如开调解会等）。调解会调解必须是纠纷当事人双方都到场参加，由人民调解员（1人~3人）主持。必要时可邀请有关亲朋好友或群众参加劝说。最后，调解结束。调解成立之后，一般要求制作调解笔录，据情况可以制发调解书，也可以不制发。调解不成时，会告知纠纷当事人申请行政调解，或向人民法院起诉。

人民调解委员会对婚姻纠纷的调解，既有调解和好的，也

〔1〕“广州中院55年审理案件30万件”，载广州法院网：http://www.gzcourt.org.cn/zfxw/zfxw.jsp? lsh=1051，访问日期：2004年11月5日。

〔2〕常怡：《中国调解制度》，重庆出版社1990年版，第23页。

有调解离婚的。其在当时很受群众欢迎。例如，余庄村的居民冯某某经父母包办结婚，七年多以来，与妻子毫无感情，整天殴打妻子，并经常与父母吵闹，生产也没劲头。人民调解委员会经多次劝解和好无效，便根据双方的实际情况，向当事人宣传婚姻自由原则，双方遂于1953年6月自愿去区政府登记离婚。离婚后，冯某某自找对象，生活美满，不仅生产有了劲头，而且与父母的关系也转入正常。又如：李村居民杨某某结婚8年，夫妻关系不好，也不生育。经调解委员会做通了双方的思想工作，于1952年离了婚，而后又各找了称心如意的对象。第2年，两对夫妻都生了小孩。群众高兴地说："强拉在一起，到底不成。"〔1〕

除了调处离婚纠纷外，人民调解委员会也解决了一些干涉婚姻自由的纠纷。例如：旅大地区金县张村的姑娘夏淑芳爱上了青年农民刘连柱。她母亲嫌刘连柱家穷，想以多要彩礼来拆散这门婚事。夏淑芳对母亲说："你为什么跟人家要彩礼？想把我当东西卖出去！他劳动好，学习好，一定有出息。"但其母亲仍不同意，母女之间冲突加大。人民调解委员会得知情况后，主动进行调解和劝说，母亲最终同意了他们的婚事。又如大连渔网厂的女工马瑞琴爱上了工人王维湖，两个人相爱的原因是：王维湖在学习文化上能求得马瑞琴的帮助，马瑞琴在提高政治水平上能得到王维湖的帮助。再如，大连修船造船厂的女工黄银屏与男士张善良自主订了婚，但他们都因家庭反对而迟迟不能结婚，经单位和人民调解委员会对其家人进行宣传教育，两对青年很快组成了美满幸福的家庭。〔2〕

---

〔1〕 吕璜："河南省鲁山县婚姻问题的调查"，载《新华月报》1952年第8期。

〔2〕 汀谷："解放了的婚姻关系"，载《新华月报》1950年第11期。

以上案例说明，通过人民调解委员会对部分婚姻家庭纠纷进行调解，反映了建国初期社会的实际需要，也是我国解决纠纷的传统与新中国司法实践的融合。在中国当时的环境下，特别是在基层，人民调解是受群众欢迎的。有的家庭关系经过人民调解委员会调解或者法院调解得到了改善，有的夫妻关系经调解和好，防止了矛盾激化，减少了恶性案件的发生，对稳定社会秩序，增强人民内部的团结，起到了较大作用。“调解千家事，温暖万人心”，“一颗婆婆心，胜过骨肉情”就是广大人民群众对基层调解工作的评价。

二、婚姻诉讼中的调解

诉讼中的调解也指法院调解。指在民事诉讼中，在人民法院审判人员主持下，双方当事人就争议的实体权利义务，进行协商，达成协议，解决纠纷的诉讼活动。法院调解的过程一般会经历三个阶段：第一阶段，审判人员帮助或促进双方沟通；第二阶段，审判人员向当事人提出解决方案；第三阶段，说服当事人接受解决方案。当然，这三个阶段有时是无法清晰划分的，特别是后两个阶段。法官往往在提示或提出调解方案的同时促使当事人接受其方案。诉讼中的调解在完全尊重当事人自主、自愿原则的基础上进行调解，确有法院裁判无法比拟的优点。在我国历史传统中就有调解息讼的观念，这种观念基于人们追求一种和谐的自然秩序，进而对人与人之间和睦共处的追求。调解息讼就在这种观念和制度的双重支撑下绵延了数千年而不衰。无论是新民主主义时期还是新中国成立以后，调解制度一直受到党和国家的重视。调解在婚姻案件诉讼中实际上居于前置程序地位。不过，建国初期诉讼调解与诉讼外调解界限并未明确区分，婚姻案件诉讼调解与非讼调解往往结合在一起，形成了自己的特色。

（一）调解是离婚案件应当经过的程序

根据1950年《婚姻法》第17条规定，县或市人民法院对离婚案件也应首先进行调解，表明《婚姻法》对离婚案件的慎重态度。《关于中华人民共和国婚姻法起草经过和起草理由报告》（以下简称《报告》）指出，因为离婚案件可能是出于一方或双方一时冲动，感情用事的结果，或者是双方夫妻感情关系未达到确实不能再继续共同生活的地步，或者是产生离婚的原因经过法院调解能够得到合理解决，人民法院处理离婚案件关于调解程序的规定是必要的。[1]一般的离婚问题，多数是先经调处组织或基层组织进行调解。即使起诉到法院之后，在查明案情的基础上，也都会先经过一番耐心的调解，有的案件，还会进行长期、反复多次的调解。

根据1950年《婚姻法》第17条第1项的规定："男女双方自愿离婚的，准予离婚。男女一方坚决要求离婚的，经区人民政府和司法机关调解无效时，亦准予离婚。"对男女婚姻问题，法院应采取严肃、郑重的态度，无论是结婚还是离婚，都反对轻率马虎的态度，法院应依照法律程序，合情合理地依法处理离婚案件。为了使离婚及与其有关的子女与财产和生活问题都得到恰当解决，并防止和反对轻率离婚的现象。该条第2项不仅规定"男女双方自愿离婚的，双方应向区人民政府登记，领取离婚证"，而且还责成"区人民政府查明确系双方自愿并对子女和财产问题确有适当处理时"，才发给离婚证。而对于男女一方坚决要求离婚的，更要严格依照调解和判决的程序解决。因而规定："男女一方坚决要求离婚的，得由区人民政府进行调

〔1〕参见陈绍禹："中华人民共和国婚姻法起草经过和起草理由的报告"，载云南省高级人民法院编：《司法业务学习资料》，1951年，第78页。

解。”从当时的情况看，这种调解有三种可能的结果：一种是经调解后双方同意不离婚了，这是区人民政府调解工作的主要任务，但这并不是无原则地劝和；另一种是经调解后双方都同意离婚了，这是在调解过程中原来不同意离婚的一方自愿同意离婚的结果，但这不能是区调解人员强制“说服”的结果。在这两种情况之下，问题就算得到解决了。第三种是经调解后一方仍坚决要求离婚而另一方仍不同意离婚。在这种情况之下，区人民政府就应当毫无阻碍地、及时地将这种离婚案件转报县或市人民法院处理。同时规定：“县或市人民法院也应首先进行调解，如调解无效时，即行判决。”从一些地方人民法院的调解书内容可知，县或市人民法院对离婚案件的调解，也有三种结果：一种是经过调解而双方同意不离婚了，这是人民法院调解工作的主要任务，但这同样不是无原则地劝和；另一种是经过调解而双方同意离婚了，这同样是在调解过程中原来不同意离婚的一方自愿同意离婚的结果，但这同样不能是法院调解人员强制“说服”的结果。在这两种情况之下，问题都已得到解决，不必再作正式的审判和判决。第三种是一方仍坚决要求离婚而另一方仍不同意离婚，在这种情形下，人民法院必须根据调查研究所得的具体情况材料，进行审理和判决。法院判决也可能有两种结果：有正当原因不能继续夫妻关系的，作准予离婚的判决，否则，即判决不准双方离婚。例如：上海有一个妇女坚决要求和她的丈夫离婚。其理由是：他们并非正式结婚的夫妻关系，而且常受丈夫虐待。但是经过上海市人民法院的调查研究，这妇女原是妓女，系由被告从妓院中花钱赎买出来而正式结婚。结婚已经10年，并已有一子一女。当丈夫原来经济情况好、家庭生活好的时候，她对丈夫的感情很好。而在搬到上海后丈夫经济情况转差，家庭生活开始比较穷困的时候，尤其是丈夫为响应人民政府号召准备回东北家乡进行生产的时候，这个妇女便开始嫌丈夫生活贫困和不愿出去生产，且捏造了一套理由坚决向市人民法院提出离婚的要求。经调解无效后，上海市人民法院根据对案情调查研究的结果否定了这个妇女的离婚要求，判决其维持夫妻关系。〔1〕审判人员对该离婚案件既分析了双方的婚姻状况，又综合考虑了影响夫妻感情的原因和提出离婚的理由，防止了轻率离婚。像这种判决不准离婚的，在情理上和法律上，都比较恰当。

根据上海市和济南市人民法院关于离婚案件的统计，其中因法院调解而使夫妻言归于好的，约占20%左右。〔2〕可见，有一部分离婚案件，或者是出于一方或双方一时感情冲动的结果，或者是双方夫妻感情关系并未达到确实不能再继续共同生活的地步，或者是产生一方要求离婚的原因不正当，经过法院调解而得到了合理的解决。从这些实际经验看来，关于离婚案件先行调解的程序规定是必要的。

当然，无论是区人民政府还是县或市人民法院对离婚案件的调解，都只能是依据婚姻法原则规定向男女当事人进行说服教育。按照《报告》及相关规定要求，调解产生的“合”或“离”的结果，只能是当事人自愿的结果，绝不能是调解人强制形成的结果。判决具有强制性，调解过程和结果基于双方自愿，不能强制。此外，《报告》还要求区人民政府和县或市人民法院工作人员以及离婚案件当事人都清楚、了解判决与调解的这种区别。

（二）在查明事实的基础上进行说服教育式的调解

《报告》规定，人民法院调解应在查明事实、分清是非的基

〔1〕 华东政法学院教务处编印：《婚姻法学习参考资料》，1953年，第46页。

〔2〕 华东政法学院教务处编印：《婚姻法学习参考资料》，1953年，第46页。

础上进行。调解不是无原则地劝和，并且人民法院对离婚案件的调解只能依据婚姻法原则规定，耐心地向当事人进行说服教育，尽量促使双方达成协议，使问题获得更加合理的解决。为了有利于化解对立情绪，妥善解决纠纷，人民法院不应该采取压服强制的方法。特别是对于离婚案件，调解方式更有利于消除双方感情上的对立，这是由调解的本质特征决定的。调解的本质特征是始终尊重当事人意志，使当事人在自愿的前提下参加调解过程，在互相理解的基础上达成共识而使纠纷得到解决。实践证明，调解中的当事人双方交涉往往有助于促使双方反省，从而相互理解，达成共识。一般说来，人们听到与自己意见完全不同的见解时，往往会考虑一下自己的想法是否正确，尤其是当有义务就自己的观点向对方进行合理的说明时，这种反省作用会更加明显。许多情况下，听到对方的相反意见后有可能意识到自己的看法是片面的或者是错误的，从而导致夫妻双方意见的接近。更重要的是，对尚未深入考虑过的己方意见进行反省，能够促使当事者意识到应当正确处理夫妻间的关系，进而促使其改变看法，达到重新和好之目的。

（三）调解方法灵活多样

调解可用灵活多样的方法，有面对面的调解，背靠背的调解，邀请当事人信任的干部、亲友和邻里共同帮助调解，召开家庭座谈会调解，干部或男女双方的亲友个别进行串联、调解等多种多样的方法，针对当事人的特点和思想情况，一把钥匙开一把锁，有的放矢，解决分歧，使问题获得妥善解决。对于一方坚持错误、长期无理取闹、疑难复杂的婚姻案件，根据具体情况，有的可以组织群众开展辩论，以明辨是非、教育群众，提高思想认识。当然，开展群众辩论的目的，主要是为了把夫妻关系搞好，而不是促使夫妻关系破裂。因此，在当时，严格地掌握了“团结 - 批评 - 团结”的原则，坚持摆事实，讲道理，平心静气，以理服人。至于一般婚姻纠纷和某些涉及隐秘情节或其它不宜于公开辩论的案件，就不采取这种方式进行处理。

当时法院处理婚姻家事案件和其他民事案件，一般都是在查明事实的基础上进行调解。即：立案后与当事人单独谈话，亲自“调查”案件的事实，而非仅仅在法庭内做出判决。与当事人谈话后还应与群众交谈，包括当事人的亲属、邻居和同事，力图查明相关的事实和背景，尤其是这对夫妇婚姻关系的性质和矛盾。他们通常也会询问当事人的人品与工作和政治上的表现，这些因素都是法院在形成对案件的总体态度时所要考虑的。接下来，法院会约谈相关的各方，最初通常是个别谈话，以寻求达成协议所必需的共同点和让步。该过程不仅包括夫妻双方，也涉及他们的父母，其他重要的亲属，及当地的领导。最后，当“和好”的条件大致成型，法官会召开一个正式的“和好会”，当地领导和亲属一般都会参加。作为“调解和好”的组成部分，双方当事人要在逐字纪录的会谈笔录上签名，或签署一份正式的“调解协议”。这些办案方式后来逐步被总结为“依靠群众，调查研究，就地解决，调解为主”的民事审判工作方针。〔1〕其指导思想是提倡到群众中去，尽可能地以调解方式审结民事案件。

调解的一般程序是，法院受理案件后应审查，对那些案情已经明确而又有调解可能的案件，为增进人民内部团结以利于发展生产，审判人员可以先试行调解，当事人也可以随时请求

〔1〕 1958 年，毛泽东主席根据正确处理人民内部矛盾的理论，结合民事审判工作实践，提出了民事审判工作的基本方针，即“调查研究、调解为主、就地解决”。1964 年，将“十二字方针”进一步发展为“依靠群众、调查研究、就地解决、调解为主”的“十六字方针”。

调解。除婚姻案件外，调解并不是诉讼的必经程序。这里多多少少也反映出了对婚姻案件的特殊规定。调解可以在人民法院内进行，也可以在人民法院外进行。调解必须出于双方当事人的自愿，必须遵守政策、法律、法令。调解时，一般先由审判人员讲解政策、法律、法令和进行团结教育，然后由双方当事人考虑和协商。如果调解成立，就由双方当事人在调解笔录上签名或者盖章，主持调解的审判人员和书记员也应当签名，然后制发调解书。如果调解不成，即开庭审理。由人民法院主持成立的调解，与判决有同等效力。如果当事人一方事后反悔，经审查原调解确有错误的，可以参照《人民法院组织法》第12条第1款规定的审判监督程序处理，即由合议庭传唤双方当事人再进行调解，如果调解不成，即进行审判。

第三节 运动推进式的处理婚姻纠纷模式

中国自古以来的社会变迁模式，尤其是法律制度的革新，一般都是以一种自上而下的方式进行。但这种法治变革如果掌握不好往往会导致法律与社会生活的疏离，导致民众对法治的疏远。[1]婚姻法的贯彻实施也是如此，其要想真正取得实效，必须有民众的参与。1950年《婚姻法》颁布后，我国组织领导了几次规模巨大的宣传贯彻婚姻法运动。

婚姻法的宣传运动实际上是作为政治运动形式开展的。政治运动是中国共产党在进行新民主主义革命和社会主义革命的一种领导方式。也是新民主主义时期和建国初期处理普通民事纠纷和婚姻家事纠纷的一种模式。无论是在土地革命时期，还

〔1〕何文燕等：《民事诉讼理念变革与制度创新》，中国法制出版社2007年版，第5页。

是在抗日战争和解放战争时期，中国共产党通过发动群众，轰轰烈烈地开展土地革命运动，激发了人民群众的积极性，形成了强大的社会力量，取得了胜利。历史证明，人民群众是历史的创造者，也是社会结构中最强大的政治力量。新中国成立后，政治运动仍是塑造社会权威与革命秩序的一种重要方式。在社会革命和社会改造过程中，大大小小的政治运动一直是推动社会发展的主要动力，也是形成我国婚姻诉讼制度雏形的一种动力因素。政治运动方式具有规模大、效率高、主动性和直接性等独特优势。政治运动与群众运动使用时在一定程度上有相同的含义，人民群众是社会当中起决定作用的潜在力量，一旦发动起来，其规模可以波及社会的各个领域，形成强大的动力。有群众的广泛参与，能够迅速地达到预期效果。同时，将群众发动起来，使之发挥主动性，成为社会运动的推动者，在党中央的直接指导下进行，可保证领导的正确与统一。在民事司法领域，这种运动主要表现在两个方面，一方面是普遍的社会运动开展起来后，对司法机关的审判任务提出了要求，司法机关作为运动的参加者和运动的保障力量，在运动中适时解决纠纷。另一方面是司法系统内部主动以政治运动方法进行司法改革。典型的是贯彻实施《中华人民共和国人民法院组织法》和1950年《婚姻法》的运动等。特别是1950年的《婚姻法》贯彻实施过程中，通过组织声势浩大的婚姻法宣传“运动月”，取得了很大实效。事实证明，我国婚姻法的贯彻实施和新婚姻家庭制度的确立必须依靠广大人民群众的积极参与，而婚姻司法制度也在群众运动中逐渐形成和发展。在1953年开展了婚姻法宣传运动的同时，司法战线也发动了一场彻底废除“孤立办案”和“坐堂办案”的改革运动，并在改进审判作风的同时，在全国推行新中国的民事办案程序和标准。司法机关深入基层，在婚姻法宣传运动中，一是适时处理婚姻纠纷；二是以公审大会的方式处理案件；三是在婚姻法宣传运动中处理婚姻犯罪案件。

一、在运动中适时处理婚姻纠纷

新中国成立初期是社会发生巨变的几年，经历了巩固新民主主义革命胜利成果的社会斗争和社会主义革命，实现了公有化改造的社会变革，是典型的社会转型期。在此期间内，社会关系极其复杂，阶级斗争极其尖锐，政治斗争十分激烈。因而，婚姻法的贯彻实施、新的婚姻家庭制度的形成也不可能总是一帆风顺的。虽然从总体上说，1950 年《婚姻法》颁布实施以后，在我国大部分地区得到了贯彻执行，也得到了广大人民群众尤其是妇女群众的拥护，取得了显著的社会成效。社会上不合理的婚姻关系部分地得到解除，自由婚姻与平等和睦的家庭开始大量出现。但由于封建婚姻制度还有非常深远的影响，人们的宗法观念和传统婚姻思想根深蒂固，加上相当一部分干部对婚姻法理解不深、执行不力，甚至出现了严重的偏差和错误。有些群众对婚姻法的规定和政策精神了解不够或者还有误解，因而有抵触情绪，因此婚姻法的贯彻在一些地方还是遇到了较大的阻力。特别是在农村，包办、强迫、买卖婚姻的现象依然大量存在，婚姻自由依然还会受到无理的干涉，男女不平等、妇女受虐待的问题仍十分严重。许多妇女因婚姻问题或不堪忍受精神折磨和人身摧残而自杀，惨遭杀害的情况也常有发生。据不完全统计，在 1950 年 5 月至 1951 年 10 月期间，广东潮汕、兴梅、高雷、海南地区的妇女因婚姻问题被杀害或被迫自杀的共有 432 宗，仅海南文昌一县就有 55 宗。[1]中南地区自 1950

〔1〕 区梦觉："坚决贯彻婚姻法，彻底摧毁封建婚姻制度"，载《南方日报》1951 年 11 月 22 日。

年《婚姻法》公布后的一年时间里，因要求婚姻自由而自杀或被杀的有一万多人，全国各地每年因婚姻问题死亡七八万人。[1]又据 1952 年上半年统计，仅福建省因婚姻问题而自杀、被杀的就有 573 人，因婚姻问题而犯罪的案件竟有 1091 件。同时，全省还有许多由于旧的婚姻家庭关系而引起的夫妻不和、家庭不睦，尚未得到改善。[2]这种情形不仅使大量的不合理的婚姻关系的当事人继续陷于纠纷和痛苦之中，广大的妇女还在忍受着精神和肉体上的折磨，而且使生产和社会秩序受到了严重的影响。

上述这些问题引起了党中央、政务院的高度重视，因而在 1953 年 3 月掀起了全国性的贯彻婚姻法运动。被称为宣传贯彻婚姻法"运动月"，这是 1950 年《婚姻法》颁布实施以后，在全国范围内有系统地、普遍地开展的学习和贯彻《婚姻法》的群众政治运动。全党全民动员，其深度和广度都是前所未有的。

1952 年与 1953 年之交，我国农村的土地改革和城市厂矿的民主改革已基本完成，即将开始对农业、手工业和资本主义工商业的社会主义改造，向社会主义制度迈进。为了从根本上摧毁包办强迫、男尊女卑的传统婚姻制度，建立起男女平等、婚姻自由的婚姻制度和平等互助、团结和睦的新式家庭关系，从而增强国家经济建设与文化建设的力量，中共中央和政务院在 1952 年 11 月 26 日和 1953 年 2 月 1 日，分别发出了关于贯彻《婚姻法》的指示，规定以 1953 年 3 月为贯彻婚姻法"运动月"，号召人民群众大张旗鼓地在全国范围内（少数民族地区和土地改革尚未完成的地区除外）开展一个宣传《婚姻法》和检

---

〔1〕 中央贯彻婚姻法运动委员会："贯彻婚姻法宣传提纲"，载《人民日报》1953 年 2 月 25 日。

〔2〕 福建省高级人民法院编印：《十年婚姻审判工作经验总结》，1960 年，第 13 页。

查《婚姻法》执行情况的运动，以划清新旧婚姻制度的界限，为以后贯彻执行《婚姻法》打下良好的基础。中共中央强调，各级党委必须根据这两个指示积极准备，同时督促各级人民政府和人民团体进行各项准备，以便坚决地、正确地进行这个运动。并明确指出贯彻婚姻法"运动月"的目的，就是要普遍进行宣传教育工作，在婚姻问题上系统地批驳旧思想、旧制度和旧习惯，树立新思想、新制度和新风气，使干部和人民群众在新旧婚姻制度问题上划清思想界限。[1]

为了从思想上、组织上保证婚姻法宣传运动的开展，中共中央检查了各级人民法院、民政部门和基层干部执行《婚姻法》的情况。人民法院在运动中在各级党委和人民政府的领导下，按照中共中央和政务院规定的政策界限，配合宣传运动适时地、及时地处理了许多有关婚姻家庭纠纷和刑事案件。

通过宣传运动和对案件的处理，主要解决了以下几方面的问题：其一，在大量的既成的包办婚姻中，有许多夫妻关系虽不和睦但并未达到非离婚不可的程度，对这样的夫妻采取说服教育的方法以改善他们的关系，不因为他们是包办婚姻或关系不好而拆散他们；对夫妻关系十分恶劣经调解无效的准予离婚，以免造成妇女自杀或被虐杀的严重后果。其二，对过去的重婚、纳妾问题，只要当事人相安无事、和平共居，而妻或妾又没有离婚的要求，不强制他们离婚；但如果妻、妾中任何一方因不堪同居而提出离婚要求则应准予离婚。其三，对已经结婚的童养媳不作童养媳问题看待。如果童养媳在男家相处得很好且对未婚夫满意，不强制她们回家或另择配偶；如果童养媳遭到迫害，本人要求回家或另择配偶者，准其回家或自由结婚。其四，

---

〔1〕"中国共产党中央委员会关于贯彻婚姻法运动月工作的补充指示"，载《人民日报》1953年2月19日。

鉴于传统婚姻制度影响越是严重的地方，男女两性关系越不正常的这一社会现象，这次运动并没有追查两性关系不正常的男女，更严禁对当事人进行“斗争”，以便集中力量改革传统婚姻制度。其五，在这次运动中，对于男女群众尤其是其中数量惊人的妇女因婚姻不自由而被杀和自杀的严重问题，司法机关对杀人罪犯和逼死人命者依法进行了认真地、及时地审理，使他们受到了应有的制裁。同时，各地为避免此类问题的发生都加强了宣传教育力度并采取了严密的防范措施。首先，教育干部克服男尊女卑的思想观念。其次，普遍地宣传了国家保障人权的政策，使人人皆知打人犯法、杀人偿命的道理。再次，教育广大乡村干部对可能发生的杀人或自杀的情况必须有充分估计并注意防止；一旦发生，对受害人能救的要尽力抢救，对杀人凶犯应立即送交司法机关依法惩处。最后，各级人民法院在处理离婚案件特别是由女方提出的离婚案件时，加强了对离婚妇女的保护，因为离婚之后妇女被杀的事件在贯彻婚姻法“运动月”之前不断地发生。为了防止妇女自杀，各地对遭受压迫的妇女也加强了宣传，教育她们不要屈服，更不能有自杀的念头，告知她们有困难时可向当地政府反映，一定会得到政府的帮助。〔1〕

经过在全国范围内开展大规模宣传贯彻婚姻法的运动，基本上使《婚姻法》家喻户晓，深入人心。不仅沉重打击了传统婚姻思想，普遍深入地宣传贯彻了《婚姻法》，而且有力地支持了人民群众争取婚姻自由的合法要求，遏制了妇女因婚姻问题被杀和自杀的现象，使社会风气有了很大的转变。初步起到了移风易俗的作用。华北地区的河北省80%的村庄，山西省50%的村庄，绥远省农业区一半的村庄，都进行了广泛的宣传。华

〔1〕肖爱树：《20世纪中国婚嫁制度研究》，知识产权出版社2005年版，第217～218页。

东地区在60%以上的地区，大张旗鼓地开展了运动。福建省有将近80%的地区，受到婚姻法教育的群众占人口总数的65%到80%以上。中南区河南、湖北、湖南、江西四省，在70%到90%的地区内开展了运动，武汉市在40%的街道中有90%以上的成年人受到婚姻法的教育。〔1〕经过这样大规模的宣传，广大群众对婚姻法和这次贯彻婚姻法运动都有了正确的认识。在运动开展得较好的地区，因婚姻问题而被杀或自杀的现象已基本上被制止或明显减少。例如，安徽省芜湖市过去经常发生妇女自杀现象。由于深入宣传婚姻法，并在运动中适时处理婚姻家庭纠纷案件，及时制止了15起妇女自杀事件。“随着男女平等、家庭和睦的风气的树立，许多地区的妇女在家庭中已不再受到虐待。有些夫权思想仍未消除的男人，在群众舆论的指责和监督下，改变了对妻子的态度。”〔2〕

总之，司法机关积极认真地处理婚姻家事纠纷，有力地配合了贯彻婚姻法运动，在进一步摧毁封建婚姻家庭制度，批判婚姻家庭问题上的旧思想、旧风俗、旧习惯方面，起到了司法保障作用，并有力地支持了广大群众争取婚姻自由的斗争和改善婚姻家庭关系的合理要求。通过群众运动，使社会主义婚姻家庭制度的基本原则进一步深入人心，自主婚姻显著增加，民主和睦的新家庭大量涌现，社会风尚有了很大改观。

二、公审大会与群众辩论

人民法院在处理婚姻家事案件时通常采用的审判方式包括

〔1〕“贯彻婚姻法运动基本结束——各地正准备把贯彻婚姻法工作转入正常化”，载《人民日报》1953年5月7日。

〔2〕“贯彻婚姻法运动基本结束——各地正准备把贯彻婚姻法工作转入正常化”，载《人民日报》1953年5月7日。

公开审判、人民陪审、巡回审理、就地解决与法庭审判等。公开审判是法院人员深入群众、调查研究、广泛听取群众意见的审判方式。不过在建国初期，程序要求不严格，特别是在婚姻法宣传贯彻的运动中，往往以公审大会形式进行。公审大会一般是根据各地区不同时期的社会状况，选择案情较为重大，且具有代表性的案件进行。也就是说，法院受理案件后，经过研究案情，斟酌是否适用于公审，如果认为适合公审，可先会同有关的行政组织和群众团体，深入了解情况，并组织群众酝酿，进行公开审理。例如：

张家口市人民法院公开审判全喜贵、全戴氏虐待胡金香、全淑兰（胡金香是全喜贵的妻子，全淑兰是全喜贵的前妻之女）一案，经区妇联发动各街妇女二百余人参加，由区公所、妇联会、派出所等派员陪审。宣布开庭后，即由各街妇女干部及群众纷纷发言，指出全戴氏虐待打骂其媳、女等落后思想与非法行为，并列举其他相关言行，同时证实被告人全喜贵经常打骂其妻胡金香，曾有一次将其打昏过去等事实。群众一致要求依法严办。在讯问被告对自己错误的认识，对控诉事实的意见后，即由审判员宣判：全喜贵虐待其妻，犯虐待罪，判处徒刑 8 个月，判处全戴氏拘役 2 个月。并依原告胡金香的请求，准予原告与全喜贵离婚，并判处全喜贵给付胡金香赡养费与婴儿抚育费。会后，由全戴氏的丈夫全登元取保，领回全淑兰抚养，并保证不得再虐待。公审大会以后，即有其他青年妇女提出受公婆虐待而请求解决等案件数起。〔1〕

还有些案件，法院根据具体情况通过召开公审大会的形式，由群众进行辩论，教育当事人，以达到解决纠纷的目的。例如：

---

〔1〕 云南省人民法院编印：《司法业务学习资料》，1951 年，第 149 页。

福建南靖县东坑乡张溪村村民王添来曾先后10次向乡区提出离婚，都没有得到解决。后向法院提出诉讼，以双方感情已经破裂为理由，要求法院判决与其妻春花离婚。经过法院审判员的了解，通过与当地村民的谈话，发现原来王添来与春花结婚时，双方议定王添来要帮助春花扶养母亲。1955年农业生产合作社对孤寡老弱实行“五包”，王添来就不帮助春花扶养母亲了，要把春花的母亲推给合作社“五包”。春花不同意，因而发生争吵。同时，王添来怀疑春花所生的次女不是他亲生的。他说：“春来无下种，冬来哪里有收成。”根据调查了解到春花生活作风正派，乡里群众皆知，而王添来却好吃懒做。群众很同情春花，对王添来的无情很反感。于是审判员决定用“摆事实，讲道理”的方法，用群众的舆论来教育他，以促使王添来夫妇和好。于是选择一个晚上，在村里的古庙里召开了一场辩论会。在会上，审判员主持，由要参加会议的群众对王添来和春花的婚姻纠纷发表意见。群众先后站起来发言，指责王添来忘恩负义，指出春花贤惠，吃苦耐劳等优点。通过大家的辩论，王添来认识到了自己的错误。群众见王添来已经回心转意，许多人就带着规劝的口气说：“添来呀，春花有什么不好？我看再给你去找，也难找到像她这样的勤劳俭朴的人。”审判员对王添来说：“只要你肯改正错误，你们的家庭是很幸福美满的。”王添来静静思考着，约5分钟后，他带忏悔的心情，当众承认了错误，并保证要改正缺点，积极参加劳动，搞好家庭团结。春花也表示：“我保证抚养好小孩，积极生产劳动。”最后，审判员写制作了调解书。此后，这对夫妻和好如初。[1]

由此可见，在当时的社会环境下，这种公开处理婚姻案件

---

〔1〕 福建省高级人民法院编印：《十年婚姻审判工作经验总结》，1960年，第40页。

的方式社会反响较大，特别是在1950年《婚姻法》的实施过程中，宗法势力与旧伦理仍然束缚和影响着许多人的思想和行为，通过公审大会让当事人控诉和群众揭发批评，对贯彻执行婚姻法和相关政策，对教育当事人和群众、扩大办案效果都有积极意义。但另一方面也可看出，当时的公审大会侧重听取群众意见，让群众揭发或批判，实际上是一种类似于群众运动的方式，程序要求不严格，当事人的程序权利弱化，案件处理中当事人和群众诉讼地位模糊。因此，这种公审大会的形式并不能完全等同于现代意义上的公开审判。现代意义上的公开审判是实现公正的一种保障性原则，是审判科学化的一种标志，即：把审理活动和判决依据的法律和程序规则公开，法院和当事人诉讼地位明确，审判活动与诉讼行为都有严格的程序要求，实质上主要是将法院审判活动公开置于社会，接受群众监督。

三、婚姻法宣传运动与打击破坏婚姻家庭犯罪相结合

如上所述，1950年《婚姻法》颁布后，我国党和政府组织领导了几次规模巨大的宣传贯彻婚姻法运动。1951年冬，中央政务院发出《关于检查婚姻法执行情况的指示》，进行了一次大检查，发现不少地方忽视了婚姻法的贯彻，放松或放弃了领导。到1952年春，因婚姻纠纷而引起的杀害案件现象逐渐增加。针对这一情况，中央人民政府内务部、司法部于1952年7月25日发出《继续贯彻婚姻法》的指示。8月13日，新华日报发表了《开展反封建思想斗争，进一步贯彻执行婚姻法》的社论，指出贯彻婚姻法是继土地改革之后的一项反封建思想的革命任务，是一项重大的社会改革。在政策界限上，应区分对待“一般违犯婚姻法行为”与“极少数的严重犯罪行为”。“一般违犯婚姻法行为”作为中国封建社会长期存在的产物，在全国范围内牵

涉面极大，因此在处理这类行为时“必须坚持教育方针，采用爱护、团结和帮助改正的态度，进行耐心的教育和适当的批评，使他们在提高觉悟的基础上，自动地改正缺点，改善关系”。对于因婚姻问题而产生的“极少数杀害人命、伤害人身的严重犯罪行为”，则“必须严厉惩办，依法制裁，否则就要混淆是非，松弛法纪，但这种惩办必须与教育广大人民群众结合起来，使他们知道人民政府决不容许这种野蛮行为继续存在”。〔1〕中共中央对以上政策的规定，保证了运动中对违反婚姻法行为的正确处理。

按照中央的部署，各地纷纷开展了婚姻法的宣传运动，并在运动中解决了大量的婚姻家庭纠纷案件。与此同时，还集中处理了一批涉及婚姻及残害妇女的恶性案件。

例如：“四川省遂宁县郑德安虐杀子女与妇女案”，被告人郑德安由于封建思想严重，在其女儿郑世珍还没满月时，就险些被其扔到泥塘里，多亏邻居廖罗氏挽救，抚养到12岁送回被告家。女孩回家后，仍然经常被郑德安打骂。1951年，郑世珍18岁时，仍然挨打受骂。十月初六晚，郑世珍想和邻居一起去看戏，郑德安便破口大骂，同时举拳向郑世珍的太阳穴等致命处毒打，当场将其打死。调查发现，郑德安在1933年杀害了自己老婆郑黄氏，1951年在其儿子参军后，又调戏儿媳郑素清。遂宁县人民法院最终判处他死刑。〔2〕与此同时，各地公开审判了一批杀害妻子、虐待妇女致死、干涉婚姻逼死人命等犯罪案件。通过展开专项的贯彻婚姻法、用公开审判的方式打击犯罪

〔1〕 刘景范：“中央贯彻婚姻法运动委员会关于贯彻婚姻法运动的总结报告”，载《山西政报》1953年11月11日。

〔2〕 西南军政委员会司法部：“云南省人民法院婚姻法宣传资料”，载西南军政委员会司法部印：《司法宣教工作材料选辑》，1952年，第59页。

活动，解决了社会问题，在社会上、群众中产生了深远影响。这种司法方式产生了较好的社会效果，形成了社会舆论与社会力量，有效地控制了破坏婚姻家庭制度的犯罪案件的发生。

总之，在婚姻法宣传运动及司法改革运动中，通过发动群众，形成了社会力量，造成了强大的声势，达到了常规工作所达不到的效果，不仅使婚姻法得到了迅速、广泛、深入的贯彻实施，而且在一定程度上促使了司法机关改进审判作风、提高人员素质和法制建设的发展。群众运动与民事诉讼的关系是相辅相成、相互促进的。在诉讼程序制度不健全的情况下，群众运动方式实际上起到了弥补司法机制不足的作用。

本章小结

上述关于新中国成立初期对婚姻纠纷的几种处理方式，不过是根据实际情况的一种简单归纳，这些方式基本上都是混合交叉运用的，并且都有案外群众参与。如果进行理性分析，也可以说是一种诉讼内与诉讼外相结合解决纠纷的混合性方式。其中体现了人民调解和诉讼调解相结合，诉讼机制与非讼机制的互动。这些方式对于婚姻家事案件的处理，其突出特点在于程序简单而宽松，方式方便而灵活。

当然，新中国初期婚姻案件处理方式绝非完满无缺，况且还有许多不合理、不科学的问题。但由于新中国初期程序制度和实体法律制度还不健全，百姓对现有的法律还不了解，也不可能适应复杂的程序。加之婚姻家事纠纷数量多，广大农村交通不便，群众文化程序低，对新中国、新事物接受也有一个过程。同时，在 1950 年《婚姻法》的实施过程中，宗法势力影响和封建残余思想束缚还比较严重。在这种情况下，开展婚姻法宣传运动的作用就不可低估。同样，如果法院不送法上门，不去为受害人做主，他们的冤屈就难以平息，纠纷的性质就可能发生转化，必然危害人民群众利益，影响新社会秩序和建设事业的发展。因此，巡回审理、就地办案以及人民群众参与公开审理案件等方式，既能让当事人有一个诉说冤屈的机会和场所，也使群众能发表对具体案件的意见和看法，并让违法者受到批评教育，这在当时的历史条件下的确具有其合理性。而基层法院巡回审理、就地审判也与我国的地理环境、当时的经济以及文化状况是相适应的。

第四章

新中国初期婚姻诉讼的实践特色

总体上说，新中国成立初期，我国法制的外在特点是政府推进型，而内在的需求则必然是社会演进型，即借重于社会民众的法治实践。中国法制现代化的动因分析显示，社会主体通过诉讼参与，实现程序保障这一进程是十分重要的，在某种意义上具有根本性的作用。[1]因而新中国成立初期采取群众运动的方式推动社会改革和法律的贯彻实施是非常必要的。在这一历史过程中，人民法院在司法实践中根据当时的相关规定和建国初期的具体情况，采取多种多样的处理模式，审理了数以百万计的婚姻案件，其中主要是离婚案件。对于贯彻落实1950年《婚姻法》，确立新的婚姻家庭制度，对新中国的建设事业都起到了促进作用。并在司法实践中逐步形成并制定了一套正确处理婚姻家事纠纷案件的原则和制度，虽然相关性规章制度比较分散，但在其贯彻落实中也逐步显现出具有我国传统特色的民事诉讼制度之雏形。实际上也就是我国婚姻诉讼制度之雏形。

从本书第三章对建国初期婚姻纠纷处理方式的总体分析可

---

〔1〕 何文燕等：《民事诉讼理念变革与制度创新》，中国法制出版社2007年版，第9页。

知，建国初期婚姻纠纷的处理方式，实际上是一种诉讼内与诉讼外解决相结合的混合性模式。其所体现的人民调解和诉讼调解相结合，诉讼机制与非讼机制的互动，本身就是一个重要特色。

本章是在前一章的基础上，仅从诉讼角度分析当时婚姻诉讼的实践特色。笔者认为，民事诉讼制度的建立来源于社会民事诉讼实践，同时，民事诉讼的实践运行又可证明民事诉讼制度的功能发挥状况及其特征。在当时的历史背景下，上述婚姻纠纷的审判方式，自然会显现出时代特色。即：体现在审判观念上的便民服务精神，也可以说是一种司法为民的理念；诉讼结构的职权性与服务性（人民性）为一体、专门机关与群众参与相结合的理念；婚姻案件审判依据中具有的政策导向特点等。

第一节　婚姻诉讼中司法为民理念之体现

司法为民理念要求司法人员应以对人民高度负责的精神，主持正义、维护公正、清正廉洁、秉公执法，体现司法的人文关怀，并且要自觉接受人民的监督。反映在民事诉讼中，这种理念是一种目的性理念，主要应体现当事人的主体性地位。法官应依据现代法律的价值取向和精神诉求，在审判程序中体现和反映法律实质意义上的平等这一主要的司法价值目标的理性观念。[1]基于新中国初期的社会环境和条件，司法活动中还不可能有明确的现代司法理念，但是根据中国共产党全心全意为人民服务的宗旨，要求司法机关及其工作人员树立为人民服务意识，增强群众观念，在审判活动中要以维护人民群众利益为

〔1〕 何文燕：《民事诉讼法研究文集》，湘潭大学出版社2013年版，第285页。

根本出发点。这种要求和实践体现出的便民利民的特点，实际上包含着一种便民利民的民主司法理念。这种司法为民的理念主要通过当时在婚姻家事诉讼活动中贯彻群众路线，一切为群众着想的服务精神和依靠群众、调查研究的工作方法反映出来。

一、审判程序制度中贯彻群众路线

前文部分论述的群众参与解决婚姻纠纷的方式，已在一定程度上透视出司法为民的服务性实践特色。便民服务是为人民服务精神的具体体现。“为人民服务”是中国共产党的最高宗旨。同时，《中华人民共和国政治协商会议共同纲领》规定了我国实行工人阶级领导，工农联盟为基础，团结各民主阶级和国内各民族的人民民主专政。并强调中华人民共和国的国家政权属于人民。[1]在毛泽东主席的讲话和著作中，也经常出现“人民”和“群众”的词语，在不同的语境下，“群众”与“人民”是通用的。新中国初期，处于人民民主政权的巩固与社会主义改造的过渡时期，“人民”主要是包括工人、农民、知识分子和经过改造的资产阶级等。“人民”这一概念的使用反映出毛泽东对法的价值的一种追求，即：人民利益高于一切。坚持为人民服务与群众观点也是一致的。群众观点是指在处理问题时，以人民大众的利益为出发点和最终归宿。在办事方法上，发动群众、相信群众、依靠群众和为了群众，即如前文所述的走群众路线。群众路线是中国共产党一贯的工作方针，也是取得中国新民主主义、社会主义革命胜利的重要经验。

新中国初期，国内之所以出现了空前团结、欣欣向荣的新

---

〔1〕《中华人民共和国政治协商会议共同纲领》第1、12、18条；中国社会科学院法学研究所民法研究室民诉组编：《民事诉讼法参考资料》（第2辑第1分册），法律出版社1981年版，第1~3页。

局面，与中国共产党在各项工作中坚持为人民服务原则和群众路线的工作是密切相关的。中国共产党和中央人民政府时刻把人民群众的利益放在第一位。一方面，中国共产党把建立社会主义国家最终实现共产主义作为革命的目标，因而新民主主义革命必然过渡到社会主义革命，必须巩固工人阶级领导、工农联盟为基础的人民政权。另一方面，中国工人、农民是社会革命的主力军，在中国社会革命中做了巨大贡献。正是在人民大众的支持下，才能推翻反动的旧政权，建立人民的新政权。所以，人民大众的现实需求，也就成了党和国家工作指南和必须完成的历史使命。在中国经历了半殖民化统治、连年战乱之后，广大的劳动人民的现实需求是和平、稳定的生存环境。由此，首先必须解决的现实问题就是要迅速建立起良好的社会公共秩序，保障人民大众的人身安全和财产安全。因此，在新中国初期，中国共产党代表着人民大众的利益诉求，在各项工作中，特别是在司法工作中，中国共产党的为人民服务宗旨必然体现为便民服务的指导思想或司法为民理念。从这种意义上说，为人民服务的意识、便民服务的司法理念与群众路线内在精神是一致的。董必武也适时地指出："人民司法的基本精神，是要把马恩列斯的观点和毛泽东思想贯彻到司法工作中去"，"人民司法基本观点之一是群众观点，与群众联系，为人民服务，保障社会秩序，维护人民的正当利益"。〔1〕

新中国初期在废除旧中国的司法程序制度基础上，1950 年 11 月，中央人民政府政务院发布的《关于加强人民司法工作的指示》强调指出："司法机关在工作中应力求贯彻群众路线，推行便利人民、联系人民和依靠人民的诉讼程序与各种审判制

〔1〕 董必武政治法律文集编辑组编：《董必武政治法律文集》，法律出版社 1986 年版，第 45 页。

度。”[1]此后，各级人民法院根据以上指示及有关法律和政策，审判了上千万的案件，并通过审判实践摸索了一些审判程序方面的经验。特别是经过1952年的司法改革运动，深入地批判了旧法观点和旧司法作风，要求增强为人民服务、为中心工作服务的意识，倡导走出法庭，配合一线生产活动，服务人民群众，依靠人民群众。审理案件要深入工厂、企业、农村，与有关部门通力合作，使为中心服务成为一项工作指导原则，并形成便利群众、从实际出发、实事求是、调查研究的审判作风。1953年贯彻第二届全国司法工作会议决议，进一步加强了思想、组织和制度建设，并着手对办案经验和程序进行总结，以推动民事审判程序和刑事审判程序方面的改革。

婚姻司法中“深入农村、调查研究、群众参加、解决问题、就地审判、不搞形式”的审判制度和方式，就是把群众路线的工作方法，创造性地运用到审判工作中去的一种司法民主的审判形式。其基本特点主要表现为：其一，实事求是、深入农村、调查研究。其二，贯彻群众路线，审判与调解相结合，司法干部与人民群众共同断案。其三，坚持原则、忠于职守、严格依法办事。其四，方便群众诉讼，手续简便，不拘形式。这在以上所述的婚姻纠纷处理方式已经得到印证。

总之，婚姻诉讼中实行依靠群众、方便群众、就地调查、职权取证、就地审判制度，坚持为人民服务的群众路线和实事求是的审判作风，采取巡回审判、调解为主的方式解决民事纠纷，运用灵活简单的程序审理案件，并且不收诉讼费用。这在当时广大农村交通不便、人民群众特别是农民普遍缺少文化知

---

〔1〕“最高人民法院副院长马锡五在司法座谈会上对两个审理程序初步总结的几点说明（1955年6月）”，载中国社会科学院法学研究所民法研究室民诉组编：《民事诉讼参考资料》（第2辑第1分册），法律出版社1981年版，第270页。

识、经济困难等情况下，确实起到了便民利民、及时解决纠纷和教育群众的作用，体现了中国共产党全心全意为人民服务的宗旨。

二、强化为人民服务的意识

婚姻诉讼中，人民利益包括婚姻纠纷当事人利益及其家人利益，也包括人民大众整体利益。如果不重视维护人民利益，诉讼的根本性指导原则就可能产生偏差，具体诉讼原则与制度就得不到执行。其结果必然给人民群众造成直接或间接的损失。这在新中国初期的司法实践中是有着深刻教训的。

在贯彻实施1950年《婚姻法》过程中，由于司法、民政机关中的部分干部缺乏为人民服务意识，官僚主义作风严重，加之传统婚姻观念影响，没有深刻理解《婚姻法》的精神，对党和政府三令五申贯彻婚姻法的指示采取敷衍态度。对迫害妇女的行为听之任之，以致不少争取婚姻自由的妇女因孤立无援而自杀。例如，原绥远省固阳县五区妇女王凤英因受丈夫虐待要求离婚，村干部不给开介绍信。她因害怕回家，要求司法干部保护，这位干部不予理睬，结果在回家途中其被丈夫王栓虎杀害。又如苏北建阳，一个童养媳在遭到婆家毒打后，去找乡指导员投诉，但这位乡指导员却不予理睬，致使这位妇女被迫逃跑，下落不明。〔1〕这样的事例在全国各地均有发生。还有些司法干部对要求离婚的妇女进行压制或故意拖延不予办理。由于妇女得不到法律的救护，致使当事人对司法解决纠纷产生不信任感，如湖南湘潭在1950年6月共发生虐待妇女的事件180起，告到法院的只有40起。皖北临泉、阜阳两县在1950年几个月内

---

〔1〕 肖爱树：《20世纪中国婚姻制度研究》，知识产权出版社2005年版，第212页。

被打死和被逼自杀的妇女达 64 人。[1]对于这些事件，当地干部大多没有及时制止，甚至置之不理。对已告发的婚姻案件，法院处理也不及时，或对肇事者未予以制裁，甚至有的干部还采取“和稀泥”的办法，让逼死人命者厚葬死者就算告终。这种敷衍了事的做法，助长了此类违法事件的发生。虽然这只是发生在少数人身上，但严重损害了人民群众利益，影响了司法机关的公信力。因此，随着婚姻法宣传运动的开展，针对现实中存在的种种问题，1952 年司法战线也发动了一场彻底废除旧司法作风的改革运动，深入批判旧法观点和旧司法作风，进一步强化为人民服务的意识，以维护群众利益为主要目标。倡导和树立为中心工作服务，走出法庭、依靠群众，与有关部门合作的便利群众、从实际出发、实事求是、调查研究的审判作风。1953 年在贯彻第二届全国司法工作会议决议的同时，进一步强调为人民服务意识和改进审判作风，批评司法工作中的错误思想和不正当的工作作风，纠正了一些错案，并在全国推行新中国的民事办案程序和标准，把维护和实现人民的利益作为检验处理案件的一项标准。

三、处理婚姻纠纷听取群众意见

社会稳定的基础在于人民大众，婚姻家庭制度的改革在一定程度上依靠的是人民群众的觉悟。群众参与婚姻案件的处理既是引导人民群众参与国家管理的一种方式，也是提高群众思想觉悟一种特殊形式。婚姻案件的办理要充分考虑人民群众的反馈意见，民众满意程度则是衡量人民利益实现程度的方法之一。同时，在当时的历史条件下，在处理婚姻案件中认真听取

---

〔1〕 肖爱树：《20 世纪中国婚姻制度研究》，知识产权出版社 2005 年版，第 215 页。

群众意见，把群众的正确意见作为裁判的参考，对正确、及时处理婚姻家事纠纷有积极作用。如本书第三章所举的青年农村妇女张巧花起诉要求离婚一案，人民法院审判人员在群众中调查了解到原告要求离婚的原因主要是她与婆婆的关系问题，当地干部和群众都证实其婆婆对她态度凶狠而暴躁，处处刁难，甚至有殴打的情况，并建议做工作让夫妻二人与婆婆分开居住。法院听取了群众意见，在当地干部、当事人的亲友和群众参与下，经调解分家后，婆婆也改变了态度，夫妻重归于好。还有许多像这类听取群众意见及时解决的事例，足以说明吸收群众参与处理婚姻纠纷的确具有积极意义。此外，群众参与处理案件还在一定程度上起到了对司法工作的监督作用，是发现与纠正司法工作错误的重要参照因素。比如，山东莒南县有一对夫妻自愿离婚，由于当地政府不予批准，因此他们决定以民间习俗的方式进行处理，便在回家的路上找到一座土地庙，在“土地爷爷”面前宣布离婚。此外，有些司法干部对离婚自由有片面认识，认为离婚自由就是“愿离就离”，很少对要求离婚的男女进行说服教育，致使少数人借口“婚姻自由”，随意地多次结婚又多次离婚。如邯郸地区涉县北关村的任兰，几年中离婚结婚达6次之多。还有就婚姻问题趁机谋取钱财的现象，如涉县郭丑女一年中离婚结婚3次，每次都向男方索要财物。群众对此很有意见，向当地政府和法院提出批评建议，当地司法、民政部门接受了群众批评，及时改进工作，端正工作作风。〔1〕以认真负责的态度对待处理婚姻纠纷，并采取适当措施防止类似事件的发生。当然，司法实践中，人民法院审判人员在审理婚姻家事案件中坚持群众路线，并不是消极地听取意见。在大多

〔1〕 李正：“加强区乡干部对婚姻法的学习”，载《人民日报》1951年10月9日。

数情况下是依职权进行调查研究，收集证据，主动提出方案，由当事人和群众讨论。如上述所举集体审判和巡回审判的案例中，大多是在审判人员查清事实后提出方案或建议，再按不同方式处理。有些情况下甚至强制性地要求当事人接受自己的意见。

总之，新中国初期在婚姻家事诉讼活动中通过贯彻群众路线、一切为群众着想的服务精神和依靠群众、调查研究的工作方法反映出来的婚姻诉讼理念，实际上是一种便民利民的民主司法理念。这种理念要求审判人员具有为人民服务的高度责任感和群众观念，在审判活动中要以维护人民群众利益为根本出发点。这与现代的司法为民理念具有许多共性，因而具有一定的传承意义。

第二节　群众参与性的婚姻诉讼结构

新中国初期婚姻司法实践既包含有司法机关为人民服务的理念，又反映出了职权强制的特点，具有人民性与职权性的双重特点，二者相辅相成。办理婚姻案件过程中，司法机关同群众参与紧密结合，这是新中国初期婚姻诉讼的一个重要特色。

一、婚姻诉讼结构的群众性与职权性

笔者在第一章曾就诉讼结构做了简要地分析，即在诉讼的内在结构上，诉讼结构实际是指法院与当事人在诉讼中的地位及相互关系，也即民事诉讼内部要素间的排列、组合关系。裁判者与当事人之间的关系是民事诉讼内在结构的基本构成要素，依据裁判者与当事人之间关系的不同，世界上民事诉讼结构大体上可以分为两大类，即：当事人主导型和法院主导型。不过，

新中国初期的婚姻诉讼结构与现代意义上的诉讼结构不能相提并论。基于新中国初期的特定情形，没有将婚姻案件与其他民事案件的不同特点及其对程序的特殊要求加以区分，因此在当时还谈不上有完整的诉讼结构。早期的研究也还不可能涉及诉讼结构理论。在我国前一阶段的司法改革中，许多学者根据诉讼结构的基本分类，认为我国民事诉讼模式是一种法院主导型的“超职权主义”诉讼结构模式，并主张向当事人主义模式目标改造。

笔者认为，“超职权主义”说法有一定根据，但并不完全准确。说其有一定的根据，是因为我国从新中国成立至今，婚姻案件与其他民事案件的审理程序并没有区分。而又由于新中国初期婚姻案件在民事案件中占有很大的比重，婚姻案件的审判程序基本上取代了其他民事案件的审判程序。如前所述，1953年~1956年期间，婚姻案件超过全国第一审民事案件总数的一半以上。而这些案件的审理方式与其他民事案件的审理方式基本相同，换言之，新中国初期其他民事案件都是按照审理婚姻案件的程序进行的。婚姻案件只要通过人民法院解决，在查明事实程序上便以法院职权为主导。以上所列举的各种审理案件的方式，尽管有不同单位人员和群众参加，但在采用何种办案方式、询问当事人、调查取证、认定事实、提出解决方案等问题上，都是由法院依职权进行的。而在新中国成立后相当长的时期内，民事诉讼是人民法院依职权进行的，人民法院审判人员主动依职权调查收集证据、询问当事人等。因此，我国民事诉讼的确是以法院为主导的诉讼结构。说其不完全准确，是因为新中国初期婚姻诉讼结构并不等同于现代意义上的“职权主义”的诉讼结构，二者最大的区别在于新中国初期婚姻诉讼群众参与程度较高。同时，笼统地强调实行当事人主义的诉讼结构模式并不能适应婚姻家事案件的特殊需要，因为婚姻纠纷的身份性决定了这类纠纷当事人的处分权要受到一定的限制，案件的处理过程对职权干预有某种内在要求，所以不宜完全地适用当事人主义诉讼结构模式。虽然在前一段司法改革过程中，也有学者和司法实务界人士提出“我国民事诉讼模式转换的基本方向是构建和谐主义诉讼模式”的主张，[1]但因其仍然没有区分婚姻案件与其他民事案件的不同特点，没有分析这些不同特点对程序的特殊需求，所以并不能真正解决婚姻诉讼中的现实问题。

正因为新中国初期婚姻诉讼群众参与程度高，又是法院依职权进行，所以大体上可以将这种诉讼模式称为群众参与性的职权主义结构，可以说是一种群众参与的人民性的职权主义结构。

二、婚姻诉讼结构的人民性

早在1949年2月，中共中央发布的《关于废除国民党的六法全书与确定解放区的司法原则的指示》就指出了人民司法工作应以新的人民的法律作根据，而且确定了司法机关在人民的法律还不完备的情况下的办事原则。1950年11月，中央人民政府政务院发布的《关于加强人民司法工作的指示》中又着重指出：“司法机关在工作中应力求贯彻群众路线，推行便利人民、联系人民和依靠人民群众的诉讼程序与各种审判制度。”[2]可见，群众参与性的职权主义结构与这种指导思想有密不可分的联系。

---

〔1〕 黄松有：“和谐主义诉讼模式：理论基础与制度构建”，载《法学研究》2007年第4期。

〔2〕 最高人民法院副院长马锡五：“在司法座谈会上对两个审理程序初步总结的几点说明”，载中国社会科学院法学研究所民法研究室民诉组编：《民事诉讼法参考资料》（第2辑第2分册），法律出版社1981年版，第270页。

群众参与性的职权主义结构模式的主要特色之一就是它的人民性。

第一，在这种结构中，人民群众既是一种抽象的参与群体，又是一种具体的参与者，对诉讼发挥着影响作用，并共同推进婚姻诉讼程序的运行。由于人民群众的参与，就使司法机关的职权与人民群众的参与权紧密结合，体现了国家的审判权力与人民群众当家做主、参与管理国家事务的权利的统一。

第二，新中国初期的婚姻诉讼结构中，司法机关的人民性、服务性与职权性融为一体。在当时的诉讼意识中，党和国家利益和人民群众利益是一致的，党所追求的利益就是人民大众的根本利益。代表国家利益的人民法院与诉讼当事人及人民群众的诉讼目标具有同一性，因而在当时的历史条件下，这种诉讼机制能够和谐运行。

第三，在具体的婚姻诉讼实践中，诉讼结构因为有了人民群众参与因素，人民群众的这种参与权利在一定程度上也可以对人民法院的审判权力产生一种制约力，防止其偏离人民根本利益轨道。

三、婚姻诉讼结构中的互动性

从新中国初期婚姻诉讼实践的运行情况可以看出，人民群众以多种形式参与案件的处理，其参与度和积极性较高。案件处理过程中，群众提供线索，参与辩论，提出解决纠纷的建议等，事实上与司法机关办案人员形成了良好的互动关系和互动机制。这是新中国初期婚姻家事诉讼的典型形式和鲜明特色。

群众参与婚姻纠纷的解决的方式，除了第三章阐述的几种方式外，还包括群众直接参与人民法院的审判活动，即以人民陪审员的身份参加案件的审理工作。虽然前述集体办案、就地审判、多方协作办案等方式都有群众参加，但并没有突出陪审员地位。而人民陪审员是指人民法院办理婚姻案件和其他民事案件时，吸收群众或有关单位以人民陪审员的名义参加，与审判人员共同审理案件，有权直接提出意见。通过这种方式，一方面体现民众参与国家事务的民主作风；另一方面，也把人民群众的意见带进了法庭，是群众路线的集中体现。1951 年颁布的《人民法院暂行组织条例》第 6 条规定，为便于人民参与审判，人民法院应根据案件性质，实行人民陪审制。陪审员对于陪审的案件有协助调查、参与审理和提出意见之权。又在 1954 年颁布的《中华人民共和国人民法院组织法》中明确规定，除了简单的民事、轻微的刑事案件和法律另有规定的案件外，人民法院审判第一审案件，一律实行人民陪审员制度。而且，1954 年 5 月 28 日，中央人民政府司法部专门作了《关于建立陪审制的指示》，并明确指出："陪审制是吸引广大人民参加国家管理的重要形式，防止发生积案和错案的司法制度之一。"〔1〕1954 年《中华人民共和国宪法》和《中华人民共和国人民法院组织法》颁布后，人民陪审员制度有了进一步的发展，各地在区乡选举人民委员会组成人员的同时，选举产生人民陪审员。并由县人民法院对人民审判员进行业务训练。据不完全统计，1956 年全国已选出人民陪审员二十多万名，临时邀请的尚不在内。〔2〕人民法院审判案件，根据案件类型，邀请有关部门的人员参加陪审。审理婚姻案件一般有妇联的人员陪审；违法案有

〔1〕"中央人民政府司法部关于建立陪审制的指示"，载天津市人民法院编印：《司法工作手册》（第 7 辑），1954 年，第 196 页。

〔2〕司法部："关于人民陪审员的名额任期和产生办法的指示"，载中国社会科学院法学研究所民法研究室民诉组编：《民事诉讼法参考资料》（第 2 辑第 2 分册），法律出版社 1981 年版，第 10 页。

组织、纪检部门的人员陪审；有关烈军属的案件则有民政部门的人员陪审等。实行人民陪审员制度对吸引人民群众参与国家管理和监督法院的审判工作，密切人民法院与人民群众的关系，形成法院与群众之间的互动以及增强审判力量，都起了良好的作用。

在新中国初期，司法组织不够健全，审判人员政治素质和业务素质较低，各地政治、经济发展不平衡，要保证法律的贯彻实施，营造和睦的家庭关系，都必须调动群众的积极性，要依靠群众参与。处理婚姻纠纷需要深入群众了解事实真相，证据收集也要依靠群众，案件的审判同样需要人民群众的参加，以使审判更符合民众的意愿，体现出人民民主参加国家管理的宪法原则。同时，在诉讼程序制度不健全的情况下，群众运动方式和人民陪审员参与审判活动或群众参与审判，实际上起到了弥补司法机制不足的作用。当然，在大多数情况下，仍然是法院审判人员主动提出方案，依职权进行调查研究，收集证据。也可以在某些情况下直接要求当事人接受自己的处理方案。这正是服务性、职权性与群众性相结合和互动的体现。

同时，司法机关通过巡回就地审判、公审大会、辩论大会、法制宣传与案件审理后的回访及意见反馈、走访群众、接受群众监督等多种方式来实现司法人员与一般群众建立互动机制，进而形成婚姻诉讼制度的雏形。不过，这种互动机制的关键在于司法机关，在于司法机关的工作作风，通过改进司法工作作风和完善审判制度及相关规章制度才能达到与人民群众互动的效果。

第三节　政策在审判活动中的导向作用

一、新中国初期政策与法律关系体现

政策与法律同为上层建筑的组成部分。在一般意义上，政

策与法律实现的目标是一致的，即都是以保护人民利益为宗旨，为人民民主专政政权服务。二者在个体关系上，政策是立法的依据和重要参考，而法律是政策的条文化、具体化。两者在社会生活中所发挥作用的方式不同，政策具有原则性、灵活性，而法律则具有稳定性、操作性。在新中国成立初期，党的政策被视为是法律的灵魂，政策指导着法律的实施。从当时司法实践来看，二者关系又有特殊表现形式。

（1）政策指导立法。当时大量法律其本身就是在执行政策的基础上订立的。

（2）政策代替法律。在新中国成立初期，法律尚不健全，实践中的经验也较缺乏。在此情况下，民事司法活动中有时直接将政策作为定案的依据。党的政策是多方面的，针对婚姻纠纷案件的政策可包括实体和程序两大方面内容，而实体与程序又是相辅相成的。人民法院处理离婚案件，除依照《婚姻法》已有的规定外，一般根据党和国家对婚姻的政策进行裁判。

（3）政策指导诉讼实践。由于新中国成立初期的法律过于原则化，特别是程序法律很不完善，面对具体的案件，在法律无明确规定的情况下，则以政策作为主要参考。当时主要以“决定”“批复”“规定”或“总结”等政策性的文件指导审判工作。处理婚姻案件虽然以《婚姻法》为依据，但实践中的许多问题在《婚姻法》的条文中还“无据可查”，因而司法机关在具体审理案件时，还需要以政策为裁判依据。当时，各地法院在处理婚姻案件中，感觉最难解决的问题是离与不离的界限问题。因为夫妻冲突的原因错综复杂，矛盾的性质各不相同，离婚的理由也是多种多样的。所以，婚姻法不可能把复杂和多变的婚姻纠纷都包罗无遗。即使苏联、捷克、保加利亚、波兰、阿尔巴尼亚等国家的社会主义类型的婚姻法，也都未规定法定离婚条件，而采用一般原则并列示的列举规定。其规定内容，概括地说，就是违反夫妻的忠实义务、加害配偶或其亲近人的生命、重大侮辱、不名誉的生活、遗弃家属、失踪、犯罪、精神病等等。[1]为了使人民法院能够正确地处理离婚案件，达到调整婚姻家庭关系、发挥群众生产建设积极性之目的，周密考虑子女抚养、财产分配及对无劳动力的扶养等因素，通过对具体案件的批复和一些政策性文件，通过政策性规定对离婚界限作了原则性规定。

二、关于离婚的原则界限的理论争议

离婚标准历来就是一个复杂问题。建国初期，还围绕着人民法院判决离婚或不准离婚的标准是应该坚持“感情论”还是坚持“理由论”而展开激烈论战。争论的焦点在于：夫妻感情已经破裂，但提出离婚的一方理由不正当，是出于资产阶级思想，人民法院应该判决离婚还是不判离婚？“感情论”者认为，只要感情完全破裂，不管是什么原因造成的，都应该判决离婚。至于离婚当事人的资产阶级思想，那是道德问题，应该在长期的教育和改造中求得解决，用不准离婚的判决来解决这种问题是不妥当的。“理由论”者则认为，为了打击资产阶级思想，对理由不正当的一方，不管感情破裂或不破裂，除了给以道德上的谴责之外，还必须给予法律制裁，即判决不准离婚。但就当时离婚的情况来看，造成离婚的社会客观原因，草率结婚是一种情况，封建主义和资本主义因素起作用又是一种情况。这些因素由于结合着社会经济的以及各地方的情况不尽相同，使审

---

〔1〕［苏］斯维得洛夫：《论人民民主国家婚姻家庭法》，王之相等译，新华书店1950年版，第20页，转引自马起：《谈离婚的政策界限》，辽宁人民出版社1957年版，第22页。

判人员在分析离婚的社会因素时，往往不能十分全面和具体。新中国成立后社会制度虽然已经基本改变，但思想落后于实际，封建和资产阶级思想残余，在一部分人们当中仍然具有深厚的影响，是社会主义正确观念不能在一部分婚姻关系中完全树立的主要原因。两种思想残余可能交错出现。在某些人中，喜新厌旧、见异思迁、贪图享受的资产阶级思想起着支配作用，而在另外一些人中，夫权统治、歧视妇女的情况可能多一些。在大城市里，资产阶级思想较为突出，而在农村特别是偏僻山区，封建思想可能比较严重。即使在同一个离婚案件里，对于男女一方或双方，也不一定是单纯的封建残余或资产阶级思想在作祟，也可能是两种思想同时起着作用。而且当事人所提出的离婚理由与实质上决定夫妇离婚的原因不一定是一致的。有时当事人提出一种理由，经过调查却是另一种事实或另一种思想支配着他们要求离婚。不过任何离婚终究是有事实基础与思想基础的，因此，必须认真分析事实根由与思想根由，找出关系破裂的症结所在。更要根据党和国家对婚姻的政策，“以事实为根据，以法律为准绳”。法院处理离婚案件的过程，如同处理其他任何案件一样，同时也是思想教育的过程，不论是法院还是人民群众，都应从发展的观点看待感情的破裂，全面分析情况，保护社会主义利益。[1] 当然，以上是从理论上进行的分析和争论，在司法实践中，离婚案件是多种多样的，有十分复杂的因素。

三、关于离婚的政策界限

处理离婚问题的原则总体上是看婚姻基础（自由婚姻还是

〔1〕 法律出版社编：《离婚问题论文选集》，法律出版社 1958 年版，第 45 页。

包办婚姻)、婚后感情和离婚原因，查清夫妻关系是否还可以维持，同时要充分考虑子女的利益和社会影响。有的地方称此为“三看一参”的原则。这一原则既不片面强调感情，也不单纯强调原因，而是要求全面查明夫妻关系的形成、发展变化、破裂的原因及今后可能的发展前途，从而确定离与不离。对有可能和好的，就不应判离，而是尽量做说服教育工作，促使和好。对感情基础和婚后感情也好，只是一方有如喜新厌旧、腐化堕落，而坚决要求离婚，对方又坚决不同意离婚的，法院应配合有关部门，支持有理的一方，严格批评教育有错误的一方，促使其和好，不轻易判决离婚。对那些夫妻感情完全破裂，确实不能和好的，做好坚持不离一方当事人工作，判决离婚。〔1〕具体地说，对于离婚案件主要从以下几个方面划分离婚的原则界限。

（一）根据保护婚姻制度的需要划分离婚界限

任何社会的婚姻关系和家庭组织形式都是与其经济制度相适应的。不适合社会发展和人类解放的婚姻关系，如封建性质的包办婚姻、男尊女卑的家庭关系，当然都是违反新婚姻制度的，应该予以改造或取消。男女婚姻不仅关系着个人问题，同时也是社会问题。婚姻法的目的是为了发展社会生产，增进人们的自由幸福，所以必须扫除妨害社会前进的阻力和爱情幸福生活的障碍。也就是说，凡是妨碍生产和违背人类解放的婚姻关系，都必须解除；凡是适合社会生产需要和家庭幸福需要的婚姻关系，都必须维持和巩固。这就是划定离婚政策界限的一个标准。例如，男尊女卑、压迫妇女、封建性质的婚姻关系，

〔1〕“最高人民法院副院长王维纲在全国民事审判工作会议上的总结讲话”，载中国社会科学院法学研究所民法研究室民诉组编：《民事诉讼法参考资料》（第2辑第1分册），法律出版社1981年版，第311页。

奴役、虐待妇女的奴隶式的婚姻关系，资产阶级性质的玩弄妇女等婚姻关系，都可当作离婚的正当理由，准其离婚。这是保证实现婚姻法基本原则的必需的措施。根据婚姻关系的性质考虑离婚的政策界限，才能对人类解放和社会发展发挥其积极推动作用。

保护新的婚姻制度。首先，总的指导思想是必须认真贯彻1950年《婚姻法》确立的基本原则。例如，禁止重婚纳妾行为是《婚姻法》规定的基本原则。一方面，在《婚姻法》上明文规定，这种行为不发生婚姻效力；另一方面，在《刑法》上规定这种行为构成犯罪，予以严厉制裁，其目的是保证一夫一妻制的彻底实现。

其次是关于重婚纳妾的离婚问题。重婚纳妾有两种情况：一种是历史遗留下来的；一种是《婚姻法》颁布后现行的。两者的重婚性质虽然相同，但处理的政策却不一样。《婚姻法》颁布后的重婚则用干涉和科刑的办法严格取缔。[1]对于历史遗留下来的重婚问题，在《婚姻法》颁布前的重婚（1950年5月以前的），贯彻自愿与相安的原则精神。只要妻妾相安无事，国家便允许其婚姻关系可以继续存在。即按自愿和相安的方针来处理，才能适合政策要求。问题的关键在于对妻妾有利、对子女教养有利、对家庭团结及社会生产有利。因为这是历史遗留下来的特殊问题，不能以处理一般婚姻问题的观点去处理这类问题。因为夫对妻妾各有独立的婚姻法律关系存在，妻妾之间在法律上是不存在直接权利义务关系的。妻妾对于本夫均有请求离婚的权利。如果妻妾对本夫自愿提出离婚请求时，不问感情如何，都可准许离婚。如妻妾在一起生活，相互纷争，不能相

---

〔1〕 马起：《谈离婚的政策界限》，辽宁人民出版社1957年版，第23页。

安时，可判令“分居”以变更环境的办法，达到相安的目的。作为历史遗留的问题，在妻妾均不自愿解除婚姻关系以争取一夫一妻制的情况下，才采取共存相安的政策。只有掌握“自愿”和“相安”的原则，才能妥善处理历史遗留的问题，不这样做就不能符合客观实际的要求，也不符合社会发展的规律。对于1950年《婚姻法》颁布后的重婚，本来就是现行重婚行为，在法律上是无效的婚姻，并不是离婚的问题。如诉诸法院，即可以判决宣布婚姻为无效。宣布重婚为无效，保护一夫一妻制，是处理现行重婚的正确的政策界限。重婚经判决宣告无效之后，当事人不遵守判决仍继续同居的时候，国家为了维护法律秩序，对于违反国家法律的当事人应该给予刑事处分，以保护国家法律的严肃性。

最后是关于买卖婚姻的离婚问题。买卖婚姻是非法的，必须坚决反对。一方提出离婚的，应准予离婚，至于对其财物是否没收，应报请省委决定。但也有少数例外情况，即如果婚姻基本上自愿，但又索取了小量财物的，主要是进行教育，一般不按买卖婚姻处理。对于以骗财为目的的媒婆、流氓和拐卖妇女的人贩子，必须予以坚决打击，依法惩办。[1]1950年4月《关于中华人民共和国婚姻法起草经过和起草理由的报告》中提出，在男女婚姻问题上，任何人采用包办强迫的办法，任何第三者的人或“神”的干涉行为，都不应有存在的余地。男女结婚，只能是双方本人完全自愿，这是男女结婚自由的唯一合法形式。同时，任何财产的多寡，任何门第的高低，都不应成为男女婚姻的基础。而与婚姻自由原则相违背的，就是强迫、包

---

〔1〕“最高人民法院副院长王维纲在全国民事审判工作会议上的总结讲话”，载中国社会科学院法学研究所民法研究室民诉组编：《民事诉讼法参考资料》（第2辑第1分册），法律出版社1981年版，第318页。

办和买卖婚姻，特别是买卖婚姻，在新中国成立初期还非常普遍。当时，人们对婚姻法有了初步了解，但他们对婚姻法的理解比较片面，对婚姻制度改革的重要意义特别是真正的婚姻自由的认识还很模糊，甚至少数人还反对婚姻自由，不愿意放弃包办买卖婚姻，包括妇女自己。如1950年的“王生华、马芝兰妨害婚姻案”。马芝兰的母亲马珍将女儿以1.6万元的价格卖给了被上诉人王生华。陕西省岐山县人民法院的判决书写道：“马珍贪图1.6万元之婚礼，因离乡背井，并生活被窘迫，暂不没收，以资救济。马珍‘违背’婚姻‘自由’包办，应受批评。”马芝兰的母亲将自己的女儿变相卖给了他人，所得费用用以支付基本的生活开销和还债，这其中也有媒人王天才从中做媒。马芝兰在笔录中称：“当时因生活所迫，经我母做主，王天才、蔡家堡介绍，始与王生华结婚，当初送了聘礼。”可见，马芝兰并不承认她与王生华的婚姻存在着“买卖”关系，其母亲马珍只是做主，这在当时而言颇为正常。[1]因此，为了贯彻宣传婚姻法的精神，依靠政权力量迅速地在全国自上而下普及新《婚姻法》就成了建立新婚姻制度的必然选择。例如，1951年10月27日，磁县人民法院在五区白土村，召开了全区群众大会，公审在1948年杀害妇女的罪犯索同财。于公审大会当天到会的有县、区、村各级干部和广大群众3000多人。北贾壁村700多户，就来了1158人。离这50里路的合山村的群众代表，起五更爬山越岭地来到会场。县人民法院副院长张声明在讲话中特别指出要坚决制裁杀害妇女的罪犯，反对父母包办婚姻、买卖婚姻和早婚，对婚姻法的基本精神做了报告。被害家属索

〔1〕《陕西省人民法院宝鸡分庭第二审刑事诉讼案卷》1950年第84号，转引自杨玉明：“由商洛档案看边区新旧婚姻制度的冲突与交替”，载《兰台世界》2014年第9期。

小娥当场控诉索同财杀害了她母亲赵银妮的罪犯。经过公开审理，法院依法把杀害妇女的索同财判处死刑，并立即执行。同时，在大会上还对 8 名包办买卖婚姻的家长和媒人，分别判处徒刑。经过检查婚姻法执行情况，特别是公审虐杀妇女罪犯的方式，引起了极大社会震动，磁县虐待妇女现象有所好转，包办买卖婚姻明显减少。仅在 12 月，五区“10 天的统计，向区自报的不合法的买卖婚姻就有 22 件，要求解除婚约和离婚的就有 17 件”。[1]

（二）从保护婚姻当事人及其子女的健康上划定离婚界限

家庭是社会的基层组织，家庭成员中夫妻子女的身体健康问题，是关系着国家民族的繁荣的问题，是直接影响到社会生产和国防建设的问题。所以，夫妻的一方患有足以影响对方身体健康的不治之恶疾，若再继续夫妻生活，势必使对方遭受痛苦，并直接影响其子女健康；一方如果患有精神病、白痴、瘫痪、麻风病等的不治的恶疾时，则夫妻间的幸福生活条件已经完全丧失，婚姻关系如再继续下去，将会给对方增加无穷的痛苦，为了照顾对方利益、子女利益及社会利益，当一方提出离婚时，对这种婚姻关系就不能再使其维持下去。这是国家对人民负责，对后一代子女负责，对国家民族负责的一种必要措施。如果单为维持一个患病的人而牺牲对方的利益及其子女的利益，也是危害民族利益的。但离婚与照顾应看成两回事，解除婚姻关系并不意味着取消照顾的义务。在离婚后，健康的一方对患病的一方在生活上应有妥善安排，使患者不致因离婚而影响生活。这不仅是审判上值得注意的事项，同时也是健康者应负的

---

〔1〕“磁县五区大力宣传婚姻法，买卖婚姻逐渐减少”，载《河北日报》1951 年 12 月 11 日，转引自张志永：《婚姻制度从传统到现代的过渡》，中国社会科学出版社 2006 年版，第 135 页。

道义责任。

（三）从性格与爱好上划定离婚界限

男女双方性格相投，爱憎一致，是建立爱情的基本条件之一。在这个基础上建立的婚姻关系是能巩固和发展的，应当加以保护。凡是性格不合，爱憎相悖的，就是缺乏建立爱情的条件，没有建立幸福生活的基础。表现在夫妻关系上，就是长久分裂，经常争吵，各具成见，形成不可调和的对立性的生活矛盾。为了解除双方的痛苦，使男女都能得到愉快幸福的生活，应该判决离婚。因为性格是人们的思想感情、个性爱好的集中表现的特殊习性，具有顽强性和持久性，不是一时的说服教育可能改变的。如果双方性格不投，家庭终日纷扰，不仅男女精神痛苦，影响对子女的抚养教育，也会影响生产和工作情绪。所以性格不合，是离婚的界限之一。

（四）从夫妻缺乏性能力或长期不能进行夫妻生活划定离婚界限

夫妻结合要求共同的性爱生活，是婚姻关系的主要内容之一，是婚姻的物质基础。如在婚姻存续期间，由于一方的原因永久不能或者长期不能实现夫妻间的性爱生活，这不仅违反生理自然规律，而且严重阻碍着幸福生活的实现。如生理欠缺、性能残废，或因犯罪被判处长期徒刑，或因外出失踪，或者虽未失踪但确无回乡希望者。在这种情况下，夫妻一方难以实现正常的共同生活，若不准离婚，就不能贯彻巩固家庭幸福的婚姻政策。故应以此作为离婚的一个条件，可避免对方当事人遭受精神上的痛苦。根据这种原因划定离婚界限，既有利于保护人民利益，又符合社会要求。

（五）考虑道德品质因素划定离婚界限

我国的经济制度、政治制度属于社会主义类型。日常生活中的社会关系，法律上要求的行为标准，都是以共产主义道德品质作为基本内容的。这种高贵品质表现在人们的活动上，就是要以爱国主义、人道主义、集体主义等精神作为行动的道德规范。如人与人之间的纯洁友爱，同志般的互助，尊重他人利益视同自己利益，维护社会集体利益高于爱护自己利益等。社会主义的婚姻关系只有在这种高尚的道德标准下建立起来，才能实现互爱、互敬、团结、和睦、劳动生产、抚育子女的新家庭。如果夫妻的一方没有这种新的道德品质，那就缺乏建立幸福生活的基础，其婚姻关系和家庭关系是不能发展巩固的。例如，夫妻的一方有顽固的恶劣品质、恶劣习癖、不名誉生活，或流氓成性、玩弄妇女、遗弃虐待等危害共同生活的恶劣行为，必然使其对方陷于生活痛苦，并影响对子女的教育和社会利益。对这种不符合社会主义要求的习性，在屡教不改的情况下，对方为了脱离痛苦生活，要求离婚的，应该予以支持。只有这样才能真正巩固夫妻关系和家庭关系，促进社会前进。〔1〕

以上几个离婚政策界限的原则的观点形式虽不一致，但总的要求都是为了维护新婚姻制度，巩固和发展自由、民主、平等、幸福的婚姻关系和家庭关系，照顾子女的抚养教育，发展社会生产，所以其内容基础是一致的。也是在统一的政策原则下就不同性质的婚姻关系和不同性质的矛盾纠纷，划出不同类型的离婚界限。这几项原则，只是就一般常见的对立性的婚姻矛盾的归纳，对于复杂多样的婚姻矛盾是不能包罗无遗的。在婚姻司法实践中，人民法院在具体审理婚姻案件时，根据相关政策精神，坚持教育的方针，依照婚姻法既保障离婚自由又反对轻率离婚的原则，从双方婚姻基础、婚后感情和发展可能等

---

〔1〕 马起：《谈离婚的政策界限》，辽宁人民出版社 1957 年版，第 23～24、29～30 页。

三方面情况进行考察，并全面地考虑到男女双方、子女、家庭和国家社会的利益，灵活处理离婚案件及其他相关纠纷。对于夫妻感情极为恶劣或者妇女遭受虐待歧视，已到了不堪继续同居的地步，以及其他确实无法维持婚姻关系的，坚决支持其要求，准予其离婚；但对大量尚有和好可能的，则针对其旧的不合理的婚姻家庭关系，进行教育改造，促其在新的基础上重新和好，而并不是把一切封建包办婚姻，不加分析地都准许离婚。这些婚姻纠纷的政策界限和政策精神，对婚姻司法中正确合理地处理案件起到了重要保障作用。

四、军人婚姻和华侨婚姻案件的处理

（一）对于革命军人婚姻问题的处理导向

《婚姻法》规定，现役军人配偶提出离婚的，必须征得军人的同意。对于转业军人的婚姻，也给予必要的照顾。对于在作战时光荣负伤的残废退伍军人，如果其配偶因此而提出离婚的，更是不轻易准许。另外，中央人民政府内务部、中央人民政府、最高人民法院、司法部、人民革命军事委员会总政治部曾于1952年7月28日就军人的特殊婚姻问题在中央司法部举行座谈会。1953年6月15日，又针对全国解放后大量军人杳无音信的情况，发布了《关于多年无音讯之现役革命军人家属待遇及婚姻问题处理办理》。[1]这是符合当时全国人民整体利益和长远利益的。政策执行的结果，大大地鼓舞了军人的士气，进一步激发了广大群众的拥军热情。

（二）华侨婚姻案件的处理政策

由于种种原因，建国初期尚未能及时制定系统的华侨婚姻

〔1〕 最高人民法院办公厅："关于多年无音讯之现役革命军人家属待遇及婚姻问题处理办法"，载《党的文献》2010年第3期。

政策。当时处理华侨婚姻案件的主要依据包括两个方面的政策文件：一是1949年《中国人民政治协商会议共同纲领》，其中的第58条对华侨问题作出原则性规定，即“中华人民共和国和人民政府应尽力保护国外华侨的正当权益和利益，保护归侨、侨眷的合法权利和利益”；二是中央有关部门针对华侨婚姻案件所作的指示和答复，这也是对具体案件直接指导的结果。例如，1950年，福建省人民法院通过华东司法部向中央司法部请示华侨婚姻处理意见，中央司法部经过与法制委员会、华侨委员会共同研究，作出批示：因为《婚姻法》并未对华侨婚姻作特殊规定，应根据具体情况，参照《中华人民政治协商会议共同纲领》第58条的精神，并依《婚姻法》第10条处理。在具体程序和手续方面，除华侨确无音讯，或所在国与我国无外交关系，无从知道其本人下落，应向当地人民法院请其适用公示程序处理外，一般应通过其家庭或我国驻外使节或使领馆以及侨务机构代为尽量设法调查，使其获得到案应诉或提出书面答复的机会。如果逾期仍无结果，人民法院可以作出缺席判决。〔1〕该批示确定了华侨婚姻案件的基本审理程序，对办理华侨离婚案件具有指导意义。1954年，全国开展华侨政策宣传，政务院下发了《关于处理华侨婚姻纠纷问题的指示》，人民法院和外交部下发了《关于给国外华侨的婚姻诉讼文件寄递办法的暂行规定》，以解决各地递交国外华侨的离婚判决书或征求对离婚的意见的信件手续繁简不一的问题，规定人民法院在处理国内侨眷与国外华侨婚姻纠纷案件时，需要与国外华侨取得联系，不论是征求意见的信件或离婚判决书，只要是寄往国外的，均应经省、直辖市的侨务机构或兼管侨务工作的部门和省、市人民法院共

〔1〕 参见《中央司法部给华东司法部关于华侨离婚处理问题的批复》（1951年）。

同审核后，由省、直辖市的侨务机构或法院按建交国和非建交国分别处理。这一项规定仅限于一般的婚姻诉讼文件，其他事件须按照外交部以前的规定，通过中央侨委会或外交部转办，不能直接与使领馆发生联系。重大和复杂的案件，或不便邮寄给使领馆的信件，应送中央侨委会研究处理。〔1〕

总之，对于华侨婚姻案件要求予以合情合理解决。党的婚姻政策明确指出：应照顾国外华侨并适当照顾侨眷妇女的要求。有的侨眷以华侨在外重婚，或者杳无音讯，而要求离婚的，经查明事实，即准予离婚；有的夫妻感情确已破裂，和好无望，提出离婚的，经征求华侨意见后，亦可考虑判决准予离婚。至于有些夫妻原已建立一定感情，华侨又有信来款，侨眷提出离婚的，仍尽量动员说服，一般的不准离婚。华侨如有特殊原因不能来信来款，也是尽量教育侨眷，耐心等待。

本章小结

由于20世纪的中国大部分时期处于社会变迁状态，社会变化的功能和结果往往会出现破坏旧秩序而来不及建立新秩序的现象，而这一时期的政治结构和经济增长状况也难以支撑现代诉讼机制的建设和发展。同样，新中国初期的社会环境使诉讼机制缺乏顺利发展的基本条件，例如，缺乏相应诉讼文化的支撑和相应社会政治经济制度的保障。因而在20世纪相当长时间里，并没有真正确立起具有现代意义的解决社会纠纷的诉讼机制。〔2〕

---

〔1〕 参见《最高人民法院办公厅关于华侨眷属与华侨离婚问题的处理办法的复函》（1954年）。

〔2〕 刘晴晖：“中国诉讼制度近现代变迁及思考”，载《社会科学研究》2005年第4期。

但尽管如此，新中国初期司法实践中形成了婚姻诉讼制度之雏形，仍是客观存在的历史。新中国成立初期婚姻诉讼实践具有自己的特色，即在婚姻诉讼实践运行中既包含有司法机关为人民服务的司法理念，又反映出职权主导性特点。婚姻诉讼中职权性与服务性相辅相成，人民性与职权性融为一体，法院审判与诉讼外调解密切结合，使得群众参与性的诉讼结构发挥了特殊的程序功能，对新中国婚姻实体法律制度的发展和民事诉讼程序法律制度建设都产生了重要影响。

第五章

新中国初期婚姻诉讼实践的历史功绩

在社会发展过程中，影响法制的因素主要有两个方面：一方面是根据现实统治秩序的要求，回应社会发展的需要；另一方面是维护法律制度及其道德基础的历史延续性，其中涉及合法性与合理性的关系，即合法性对合理性有一种依赖性。虽然这种依赖性是有限的，但无论是实体法的制定还是程序法的发展，都受此影响。因此，为适应新的历史时期社会发展的需求，有必要从我国法律传统经验中挖掘出有价值的东西，特别是需要对建国初期婚姻司法的实践进行科学的总结和评价，分析其历史功绩，并从中发现其所反映出的司法理念和规律性因素，以便为构建反映新时代特色婚姻诉讼程序制度提供有益的参考。

第一节　新中国初期婚姻诉讼实践的社会效果

正因为新中国初期婚姻诉讼具有以上特色，所以由此决定其对新中国实体法律制度和程序法律制度建设都产生了巨大影响。

一、对我国新婚姻家庭制度确立和发展的影响

(一) 促进了我国婚姻家庭制度的变革

新中国初期是我国取得新民主主义革命胜利以后，进入社会主义革命和建设的时期，这一时期的民事审判工作内容复杂，政策性强，又缺乏明确的法律规定，处理难度很大。人民法院通过上述婚姻诉讼实践，依照有关法律、法规和有关政策的规定，正确执行了有关的法律政策，审理了大量的民事案件，其中婚姻案件占绝大多数。据统计，从1950年到1956年的7年间，人民法院共受理一审民事案件8 549 178件，年平均收案数为122万多件，其中，大量的是婚姻案件和继承案件。从1950年到1956年的这7年中，人民法院共受理一审离婚案件515万多件，年平均收案737 087件，是受理离婚案件最多的一个阶段。〔1〕各级人民法院依照《婚姻法》的规定审理离婚案件，保障公民的婚姻自由，使成千上万的公民从封建痛苦的婚姻中解放出来，重建幸福的家庭，也使许多家庭关系按照婚姻法的原则得到了改善。随着婚姻家庭制度的改革，我国封建的继承制度也随之发生了根本性的变革。1950年的《婚姻法》在确立新的婚姻家庭制度的同时，也确立了社会主义性质的继承原则。《婚姻法》第12条规定："夫妻有互相继承遗产的权利。"第14条规定，父母子女有相互继承遗产的权利。对封建的宗族继承制度产生了极大的冲击，在我国社会生活中产生了深刻的影响，继承案件大量发生。7年中，人民法院共受理一审遗产继承案件255 916件，〔2〕在审判实践中确立了处理继承案件的一些原则。在这几年当中，各级人民法院还受理了大量的其他财产权益纠

---

〔1〕 马原：《民事审判理论与实务》，人民法院出版社1994年版，第40页。

〔2〕 马原：《民事审判理论与实务》，人民法院出版社1994年版，第40页。

纷案件，这些财产权益纠纷案件大体有两种类型：一类是旧社会遗留下来的问题，以债务和房屋纠纷为最多；另一类是建国后基于生产关系的变革和国家实行新民主主义经济政策而产生的纠纷，如土地改革后发生的土地买卖、出租纠纷，国营企业与私营企业之间的合同纠纷等。[1]由此表明，这一时期的婚姻家事审判工作，对于废除旧的封建婚姻家庭制度，建立新的新民主主义的婚姻家庭制度，发挥了重要作用。

（二）促进了婚姻家庭的观念更新

《婚姻法》的贯彻实施和群众参与性的司法活动促使了婚姻观念的逐渐更新。

第一，树立了自主婚姻观念。首先表现为自主结婚得到保障。据中南地区6省不完全统计，1951年1~4月份全区自由结婚的共有23 600对以上，不少苦守多年的寡妇在法律的保障下也得以自由改嫁。据河南省鲁山县3个乡的统计，1952年7月自由结婚的共58对，其中有18位妇女属于寡妇再嫁或离婚再嫁。离婚再嫁的妇女多是因为与前夫感情不和经调解离婚后自找对象，结成新式婚姻。[2]其次是离婚观念的改变。《婚姻法》颁布后，饱受包办、强迫、买卖婚姻之苦的广大青年男女，纷纷向司法机关提出摆脱痛苦婚姻的要求，致使各地离婚案件急剧上升。据华北地区5省2市的统计，北京市1951年上半年离婚案达985件；天津市从1950年到1952年共处理婚姻案17 052件；河北省127个县1951年的离婚案有44 641件；山西省85个县1951年的离婚案共32 300余件，解除婚约的625件；察哈尔省1952年上半年调查的19县3市的离婚案有3481件，解除

〔1〕马原：《民事审判理论与实务》，人民法院出版社1994年版，第40页。

〔2〕吕璜："河南省鲁山县婚姻问题的调查"，载《新华月报》1952年第8期。

婚约的有166件；绥远省和归绥、包头二市1951年1～11月份离婚案共计998件。[1]在各地人民法院受理的离婚案件中，离婚诉讼的大多数是由女方提出来的。据不完全统计，从1950年5月到1951年4月，中南地区6省受理婚姻案件达90 425件，其中妇女主动提出的有7万件以上。[2]最后，在离婚率不断攀升的形势下，这一时期的再婚率也处于高峰期。例如，北京市前门地区1953年结婚登记中，再婚者所占比例高达30.88%，再婚者中再婚妇女占48.4%，妇女因离婚而再婚的比例较男子同一原因再婚所占的比例高出许多，前者为61.5%，后者为50.44%。[3]

第二，择偶观念的转变。建国初期，在政治宣传和贯彻《婚姻法》等教育影响下，人们普遍以追求思想进步为荣。加之妇女在经济地位独立之后逐渐转变了择偶观念，体现出以政治条件为基础的新择偶观。即不再以男方家财的多少作为择偶硬条件，而是把人品好、爱劳动、思想进步作为主要标准，并且不注重物质要求。据1953年初沙河县（今沙河市）渡口村调查，青年找对象时一般的都注意了以政治思想和学习、生产态度为主要条件。大多数农村妇女也能正确看待自己的婚姻问题，同时初步认识了农业劳动的光荣，不盲目地追求嫁给工人或干部。城市中，一般择偶标准也是以政治进步和生产积极等为条件，这种以政治进步和生产表现条件为主，兼顾其他方面的新择偶观，可以说是大部分人们的普遍看法。

第三，新的婚姻家庭关系开始形成。随着《婚姻法》的贯

---

〔1〕 中华全国民主妇女联合会华北工作委员会："华北区贯彻婚姻法执行情况和今后工作的意见"，载《新华月报》1953年第2期。

〔2〕 中南民主妇女联合会筹备委员会："一年来执行婚姻法的初步检查和今后进一步贯彻执行的意见"，载《新华月报》1951年第10期。

〔3〕 李立志：《变迁与重建——1949～1956年的中国社会》，江西人民出版社2002年版，第136页。

彻实施，不少地方的婚姻家庭关系得到改善，男女平等、团结互助的新的婚姻家庭观念开始形成。许多人在学习了《婚姻法》以后，丈夫不再干涉妻子的社会活动，夫妻之间比较普遍地做到了相互帮助、相互学习。在土改完成之后，妇女不仅获得了与男子同等的经济地位，在家庭中的地位也随之提高。妇女有了经济处分权，不少妇女去合作社入股，为抗美援朝捐献、慰问参军青年参加农会、妇女会和冬学，青年妇女加入秧歌队等，都无人阻拦。与此同时，打骂妇女的现象大大减少，夫妻之间可以谈话，可以同出同进，可以商量问题，无人再耻笑了。尊老爱幼已成风尚，媳妇生产，婆婆专门看孩子煮饭；媳妇开会回来，向婆婆讲解道理，充满一片民主和睦的气氛。

总之，这一阶段以婚姻诉讼为主的民事诉讼实践，对于建立新的婚姻家庭关系，维护建国初期的革命秩序，发展新的生产关系，推动经济发展，都起到了重要作用。

二、群众参与性诉讼结构的程序功能

功能内在于机制结构当中，它只是通过人的有效运作才能使内在的功能外化为理想的结果，发挥其应有的作用，建国初期婚姻纠纷处理方式和群众参与性的诉讼结构发挥了特殊的程序功能，主要表现为保障了人民群众的司法参与权、对司法的辅助与监督功能、保障与意识转化功能等。

（一）保证人民群众的司法参与权

人民民主专政的社会主义国家制度，决定了新中国的民主是真正的广大劳动人民的民主，这也是社会主义国家区别于以往剥削社会的优越性所在。人民群众真正平等地、普遍地享有参与一切国家事务、管理国家的权利。新中国成立初期群众参与国家司法权行使的权利从两个方面得到保证：一方面是陪审制度的确立，1954 年《人民法院组织法》明确规定了第一审案件实行人民陪审员制度。人民陪审制度为人民参与行使国家审判权提供了现实途径。人民陪审制具有以下优越性：“第一，增强了人民当家做主的荣誉感和责任心，鼓舞了人民生产积极性和政治积极性；第二，密切了人民法院与群众的联系；第三，改进了人民法院的工作，防止审判员可能发生的主观臆断，不调查研究，不实事求是等不正确现象。”〔1〕另一方面，通过贯彻群众路线的工作方针，使国家司法权力广泛吸纳群众意见，诉讼的全过程都深入群众当中，发动群众，极大地激发了人民群众关心、关注司法工作的积极性，在案件处理上为人民群众的广泛参与创造了条件。

（二）辅助与监督功能

在建国初期，可供遵循的法律、政策、法令、指示等法律法规性、指导性文件不成体系，许多法律是在基层地方司法机关尝试一定时期后，总结经验才确立的，而政策又多为原则性指导，司法人员办案缺乏依据。加之司法人员素质较低，司法机构不健全，许多司法人员缺乏办案经验。在这种情况下，人民群众广泛参与司法机关的婚姻审判工作，可以将人民利益诉求反映到司法当中。司法是为人民服务的，尊重人民群众，从人民的利益出发，按人民的意愿处理案件，也就成为司法人员正确处理案件的不变法则。在宪法、法律和党的政策中，也再三强调相信群众、联系群众、依靠群众、为了群众的办事原则。这样，人民群众作为诉讼结构中不可忽视的力量，对司法权力的行使发挥了弥补司法体制上之不足的功能，起到了辅助作用。与此同时，诉讼活动的亲民性，也方便人民群众对司法机关进

〔1〕 王怀安：“我国人民陪审员制度的优越性”，载《新建设》1956 年第 1 期。

行监督，及时发现司法机关在办理案件中的不法行为，通过揭发、控告违法乱纪、贪赃枉法、恶习极深而不堪改造的坏分子，将其清除出司法队伍，对个别违背人民意愿错判的案件予以及时纠正，因而这一功能潜在地存在并发挥着制衡作用。

（三）保障与意识转化功能

从新中国成立初期婚姻司法运行效果来看，其保障功能也不容忽视。这主要在于保障婚姻案件中弱势当事人的权利，保障婚姻法的正确实施和人民法院正确、及时、合法办理民事案件。同时对社会中心任务与目标起到了保障作用。

1950 年《婚姻法》规定的婚姻自由原则既包括结婚自由，也包括离婚自由。《婚姻法》实施后，人民法院和有关机关处理了大量的离婚案件，使数以万计的男女从死亡婚姻的痛苦和压迫下解放出来，重建幸福美满的家庭。特别是广大妇女在旧社会处于最低层，属于弱势群体。通过《婚姻法》的贯彻落实，使她们的权利真正得到了保障。审判实践证明，用法律强行维护婚姻关系，其后果必然是造成双方肉体和精神上的无限痛苦和不幸，影响双方的工作、生活和学习，对双方、子女、家庭和社会都很不利。所以对夫妻感情确已破裂的婚姻，保障离婚自由是必要的也是必需的。

同时，因受中国传统观念影响，人民群众在诉讼意识上表现为“厌讼”“畏讼”心理。加之旧的烦琐的司法程序和旧司法人员的衙门作风，使劳动人民不敢也没钱打官司，民众自然会对司法产生排斥心理。这种法律意识的惯性作用对建国初期的法制建设必然产生影响。而在贯彻落实《婚姻法》的实践中，由于人民法院在婚姻诉讼中深入群众，依靠群众，做宣传和思想教育工作，以及注重采用调解和灵活多样的工作方式等，其本身就蕴含着司法与民众的亲和力，使人民大众真正认识到人民司法是为自己服务的新型司法。因此，通过新中国初期婚姻诉讼制度的运行，对民众的诉讼意识起到了一定的转化作用。另外，建国初期的婚姻诉讼实行的公开审判制度、巡回审理、就地审判等制度，都是在一定程度上把教育群众作为诉讼目的之一，增强了民众对社会主义法制的认识，提高了民众的法律素养，培养了人民群众的守法观念和护法观念，从而促进了社会整体法律意识的转变。建国初期婚姻诉讼实践所体现的上述功能，表明其有一定程度的科学性。

三、为民事诉讼制度建立和发展奠定了基础

新中国初期婚姻诉讼的成功实践还在于它为我国民事诉讼制度建立和发展奠定了基础。民事诉讼理念与制度经过婚姻司法实践足以证明，这一时期的民事审判工作对社会转型的顺利进行起到了促进作用，保障了新中国社会主义建设事业的健康发展，基本满足了巩固国家政权与社会大众两方面的要求，而且对新中国民事诉讼制度的形成与发展起到了奠基作用。特别是建国初期婚姻诉讼制度中服务性与职权性结合的特色体现，以及与其对应的群众路线的工作方法、从人民的利益出发的审判作风，使婚姻家事诉讼制度的运行得到了广大人民群众的支持，适应了人民大众的现实需求，有力地促进了新中国婚姻家庭的确立和发展，保障了社会转型中婚姻家庭法律秩序的建立和稳定。同时，婚姻司法中积累的经验也为1956年10月最高人民法院下发的《各级人民法院审理刑、民事案件程序总结》所吸收，并为以后民事诉讼程序制度的建设和发展奠定了基础。即使在1957年以后社会主义建设经历着曲折发展，民事诉讼程序法制建设处于基本停滞或遭受挫折的很长一段时期里，在总结建国初期这些经验的基础上形成的“依靠群众、调查研究、

调解为主、就地解决”十六字方针也仍然长期指导着民事审判工作。这些经验也被后来颁布的《民事诉讼法》所吸收。

总之，新中国成立初期的婚姻家事审判工作，一方面继承了革命根据地人民司法的优良传统，即主要是沿用建国前革命根据地人民司法的传统经验和相关规定。例如，体现革命根据地时期“马锡五审判方式”特色的注重调解、群众参与、职权调查、就地解决等处理纠纷的方式仍被继续沿用。另一方面，适应社会变革后的新情况又有所发展、有所创新，即根据新中国的政策与法律，贯彻婚姻法关于婚姻自由和男女平等的精神，采取调查、审理、调解三者结合，法院审判与诉讼外调解结合进行的方式，处理婚姻纠纷和其他民事案件。并不断总结建国后的民事审判经验，逐步形成和制定了一套正确处理婚姻家事纠纷案件的原则和制度，这在本书第一章关于婚姻制度形成过程中的“司法保障”一节里已有论述。虽然当时相关性的程序规则和制度或政策都比较分散，但也逐步显现出具有中国特色的民事诉讼制度之雏形。因为当时并未区分婚姻纠纷案件与其他民事案件，所以这种民事诉讼制度也可说是婚姻诉讼制度之雏形。从婚姻诉讼实践可以发现，建国初婚姻诉讼之雏形中既包含有司法机关为人民服务的理念，又反映出了职权强制特点，并且二者相辅相成，达到了较完美的结合。从一定意义上说，这也是我国职权主义民事诉讼模式的渊源之一。

第二节　新中国初期婚姻诉讼的理论意义

建国初期婚姻诉讼制度及诉讼实践对我国新婚姻家庭制度的确立和发展，以及民事诉讼程序制度的建设和发展起到了举足轻重的作用。建国初期婚姻家事诉讼制度的运行方式、诉讼结构和实践经验无不显现出其独特性和与现代诉讼共同的规律性。

一、司法便民理念的初步形成

现代意义上，民事诉讼理念是人们在认识诉讼客观规律过程中形成的一系列科学的基本观念，是主体在诉讼过程中的思维和行为的意识形态与精神指导，其内涵包括法官中立、程序公正、审判独立、诉讼民主和效率等。现代民事诉讼理念是法治现代化的必然要求，是民事诉讼立法和实践的指导思想和行动指南。基于新中国初期社会环境和条件，当时司法中还不可能有明确的现代司法理念为指导，司法实践中也不可能达到现代司法理念要求的标准。但是在建国初期的婚姻家事诉讼实践中所反映出的为人民服务意识和群众观念，体现在婚姻家事审判活动中以维护人民群众利益为根本出发点的要求，以及诉讼实践中体现出的便民利民的特点等，与现代意义上的“司法为民”和“以人为本”理念在本质上是基本一致的。

建国初期婚姻诉讼所反映的便民服务的司法理念，最重要的特征在于它以常识运作为出发点，具体表现在诉讼程序及运作过程中。在这种司法理念指导下的诉讼制度设计与案件处理方式，以及在民事审判工作中贯彻群众路线方针，实行一系列依靠群众、方便群众的方式和相关制度，确实起到了便民利民、及时解决纠纷和教育群众的作用。在便民服务司法理念下的审判方式和制度，实际上是对“马锡五审判方式”的传承与创新。“马锡五审判方式”的主要特征之一是案件审理表现为非程序式的常识化运作；特征之二是与其他社会规范相配合的个案解纷方式；特征之三是人格化的家长式法官。当前，这种审判方式已为新的、正规的审判方式所取代。但由于这种审判方式包含着中国传统司法解纷方式中的习惯、经验，以及传统法律文化和理念，因此仍具有深厚的社会基础与生命力。“马锡五审判方式”虽然不能完全适应市场经济下的当代诉讼，但不可否认，其中包含着的便民服务的司法理念以及审判与调解相结合的处理纠纷的方式，对当今婚姻诉讼仍有启示意义。例如，“马锡五审判”的不拘形式，便利当事人，诉讼中可以没有律师参与（其实，建国初期也没有这种条件），法院定期或不定期下乡办案，及时、就地开庭解决纠纷，不收诉讼费用，当事人可以拦路告状、口头提起诉讼，甚至不负证明责任，可由法院依职权调查取证，当事人也不必陈述法律依据。可以说，在诉讼过程中，当事人的直接参与程度往往标志着这一运作方式的常识化程度。

“马锡五审判方式”并不必然意味着法官和司法机关的非法律职业化，而一个职业化的司法机关完全可能以一种常识性的程序解决民事纠纷。例如，许多国家民事诉讼中的简易程序都尽可能向常识化靠近，当代已有不少关于司法大众化审判模式的构想，表现出对法律形式主义的背离。[1] 实际上，在 1982 年《试行民事诉讼法》制定公布之前，中国并非一直没有民事诉讼制度或诉讼程序，而只是没有形成正式的法律文本而已。从 1950 年《中华人民共和国诉讼程序试行通则（草案）》，到 20 世纪 50 年代～20 世纪 70 年代最高人民法院关于审判方式的经验总结，可以发现民事诉讼程序和审判方式都是在当时政治、经济条件下，总结社会中民事诉讼的实际情况及审判的经验而逐步发展起来的。在民事诉讼程序中，便于当事人诉讼、便于法院审理等原则精神是贯彻始终的。

---

〔1〕 范愉：“简论马锡五审判方式——一种民事诉讼模式的形成及其历史命运”，载马俊驹主编：《清华法律评论》（第 2 辑），法律出版社 1999 年版，第 23 页。

尽管在民事诉讼制度和民事审判方式改革中，早已淡化了“马锡五审判方式”，但在民事诉讼实践中仍然可以看到这种审判方式所确立的便民原则的实际存在。只是在不同地区、不同条件下表现不同。一方面，在市场经济条件下，大都市的经济案件，特别是涉外案件中，“马锡五审判方式”的特色已经或正在被正规的庭审和举证、质证的程序所取代。同时，法官的个人素质及类型已发生了时代的变化，法官的法律职业化和学历不断提高，像“马锡五式”的人格化的法官似乎不再受到推崇。但另一方面，法官学历提高的同时，一些法官为人民服务精神和廉洁奉公的职业道德却有所减弱，社会和当事人对司法人员的信任度也在下降，以致对法官的行为和对其所掌握的职权的运作产生怀疑，几乎成了一种普遍的社会心理。其实，缺少了法官个人的权威，没有了当事人的信任，任何诉讼模式都很难正常运作。因此，在处理婚姻、继承、抚养、债务等纠纷案件时，特别是在农村，人民法庭适用的简易程序中，“马锡五审判方式”仍然在一定程度上被沿用。并且在一定条件下是最理想的民事诉讼程序和纠纷解决方式。[1]由此可见，在我国转向社会主义市场经济的过渡时期，新中国初期处理婚姻案件中所体现的便民服务的理念或精神，以及相关的审理方式在当代，特别是在处理婚姻纠纷和在广大农村仍有一定的指导作用。

二、婚姻诉讼中职权干预的启示

本书在上一章中已有所提及，新中国初期的婚姻诉讼是法院主导型的诉讼结构，但这种诉讼结构与现代意义上的“职权

---

〔1〕 参见范愉：“简论马锡五审判方式——一种民事诉讼模式的形成及其历史命运”，载马俊驹主编：《清华法律评论》（第2辑），法律出版社1999年版，第23页。

主义诉讼结构”不同。两者的主要区别在于，建国初期婚姻诉讼中有群众参与，是一种群众参与性的人民性与职权性相结合的诉讼结构。法院审理案件时吸收群众参加，听取群众意见，甚至用召开辩论大会的方式解决纠纷。这是一个方面。另一方面，诉讼中又有职权强制性，例如，在决定开庭审理、调查取证、询问当事人等方面，法院审判人员享有极大的权限。在开庭审理中，审判员经常采取询问当事人的方式，而不是由当事人双方或控辩双方实行对抗，这就使审判人员可以根据自己的需要对双方进行询问，也可以对一方详细询问，对另一方当事人不问或很少询问。在辩论的过程中，审判员人员也可以根据需要决定是否允许一方当事人向对方当事人提问。审判人有权在庭审前调查取证、阅卷，因而可以随意接触当事人。从最高人民法院 1956 年《总结》规定的程序看，审判人员开庭审理案件，一般要提前阅卷，拟好讯问提纲，并进行调查等，都反映了职权干预。〔1〕

虽然当时并没有从理论上分析，甚至还没有认识到职权干预的必要性与合理性，当时除了借鉴国外的某些做法外，主要是考虑到当时审判人员的司法水平不高以及人民群众的具体需要的现实状况。而法院在诉讼中的职权干预，却恰恰是婚姻家事案件的内在要求。这一点对我国目前民事诉讼制度改革也有重要的启示意义。

婚姻家事案件的发生不仅仅意味着家庭成员间产生了误解或矛盾，因为婚姻是男女两性结合的社会形式，家庭是社会的基本细胞。从广义上和本质上说，婚姻家庭是一种社会行为，

---

〔1〕 参见“最高人民法院关于各级人民法院民事案件审判程序总结”（第 2 部分第 5 项），载中国社会科学院法学研究所民法研究室民诉组编：《民事诉讼法参考资料》（第 2 辑第 1 分册），法律出版社 1981 年版，第 212 页。

社会之所以要有婚姻，还要建立家庭并用法来保护它，用伦理和法律来规范它，是因为要用它来承担和完成一系列责任，发挥重要的功能，如生育和抚育功能等。因此，在婚姻家庭关系中包括了多方面的利益，个人利益、他人利益、社会利益交织在一起。家庭组织从来就是广阔的社会集团的简单缩影。所以家庭是国家和个人之间的媒介，国家和当事人双方都渴望在家庭中找到自身。这表明，婚姻家事纠纷关系到公共利益，国家不允许当事人随意处分，而由国家以照顾者、保护者的身份予以必要的干预。婚姻家事案件关乎整个社会的稳定，法官基于维护公益需要而发挥自由裁量权。

新中国初期的民事司法实践没有区分婚姻家庭纠纷与一般民事案件，即使在以后的很长时期内，在民事诉讼的立法中也没有“家事审判程序”的单独规定。司法实践中大量的婚姻家事案件是按照普通民事诉讼程序审理的。从客观原因来看，由于新中国刚刚成立，在当时的特定历史条件下，无论是从经济上，还是从文化知识上，广大老百姓还没有能力以自己为主来进行民事诉讼活动。这一特定的历史条件，决定了民事审判中的职权干预较多。从主观原因来看，法治意识淡薄、极左思想的影响、认识水平较低等因素存在，司法程序上完全按照行政模式建立和运作，在民事诉讼程序上实行国家干预原则。在司法实践中，法官包揽诉讼，通常诉讼和婚姻家事诉讼没有什么特殊区别，婚姻家事诉讼中充分体现了职权干预的特点，而这就是对事实认定上的职权探知方式。事实上这些特点成为我国职权主义审判方式的主要历史根源。职权干预在普通诉讼程序中一般是被否定的，然而又正是婚姻诉讼所需要的。在我国民事司法改革初期，因为理论上没有重视各种不同民事案件的特殊性，也没有针对不同种类案件程序价值的不同需求，如对程序正义、诉讼公正和效率等的不同要求，所以有人主张在民事案件审理中都推行当事人主义。即没有深入研究民事纠纷的类型，不具体区分财产关系纠纷和婚姻家庭纠纷的各自特点，统一适用整齐划一的普通诉讼程序进行审理，因而这些主张也具有片面性。婚姻家事审判程序在民事审判程序体系中应该是一种较为特殊的民事程序，具有丰富的理论和实践价值，其间蕴含着与普通民事诉讼程序有较大差异的理论基础和价值取向，例如，为维护家庭的和谐稳定而在程序的设计上追求客观真实，基于身份关系的特点，在程序中需要适用职权探知主义等。

目前在世界范围内，家庭仍被界定为社会秩序稳定的重要因素，因为不管社会如何复杂，不可否认的是，个人或家庭生活绝不可能与其他人或社会之间毫无牵连。在现代社会中，不论是无意愿还是无意识，都无法否认个人及家庭受到社会、国家以及经济等因素的直接或间接影响。同时，使社会中每个人的生活与社会秩序得以安定的力量也是家庭，作为社会的细胞，若发生大量的家庭纠纷，不仅直接影响家庭秩序，而且对整个社会的秩序都有重大影响。所以，社会秩序的稳定在一定程度上取决于家庭的和睦相处。对此，美国联邦最高法院一针见血地指出：婚姻关系一旦成立，法律就应该给予干预，法律为婚姻关系当事人规定各种各样的义务和责任，家庭作为社会稳定的重要制度，因为没有家庭，文明就不会产生，社会就不会进步。〔1〕基于婚姻家事案件关乎整个社会的秩序与稳定，纠纷当事人不能随意处分身份关系，故在程序的设置上应有别于普通民事诉讼程序，家事案件需要通过法官的自由裁量权和职权调

〔1〕 邓小荣："契约、身份与近现代民法的演变"，载梁慧星主编：《民商法论丛》（第15卷），法律出版社1999年版，第699页。

查干预。这是因为，婚姻家事纠纷是以婚姻关系为基础的纠纷，是涉及身份关系的案件。其广义上还包括与家庭有关的案件以及与身份能力有关的案件，如继承、遗嘱、禁治产等案件，以及其他因与婚姻、家庭有密切关联而发生的民事事件。这些婚姻家庭事件，既有私益性，又有公益性，即不仅涉及当事人自身和家庭其他成员利益，而且涉及整个家庭的维系和社会的稳定等公共利益，所以当事人的处分权就应当受到限制。法院在审理案件时也有必要进行职权干预，例如，法院可依职权主动调查收集证据，包括当事人未提出的事实资料，并依职权对事件进行处理。

因为在司法实践中大量的婚姻家庭事件是按照普通诉讼程序进行审理的，而建国初期解决纠纷程序中所体现的服务性与职权性相结合的特色，正好在客观上与解决婚姻家事纠纷的内在需要相吻合。这对我们在新时期完善民事诉讼制度，根据案件特点进行程序分类是有所启示的，这也决定了新中国初期的成功经验具有可供借鉴之处。

三、诉讼程序与非讼程序相结合的启示

新中国初期处理婚姻家庭纠纷时所采用的多种方式和程序，最有特色的包括专门机关与群众参与相结合、诉讼调解与诉讼外调解相结合、法院审判与有关单位配合与互动等。这在当时并没有进行诉讼法理方面的研究，也未发现其中有规律性的成分。通过回顾和梳理这一段历史，结合婚姻家事纠纷的特点进行理性分析，不难发现，不仅职权干预与婚姻家事纠纷处理的内在要求相吻合，而且当时实际上还无意间运用了诉讼法理与非讼法理交错适用理论，或者说，当时的诉讼实践体现了这种交错适用的理论。因为实践表明，新中国初期的诉讼机制与非

讼机制相结合的处理婚姻案件的方式，以及诉讼程序中对诉讼程序或非讼程序的灵活运用，与现代民事诉讼中程序法理交错适用理论有相当程度的契合性。

现代民事诉讼理论中存在着诉讼原理和非讼原理，诉讼程序和非讼程序形成了一系列相对立或相对应的原则、制度。这些原则和制度分别组合在一起，构成有机联系的整体，形成相对稳定的、各具机能的程序法理。一是诉讼程序原理，如处分权主义、辩论主义、公开主义、严格证明原则等；二是非讼程序原理，如限制处分权主义、职权探知主义、一般不公开主义、缓和的证明责任原则等，这就是传统理论上的“民事程序法理二元分离适用论”。基于这种理论，诉讼原理适用于法院依照普通的诉讼程序审理的诉讼事件，非讼原理适用于法院依照非讼程序原理审理的非讼事件。婚姻家庭事件也就被分为家事诉讼案件（如离婚之诉、婚姻无效之诉等），以及家事非讼事件（如监护人指定、宣告禁治产等案件）。传统观念和做法是诉讼案件和非讼案件分别适用诉讼法理和非讼法理。然而，由于民事案件的复杂性、多样性以及价值追求的多元化，二元分离、各不相干的状态已经不符合社会发展的需要，诉讼原理与非讼原理交错适用成为必然。即在依照诉讼程序适用诉讼原理审理诉讼事件的过程中有部分适用非讼原则的必要，在依照非讼程序适用非讼原理审理非讼事件的过程中有部分适用诉讼原理的必要。〔1〕

由于传统的“二元分离适用论”有明显的形式主义特征：“它把纷繁复杂的民事案件，依据单一的标准一分为二，非此即彼，未免失之简单，由此所设定的程序结构，必然导致司法中

〔1〕 江伟：《民事诉讼法专论》，中国人民大学出版社2005年版，第440页。

的机械主义，难以保证各个民事案件均能得到符合其本质之解决。”〔1〕为了克服上述缺陷，德、日等大陆法系国家兴起了“诉讼法理与非讼法理交错适用肯定论”的新观念，该理论以解决具体民事案件的实际需要为目的，打破传统的“诉讼程序”与“非讼程序”的“二分法”，充分发掘和重新配置两大类别程序结构的内在原理及其相互关系，使之产生适应于任何民事案件的尽可能多的新型审理方式。即在依诉讼程序解决民事案件的过程中，在一定的情形下，可以适用非讼程序的原理，或在以非讼程序解决民事案件的过程中，在一定情形下，可以适用诉讼程序的原理。正如邱联恭先生所指出的：“为因应多种多样的民事事件类型之特性需求，追求具体的妥当性。应该且可能在诉讼程序或非讼程序分别交错适用不同的程序法理（诉讼法理与非讼法理），组成多样类型的程序保障方式，而讲求具有弹性之审理方式。其中，在非讼化审理过程交错适用诉讼法理，践行同质于在诉讼程序所赋予之程序保障，对于充分运用非讼程序特别有利于达成简速裁判之优点，为必要而有益，并可促使非讼程序与诉讼程序相衔接，及时避免另开诉讼程序招致浪费。”〔2〕这样，才能发挥程序保障的衔接、统合程序之机能，借以调和发现真实与程序促进等程序法上的基本要求。然而，以往的民事程序法学理论并未认识到这一点，“无端分离诉讼法理与非讼法理的适用程序，动辄过分倚重形式的诉讼程序，并未充分认知程序保障之机能，以致始终难能机动提高运作民事程序制度之效率、扩大其解决纷争之功能，而无从满足社会对

〔1〕［日］中村英郎：《新民事诉讼讲义》，陈刚等译，法律出版社 2001 年版，第 10 页。

〔2〕邱联恭：“程序制度机能论”，载邱联恭：《民事程序法之理论与实务》（第 1 卷），三民书局 1996 年版，第 111 页。

司法救济程序迅速经济化之迫切需求”。[1]

诉讼法理与非讼法理交错适用理论拓展了民事诉讼法学的研究领域，标志着民事程序理论研究的深入和细化。婚姻家事诉讼程序正是该理论的产物，对于婚姻家庭事件的解决，不再将其一律区分为诉讼事件和非讼事件并分别适用诉讼程序和非讼程序，而是从本质上把握婚姻家庭事件具有的特性——如涉及公共利益、个人隐私及人格尊严等，不允许当事人随意处分，而由法官行使职权自由裁量——视事件讼争性的强弱而在程序的进行中决定适用诉讼程序法理或非讼法理。因此，婚姻家事诉讼程序是以尊重和维护家庭稳定为目的的，具体分析各个案件的特性及讼争性的强弱或有无争议，而有区别地交错适用诉讼法理和非讼法理的混合型审理方式。

法院在处理婚姻家庭事件时，首先考虑的是该事件区别于其他民事案件，如财产关系事件的特性，即财产关系事件解决的是过去的事实，而婚姻家庭事件处理解决的是包括现实的身份关系。同时，婚姻、亲子等身份关系是社会构成的基础，而且直接关系到公序良俗，涉及社会公益性，也涉及身份关系的确认等。因此，对于身份关系事件，不能适用以财产事件为对象的普通民事诉讼程序，而是要求法院基于维系家庭的考虑。法院依职权收集当事人未提出的事实资料，基于维护当事人的隐私和人格尊严，在程序的进行中采取职权探知原则、程序不公开原则等非讼法理。但这并不否定某些婚姻家庭事件具有激烈的讼争性，如离婚、扶养费请求、监护人指定等事件，对此则需要适用辩论原则、严格证明原则、直接审理原则等诉讼法

[1] 邱联恭：“程序制度机能论”，载邱联恭：《民事程序法之理论与实务》（第1卷），三民书局1996年版，第111页。

理来实现当事人所享有的身份法上所确定的权利。[1]例如，法院在审理请求抚养费事件时，首先遇到的便是案件中的讼争性事项，如是否存在抚养与被抚养的关系、是否给付了抚养费等，对于这些事项，法院应当适用诉讼法理加以解决。但是，当案件审理涉及非婚生子等个人隐私，就不能适用一般公开主义。再如，如果肯定了抚养请求权的存在，法院就可对抚养的程序和方法行使职权自由裁量，可以作出与原告的诉讼请求不一致的裁判，而不受原告诉讼请求的限制。由此可见，家事审判程序是以满足具体婚姻家庭案件对程序法的不同要求为目的的，在程序进行中交错适用诉讼法理和非讼法理，为各个具体的婚姻家庭事件的解决设立了特定的、富有弹性的混合型审理方式。

总之，婚姻家事纠纷案件本身兼具诉讼与非讼的特点，可能是利益冲突与非利益冲突的交错，又可能是公益和私益的重合。离婚案件又涉及夫妻财产分割或子女抚养即是如此，完全可以也有必要运用程序原理交错适用理论，针对婚姻家庭的个案特性和讼争性的强弱及其有无，具体而有区别地交错适用诉讼法理和非讼法理，以满足婚姻家庭事件对程序法理的基本需求，并保证诉讼的公正与效率。事实上，新中国初期的婚姻家事诉讼并没有区分诉讼与非讼事件，无意间把诉讼程序与非讼程序结合起来，形成了自身的一种特色，使之与诉讼原理交错适用具有契合性。

第三节　新中国初期婚姻诉讼的传承意义

中华人民共和国成立六十多年来，随着社会政治、经济的

---

〔1〕 汤维建："试论诉讼法理与非讼法理的交错适用"，载樊崇义主编：《诉讼法学新探》，中国法制出版社2000年版，第715页。

不断发展和相关制度的变化，婚姻诉讼制度也必然随之变化，其并不会一直停留在初期阶段。而新中国初期婚姻诉讼的司法便民理念和实践中积累的许多经验，如专门机关与群众参与相结合、诉讼与非讼机制互动、人民陪审、巡回审理，就地审判的经验等，在很长时期内仍被沿用。这足以说明其具有历史传承意义。在21世纪的今天仍有着重要的启示作用，并在一定条件下结合现实需求被传承下来。

一、陪审员参加审判的制度传承

陪审制度是指由法院以外的公民作为陪审员参加审判活动的制度。人民陪审员制度最早始于革命根据地时期，是人民司法制度的一项优良传统。新中国成立以后，民事诉讼、刑事诉讼都沿用陪审员制度。在民事诉讼中，这一制度传承至今。例如，我国现行《民事诉讼法》第39条就明确规定："人民法院审理第一审民事案件，由审判员、陪审员共同组成合议庭或者由审判员组成合议庭。""陪审员在执行陪审职务时，与审判员有同等的权利义务。"

（一）新中国初期的人民陪审制度

中华人民共和国成立后，一系列关于人民陪审的法律规定得以公布。1951年的《中华人民共和国人民法院暂行组织条例》第6条规定："为便于人民参与审判，人民法院应视案件性质，实行人民陪审制。陪审员对于陪审的案件，有协助调查、参与审理和提出意见之权利。"1954年的《中华人民共和国宪法》和1954年的《中华人民共和国人民法院组织法》对人民陪审员制度都作了明文规定。1954年的《人民法院组织法》第8条明确规定了适用人民陪审的案件范围，即"人民法院审判第一审案件，实行人民陪审员制度，但是简单的民事案件、轻微的刑事案件和法律另有规定的案件除外”。同时规定了人民陪审员的任职条件等。1956年司法部作了《关于人民陪审员的名额、任期和产生办法的指示》。其主要内容包括：其一，人民陪审员的名额，可由各级人民法院按照依法律规定需要陪审的案件数额、1名审判员配备2名陪审员的原则、1名陪审员1年参加10天陪审的原则等方面综合计算。其二，人民陪审员每年到法院执行职务的时间原则上不超过10天，但所参加的案件尚未审理完毕的可酌情延长。其三，人民陪审员的任期，经过选举的，一律暂定为2年。另外还规定了人民陪审员的选举程序及相关要求等。[1]可见，当时刑事和民事诉讼都沿用了人民陪审制，只是在适用方式上略有不同，婚姻诉讼采取的方式更灵活。

新中国初期婚姻诉讼实行的是群众广泛参与和人民陪审员制度相结合的方式。陈绍禹在第一届全国司法工作会议上的报告中将其总结为“人民陪审制和听众发言制”。他说，对每个案件都普遍地采取人民陪审制，现在条件当然还不成熟。但对某些案件的审判，由人民法院提请有关群众团体推派若干代表出席陪审，使陪审员对案件协助调查，参与审讯并发表意见是有好处的。[2]当时，群众参与处理婚姻纠纷，有时虽然没有直接以陪审员的名义，但实际上是人民陪审的特殊表现形式。例如，前几章所列举的群众参与审理或集体审判的案例就显示，有些案件各方面人员参加活动，并不一定明确人民陪审员的地位。不过，在一般情况下，各地基层法院审判案件时，大多是根据案件类型，邀请有关部门的人员参加陪审。审理婚姻家事案件

〔1〕吴军辉：《普通人的权力与正义——宪政视野下的陪审制研究》，广东人民出版社2010年版，第141页。

〔2〕中国社会科学法学研究所民法研究室民诉组编：《民事诉讼参考资料》（第2辑第1分册），法律出版社1981年版，第438页。

有妇联的人员陪审，有时也有民政部门人员陪审；审理违法案有组织部门、纪检部门的人员陪审；审理有关烈军属的案件则有民政部门的人员陪审；等等。比较而言，这种根据案件的不同性质、不同类型来确定陪审员人选的方法，对目前改革和完善婚姻诉讼程序和制度更有启示借鉴意义。因为不同的案件涉及不同的知识和不同的情况，婚姻案件由妇联人员陪审，有利于做调解工作，也有利于保护妇女、儿童和老人的合法权益。同时，除了妇联组织外，根据有些案件情况，还需要婚姻当事人的亲友参与陪审，更有利于化解纠纷，促使其和好。即使确实需要判决离婚，也可在一定程度上防止新的纠纷产生，有利于判决的执行。

（二）我国人民陪审员制度在改革中运行

作为社会主义司法制度的重要组成部分，人民陪审员制度是我国社会主义民主政治制度在司法领域的生动实践。在新中国成立后的历次政治运动中，人民陪审制度的建设有起有落。从1954年至1982年，《宪法》都对陪审员制度作了明文规定，1982年的《宪法》则取消了关于陪审制度的规定。1978年最高人民法院发布了《关于人民法院陪审的群众代表产生办法的通知》，再次规定人民陪审员的选举可以列为人大代表换届选举工作的一个组成部分，任期可与地方各级人民代表大会的代表任期同期，可连选连任。1983年修正的《中华人民共和国人民法院组织法》重申了过去《宪法》和法律关于人民陪审制度的有关规定。与此同时，《刑事诉讼法》《民事诉讼法》和《行政诉讼法》也都对人民陪审制度作了规定。另外，国务院、最高人民法院和司法部等有关部委以及一些地方人大，专门就贯彻实施人民陪审员制度制定出台了一系列的规范性文件和地方性法规。但是，在各种因素的影响下，人民陪审制在很长一段时间内并没有得以复兴。司法实践中，基层人民法院审理第一审案件（包括婚姻案件）虽然还是实行陪审，但陪审员产生方式有任意性，审理过程中并没有发挥人民陪审员的作用，陪审员的权利也未受到尊重，陪而不审现象普遍存在。为了完善人民陪审员制度，以保障公民依法参加审判活动，促进司法公正，最高人民法院1999年出台了《人民法院五年改革纲要》（简称《纲要》），《纲要》把完善人民陪审员制度作为审判方式改革的发展目标之一。并先后于2000年向第九届全国人大常委会、2004年2月向第十届全国人大常委会报送《关于完善人民陪审员制度的决定》，2004年8月第十届全国人大常委会第十一次会议终于通过了《关于完善人民陪审员制度的决定》，于2005年5月1日开始实施。该决定进一步规定了人民陪审员的选任、培训、考核、经费、权利、参审的案件范围等，人民陪审员制度得到进一步完善。但是，在实践中人民陪审员作用发挥得并不好，人民陪审员制度实施过程中出现了种种功能上的异化，特别是一些地方人民陪审员仅仅作为法院人力资源的补充，人民陪审员制度的独立价值没有得到彰显。

中国共产党第十八次全国代表大会指出，要保障人民知情权、参与权、表达权、监督权，让人民监督权力，让权力在阳光下运行。十八届三中全会决定提出，要广泛实行人民陪审员制度，拓宽人民群众有序参与司法渠道。十八届四中全会的《中共中央关于全面推进依法治国若干重大问题的决定》，进一步明确提出，要保障人民群众参与司法，完善人民陪审员制度，保障公民陪审权利，扩大参审范围，完善随机抽选方式，提高人民陪审制度公信度。逐步实行人民陪审员不再审理法律适用问题，只参与审理事实认定问题。这都为人民陪审员制度改革明确了方向和目标。2015年4月1日，中央全面深化改革领导小组第十一次会议审议通过了《人民陪审员制度改革试点方案》。随后，十二届全国人大常委会第十四次会议作了《关于授权在部分地区开展人民陪审员制度改革试点工作的决定》。这为下一步人民陪审员制度的改革进一步明确了具体方向、基本内容和法律依据。

（三）陪审制得以传承的根本原因

如果仅从处理婚姻家事纠纷便利出发，那么，新中国初期婚姻诉讼中的人民陪审制度具有经验借鉴意义。然而，人民陪审制度能得以传承，其根本原因还在于它是民主政治制度的一种体现。新中国初期婚姻诉讼制度始终坚持群众路线，实际上包含着司法的民主性。司法的民主性是指司法应充分体现人民的意志和利益，审判活动应体现民主性，并应受到人民的有效监督。无论是人民陪审员制度，还是公开审判、回避和辩护制度，都是以维护人民的权利和利益为出发点的，而其中人民陪审员制度突出地反映了这种民主性。陪审制是一种高度民主化的制度，它既体现了人民主权要求，又是一种重要的民主实践。〔1〕其一，陪审员的挑选过程比较民主，代表性较广泛；其二，陪审员在案件审理和评议过程中与法官有同等的权利。正如有学者所言：社会主义民主的首要含义在于人民群众参与国家管理，陪审制作为社会分享审判权力的基础手段，它“可以把人民本身，或至少把一部分公民提到法官的地位。这实质上就是陪审制把领导社会的权力置于人民或者一部分公民之手”。毫无疑问，人民陪审制体现了人民的这种“参与权”。〔2〕正因为如此，

---

〔1〕 吴军辉：《普通人的权力与正义——宪政视野下的陪审制研究》，广东人民出版社2010年版，第102页。

〔2〕 李步云、柳志伟：“司法独立的几个问题”，载《法学研究》2002年第3期。

基于司法民主性和公民参与权而确立和实行的人民陪审员制度，才是人民陪审制度得以生存和发展的根本原因。只有从这个角度看问题，才能正确认识人民陪审的地位和作用，也才能在人民陪审制度改革中不至于产生误解。例如，在当前陪审制度改革中，有些法院将人民陪审员制度当作司法人力资源的补充制度，或者把人民陪审员当作协助执行员等，[1]就是基于对人民陪审制度的不当认识的做法。这实际上降低了人民陪审制度的法律地位，也忽视了人民陪审制度的本质属性。因此，只有正确把握人民陪审员制度的目标定位和价值功能，才能明确人民陪审员制度得以传承的意义和原因，也才能真正从制度设计上完善人民陪审员制度。对此，需另行探讨，本书不赘述。

二、诉讼与诉讼外解决纠纷机制相结合的经验传承

在民事纠纷解决机制中包括诉讼机制和非诉讼机制。非诉讼纠纷解决机制，也被称为诉讼外纠纷解决机制，包括民间调解、人民调解、行政机关处理或调解、仲裁等等，如今也被称为替代性纠纷解决方式。

（一）新中国初期的诉讼外纠纷解决机制

新民主主义革命时期，解放区的司法活动积累了较丰富的经验，并孕育产生了行之有效的纠纷解决机制。新中国初期在废除“六法全书”和改造旧司法机关的同时，为及时、妥善地处理各种民事纠纷，以保证社会秩序的稳定，人民政府顺理成章地把这些经验和解决纠纷机制加以推广运用。[2]而诉讼外的

---

〔1〕 李宇松：“执行案件裁决过程引入陪审员机制”，载中国法院网：http://www.chinacourt.org/public/detail.php? id =209630，访问日期：2006 年 6 月 26 日。

〔2〕 范愉：《非诉讼纠纷解决机制研究》，中国人民大学出版社 2000 年版，第 457 页。

调解在当时的婚姻纠纷处理中运用最为广泛。人民调解是除诉讼程序外运用最广泛、最成功，并深受广大群众和基层社会欢迎的一种纠纷解决机制[1]。1950年，中央人民政府政务院在《关于加强人民司法工作的指示》中指出："人民司法工作必须处理民间纠纷，对这类民事案件亦须予以足够的重视，应尽量采取群众调解的办法以减少人民讼争。"1953年第二届全国司法会议决定在全国范围内有领导、有步骤地建立健全农村人民调解委员会。1954年，中央人民政府政务院颁布了《人民调解委员会组织通则》，正式以法律形式确立了人民调解委员会的性质、任务、组织、活动原则、工作方法和工作制度。同年12月，又公布了《城市居民委员会组织条例》，该条例规定在居民委员会中设立人民调解委员会。据不完全统计，截至1953年底，华东地区已有调解委员会约4.6万个，占全部乡数的80%；华北地区的山西和河北约有1/3至1/2的县都建立了区村调解委员会或联村调解站；而中南、西南的绝大部分地区则还处于大规模典型试验阶段。在司法系统内，解放区形成的"马锡五审判方式"也开始被引入民事诉讼制度，并逐渐形成了以法院调解的重要作用为特征的中国民事审判模式。这种诉讼制度与遍布城乡以及各个团体单位的人民调解一起，构成了现代中国纠纷解决的一种特有的多元化机制。即司法、行政和民间性几种基本体制并存、分工协作、相互补充的格局。[2]而从前几章分析我们可以看出，新中国初期婚姻诉讼实践，实际上可以说就是这种多元化纠纷解决方式的运用，也即诉讼与诉讼外程序紧

〔1〕廖永安：《民事诉讼理论探索与程序整合》，中国法制出版社2005年版，第384页。

〔2〕参见范愉：《非诉讼纠纷解决机制研究》，中国人民大学出版社2000年版，第458～459页。

密结合的纠纷解决方式。这种方式既是对解放区的司法经验和制度的沿用，其成功的经验又可能在当今社会兴起的替代性纠纷解决机制（ADR）中得以传承。

(二) 非诉讼程序与婚姻诉讼程序的联系

建国初期的诉讼外程序主要是调解程序，其中人民调解与行政调解与诉讼程序联系最为密切。其表现之一是程序没有严格区分。建国初期人民法院审理婚姻案件，大部分都与诉讼外的调解结合进行，这几乎是婚姻案件的基本处理方式。表现之二是调解在一定条件下向诉讼程序转换。根据1950年《婚姻法》第17条规定，男女一方坚决要求离婚的，得由区人民政府进行调解；如调解无效时，应即转报县或市人民法院处理。也就是说，离婚案件一般先要经过行政调解程序，调解不成，就转人民法院按诉讼程序处理，人民法院也要先进行调解。在一定意义上说，离婚及其与离婚相牵连的案件适用的是调解先行程序。此外，人民调解组织可以单独处理比较简单的婚姻家庭纠纷，也有涉及家庭小额财产分割的协议。人民调解组织具有扎根基层、贴近群众，因地制宜、因人制宜的特点，在调解具体婚姻家事纠纷的同时，有利于对当事人及相关群众进行思想引导，及时理顺情绪，化解婚姻家庭矛盾，协调婚姻关系。这些作用是判决所不能替代的。另外，其还有利于方便群众，降低成本，提高效率。人民调解大部分是规劝和好，达成谅解协议，通过人民调解帮助当事人协商解决婚姻纠纷，有利于打开当事人之间的“心结”，可以更好地维系家庭温情，更多地增强家庭宽容和家庭责任，从而达到当事人“共赢”的效果。如果调解不成，除了告知当事人可以向人民法院起诉或要求有关单位申请处理外，人民调解委员会不能做其他处理，而应由当事人自己选择。对于已经达成的人民调解协议，全靠当事人自动履行，当事人不履行的，人民调解委员会一般不能有所作为，因而直接影响人民调解的功能和效力，但这种状况已为法律所改变。2010年8月28日，第十一届全国人民代表大会常务委员会第十六次会议通过的《中华人民共和国人民调解法》已于2011年1月1日起施行。该法进一步完善了人民调解制度，规范了人民调解程序，也为运用人民调解处理简单的婚姻纠纷提供了法律依据。2012年新修订的《民事诉讼法》在第十五章“特别程序”中规定了“确认调解协议案件”的程序，使人民调解与民事诉讼程序相衔接，进一步密切了诉讼外调解与诉讼程序的联系。

如上所述，人民调解是诉讼外的非诉讼解决纠纷的常用方式之一，也可以说是非诉讼解决纠纷的方式在多元化纠纷解决机制中的一种传承。人民调解处理大量比较简单的婚姻纠纷案件可以节约司法资源，使人民法院能够集中精力办理大案要案。同时，人民调解员生活在基层，了解实际情况，有利于做当事人的思想工作。他们平民化的语言、细致的说教容易为当事人接受。婚姻纠纷涉及身份关系和感情因素，无论是用诉讼解决还是用非诉讼方式解决，人民调解委员会所适用的方法都是可以继续沿用的。婚姻纠纷仍可分别运用人民调解委员会调解、行政调解、基层组织、有关单位与人民法院相结合的调解方式。

三、婚姻诉讼调解制度之传承

所谓诉讼调解，是指在人民法院审判组织主持下，民事诉讼当事人自愿、平等协商，达成协议，经人民法院确认后，终结诉讼程序的活动。[1]习惯上，我们一般称之为法院调解。诉

〔1〕 齐树洁：《民事司法改革研究》，厦门大学出版社2000年版，第151页。

讼调解在我国民事诉讼实践和立法中都很受重视，特别是建国初期在婚姻诉讼中运用更为普遍。在新中国初期的特殊社会条件下，婚姻司法传承革命根据地的审判方式，长期坚持以调解的方式解决纠纷，并与人民调解相结合，积累了丰富的经验。

（一）诉讼调解的普遍适用

新中国初期，民事诉讼没有严格、规范的程序要求，审理方式比较灵活，诉讼程序往往与诉讼外非诉讼程序结合进行，但只要是在法院审判人员主持下的调解，都属于诉讼调解。因为诉讼调解可适用非讼化的程序，即以调解方式审结的案件无需繁琐的举证、质证和认证程序，不需要严格地划分权利和责任，也不需要机械地适用法律进行裁判，而且调解结案的民事调解书不用写裁决理由，当事人对生效调解书不能上诉，出现差错案的概率极低。这些都使调解对审判人员来说风险更小，所以法院审判人员更愿意运用调解方式解决纠纷。对当事人而言，基于婚姻纠纷本身的特点，也往往愿意接受法院调解。因为婚姻纠纷，特别是离婚案件原因复杂。在表面现象上，有时当事人是对立情绪激烈，但心理上并不是非离不可，只要进行认真细致的教育疏导，耐心做当事人的工作，使当事人互谅互让，增强团结，使“法”与“情”高度融合，就可能重归和好，达到诉讼的预期目的。如果硬性判决，则可能适得其反。

除婚姻案件外，法院调解也适合于处理其他民事案件。调解能确认并尊重当事人的意志自由，赋予当事人合意解决其纠纷的权利，能顺应市场经济发展的内在要求。更为重要的是，调解具有中华民族的心理基础。几千年来对儒家学说的尊崇以及专制社会中对法治漠视的心理积淀，造成了人们“厌讼”的心理，熟人之间，特别是亲属之间更不愿意“对簿公堂”。所以，在婚姻家事案件的民间纠纷处理中，当事人更愿意接受

“双赢”的调解结果。调解结案可以减轻双方当事人尤其是被告一方当事人的心理负担，促成当事人双方之间的和谐、团结，使当事人更容易达到服判息诉的心理平衡，从而收到良好的社会效果。

即使在现代，要实现诉讼的公正和效率，也离不开法院的调解。首先，如果仅从解决纠纷的速度来看，调解具有实现诉讼效率的价值。由于调解具有非程序化特点，方式上灵活多样，既省时省力，又能高效、简捷、快速地实现诉讼目的，所以，它有利于节约司法资源，提高诉讼效率，产生比较高的诉讼效益。其次，调解也有利于实现正义的目标。由于调解协议是在诉讼进行过程中，有一定的程序的保障，在双方当事人互相了解并在一定程度上预测到判决结果的基础上，参照法律规定达成的协议，一般情况下是比较接近公正的判决的。同样，司法成本耗费过大也不一定能实现正义，而通过诉讼调解能减少诉讼成本并能及时解决纠纷，可以等同于判决所实现的正义。

（二）诉讼调解几经变迁的启示

虽然诉讼调解是解决纠纷的重要方式之一，并且在建国初期的大背景下有其合理性，并取得了较好的社会效果，但其也存在一定的缺陷，并在长期实践中产生了一种偏爱倾向。过分偏重调解结案可能导致强制调解、诉讼迟延和程序淡化，不利于化解当事人的对立或不满情绪。同时，审判人员在调解中与当事人过于密切的交流和对话，也会受到人情关系的影响，还可能导致少数当事人滥用诉讼权利或无理缠讼，反而会影响诉讼的公正和效率。正因如此，在改革过程中，诉讼调解出现了“忽冷忽热”的现象。如前所述，1950 年的《中华人民共和国诉讼程序试行通则》专门规定了调解；1956 年《最高人民法院关于各级人民法院审判程序总结》进一步确立了自愿、合法、除婚姻案件外，调解不是必经程序等基本原则。此时的法院调解和判决，还只是并行的两种民事诉讼结案方式，至少在立法上法院调解并未处于优势地位。[1]而到了1963年，全国第一次民事审判工作会议确立了“调查研究、调解为主、就地解决”的十二字方针；1964年最高人民法院又在此基础上提出了“依靠群众、调查研究、就地解决、调解为主”的十六字方针。特别是1979年的《人民法院审判民事案件程序制度的规定（试行)》的规定：“处理民事案件应坚持调解为主。凡可以调解解决的，就不要用判决，需要判决的，一般也要经过调解。处理离婚案件，必须经过调解。”由于受这一指导思想的影响，片面追求调解率的现象开始出现。当时的诉讼调解结案率甚至高达80%。[2]至此，“调解为主”已经成了我国民事审判方式的个性化标志。1982年《民事诉讼法（试行)》改变了调解为主的民事审判方针，确立了“着重调解”的民事诉讼基本原则，立法的本意是为了避免因“调解为主”进而推及“审判为辅”，为了兼顾审判机关的性质，所以在基本原则中将“调解为主”修改为“着重调解”。但这种修改，并没有从根本上扭转民事诉讼过程的重调轻判、强制调解、违法调解等现象。因为，“着重调解”与“调解为主”虽然用语不同，但两者并无实质性差别，着重调解原则的基调仍然是调解主导和调解优先。[3]而且从用词上，“着重调解”也容易使人想当然地以为，要“着轻审判”。因而，法院调解在我国民事诉讼实践中始终处于“热度不

〔1〕 刘敏：《当代中国的民事司法改革》，中国法制出版社2001年版，第203页。

〔2〕 杨荣馨：《民事诉讼原理》，法律出版社2002年版，第502页。

〔3〕 江伟：《中国民事诉讼法专论》，中国政法大学出版社1998年版，第401页。

减”的状态。

1991 年修订的《民事诉讼法》将“着重调解”原则，改为“应当根据自愿和合法的原则进行调解”，并增加了法院调解的程序性规定。但是，就在 1991 年《民事诉讼法》颁行的第二年，我国确立了社会主义市场经济。期间，学者对我国审判方式改革研究的深入，也促使了人们对传统法院调解制度的深刻反思，甚至形成了一些“矫枉过正”的看法。学者们普遍认为，我国的强制调解和久调不决的现象由来已久。根源于传统的“调解型”审判模式。这种审判模式与“判决型”审判模式相对立，在计划经济时代和熟人社会具有生存的土壤，但市场经济的发展却在相当程度上改变了这种土壤。于是，作为“调解型”审判方式的表征——法院调解制度——首先遭到了学者的质疑，由一部分学者提出的取消法院调解的主张甚至还曾一度成为颇具影响力的主流意见。这使得我国的法院调解在 20 世纪 90 年代“持续遇冷”。《中国法律年鉴》的统计数据表明：全国各级法院调解结案率从 20 世纪 80 年代末以来呈持续下滑的趋势：1989 年为 73%，1993 年下降为 59.8%，1996 年下降为 53.9%，1999 年下降为 42.1%，2002 年下降为 33.4%。当然，调解结案率只是反映我国法院调解状况的量化指标之一。20 世纪 90 年代我国法院调解的“遇冷”，不仅表现在这种数据的对比上，也体现在人们的观念和司法政策的导向上：首先，在司法解释上出现了明显的“弱化”调解的倾向。1993 年最高人民法院出台的《第一审经济纠纷案件适用普通程序开庭审理的若干规定》和《第一审经济纠纷案件适用简易程序开庭审理的若干规定》对法院调解不惜浓墨，不仅在普通程序“开庭前的工作”和“法庭辩论后的调解”部分规定了较为详尽的调解程序，而且在关于简易程序的 25 个条文中，就有 7 个条文涉及调解，充分体现了“即审、即调、即判”的特点。而在1998年《最高人民法院关于民事经济审判方式改革问题的若干规定》中，仅在第20条对简易程序中的调解进行了规定；1999年最高人民法院制定的《人民法院五年改革纲要》则未将调解制度纳入改革范围。其次，许多法院改变了以往把调解结案率作为业绩考核和奖惩指标的做法。这种改变显然对消除强制调解带来了有利的审判环境，但同时又使得法院调解处于“可有可无”的尴尬。再次，人们对法官的评价也被“西化”，认为“判决型”审判模式必然优越于“调解型”审判模式，认为热心调解的法官是缺少法律知识和程序理念的“和事佬”，甚至对“调解型法官”表示出明显的不屑。最后，当事人和律师也对法院调解表现消极。因为调解结案与判决结案不仅在法院诉讼收费上和律师收费上没有任何区别，而且调解结案还意味着放弃上诉的机会。所以，不仅当事人担心主动让步而使自己处于不利的地位，律师也缺少支持法院调解的心理动力。[1]

2003年7月，《最高人民法院关于适用简易程序审理民事案件的若干规定》列举了一些必须进行审前调解的案件类型，包括婚姻家庭纠纷和继承纠纷、劳务合同纠纷、交通事故和工伤事故引起的权利义务关系较为明确的损害赔偿纠纷、宅基地和相邻关系纠纷、合伙协议纠纷、诉讼标的额较小的纠纷等等。但是根据案件的性质和当事人的实际情况，规定不能调解或者明显没有调解必要的除外。2004年8月，《最高人民法院关于人民法院民事调解工作若干问题的规定》进一步明确了调解是民事诉讼的一项原则，并且设立了答辩期满前进行调解的程序规则，规定了调解组织的适度社会化、调解协议内容的开放性、

〔1〕 参见何文燕等：《民事诉讼理念变革与制度创新》，中国法制出版社2007年版，第294页。

调解的激励机制以及当事人对调解协议生效方式的合意选择权等等。这些司法解释，一方面完善了法院调解的程序规范，另一方面也在昭示着法院调解在法律规范层面上新一轮的复苏和“趋热”。[1]在我国的立法和司法实践中，诉讼调解制度经历了“冷”“热”过程后，仍然被坚持实行。人们并非没有意识到调解这一纠纷解决方式存在缺陷，但却默认了这种缺陷的存在，因为毕竟“完美只存在于天堂，而我们却仍要生活在地上”，而且调解的确有传承价值。问题在于，我们应从调解制度的经验和教训中得到启示，改革与完善现行的诉讼调解制度。2012 年修订的《民事诉讼法》第 9 条仍然规定了法院调解原则：“人民法院审理民事案件，应当根据自愿和合法的原则进行调解；调解不成的，应当及时判决。”这里没有再强调“着重调解”，使该原则进得以一步科学化。而在我国的《婚姻法》中，调解更是作为一项必经程序从建国初期被一直沿用至今。

（三）离婚案件实行诉讼调解的优势

新中国初期离婚诉讼之所以实行调解制度，是因为调解对于解决婚姻家事案件有一定的优势。

第一，调解有利于消除夫妻感情上的对立情绪。离婚审判是指以审理实际的情况为根据，以实体法的原则和规则为准绳，由法院对当事人间的离婚纠纷以判决的方式予以解决。调解具有温和性，调解过程中虽然有第三方参加，但第三方并没有作出判决，而是如同谈判一样，由当事人达成和解。[2]如果离婚纠纷不经调解就进行判决，不仅会增加夫妻间的对立情绪，使

---

〔1〕何文燕等：《民事诉讼理念变革与制度创新》，中国法制出版社 2007 年版，第 292 页。

〔2〕［美］迈克尔·D. 贝勒斯：《法律原则——一个规范的分析》（中文版），张文显等译，中国大百科出版社 1996 年版，第 18 页。

关系更加紧张，而且极可能导致双方当事人在离婚后以仇人相视，互相憎恶终生。这里还涉及判决离婚的标准问题，依过错原则，无过错方受到奖励而与过错方受到惩罚必然增进指责。依破裂原则离婚，则婚姻确已破裂的证明责任，往往牵涉到过错或性格、情趣、爱好、道德品质方面的弱点。〔1〕调解则有利于消除双方感情上的对立，这是由调解的本质特征决定的。调解的本质特征是始终尊重当事人意志，使当事人在自愿的前提下参加调解过程，在互相理解的基础上达成共识而使纠纷得到解决。

第二，离婚调解有利于实现实质性的正义。离婚诉讼中的判决是将普遍已存在的实体法规范演绎于具体的事实而解决纠纷，但其往往不能实现实质性正义。这是因为，普遍存在的法律规范不一定切合具体的实际情况，法律游离于现实，现实远比法律丰富。正常运行着的社会关系是任何普遍的规范都不能完全包括的过程，其中无处没有通过参与者之间个别的了解而形成的个别规范。〔2〕调解之所以有利于实现实质性正义，是由于调解可以被理解为是一种利益的自我调整过程，能反映当事人在诉讼过程中所援引的，包括法律规范在内的多种多样的社会规范的本质决定的。当事人为了使自己的主张得到正当化，总会引用各种各样的规范，而且说明的主要部分往往是关于这些规范是否适合于双方正在争执的问题，或者这些规范本身是否妥当的论证。当事人援引的这一类规范一般是成文法律以外的常识或共同生活的准则，这些规范未必构成完整的体系并进

---

〔1〕 张学军："离婚诉讼中的调解研究"，载梁慧星主编：《民商法论丛》（第7卷），法律出版社1997年版，第148页。

〔2〕［日］棚濑孝雄：《纠纷解决与审判制度》，王亚新译，中国政法大学出版社1994年版，第126页。

行严密的演绎推论，但却也不是随心所欲地勉强拼凑在一起的命题。只要对方反对自己的主张，怀疑其妥当性，当事人就有必要诚实地向他说明自己的根据。因此当事人就会认真考虑自己的主张和根据，并进一步寻找对双方来说都有说服力的解决方式，从而在这个意义上实现实质性的正义。〔1〕

第三，有利于保护子女的利益。实践证明，父母就离婚后子女抚养权所做的激烈争论必定会对儿童产生重大影响。其不仅会阻碍儿童心理发展，而且会损害儿童心理发展。以判决方式解决离婚问题实际上是在加剧父母间的争论，因为按过错离婚原则，对子女的监护权判归无过错方，而按破裂离婚原则，监护权则判归最有利于子女利益方。而“利益”的标准是抽象、模糊的，以致双方都会认为自己是最有利于子女利益的一方，即使不是真正的意愿，但为增加谈判砝码也会假装作出请求，〔2〕从而必然产生激烈的争论。而离婚调解则有利于平息这种争论，因为它反映了当事人自己的选择，满足了自己和子女的实际需要，从而减少了愤怒和敌意。

纵观我国现时国情，大部分人口都在农村。农民这一人数最多的特殊群体的方方面面都值得关注。就司法而言，农民群众的诉讼能力普遍较低，请律师进行诉讼的条件和机会也有限，这对诉讼方式必然会产生较大的影响。因而新中国初期所强调的“调解”和“便利人民诉讼”的司法理念在现时社会中依然是有价值的。“马锡五审判方式”虽然在一定程度上已经被淡化，而“调解”却在民事诉讼中一直被保留下来，这也是其中

---

〔1〕［日］棚濑孝雄：《纠纷解决与审判制度》，王亚新译，中国政法大学出版社1994年版，第48页。

〔2〕张学军：“离婚诉讼中的调解研究”，载梁慧星主编：《民商法论丛》（第7卷），法律出版社1997年版，第150页。

的原因之一。在以往的民事诉讼中，“之所以规定在诉讼的各阶段都可以进行调解，其立法目的是将调解工作与审判工作相结合，寓调解于审判之中，使得案件虽不能最终和解结案，也能通过充分说明教育，使得判决更具有可接受性和执行性”。[1]而且将调解寓于审判之中，不单是把调解作为审判的辅助手段，而是通过调解，既彻底地解决当事人之间的纠纷，又促进人民法院提高办案效率，节省人力、物力和时间。同时，其也有利于当事人之间的团结和社会关系的和谐和稳定。尤其是对非诉案件及替代性纠纷解决方式而言，调解的合理性是不言而喻的。近年来，在我国审判方式改革中，特别是在对简易程序的改革中，提倡“司法为民、便民、利民”，以及对“巡回立案、办案”的规定、对确有理由但生活困难交不起诉讼费用的当事人进行减免等诉讼的保障机制，都与新中国初期的司法便民理念具有一致性，充分彰显了当前司法工作程序正义和司法便民并重的特点。

总之，时代虽然已经发生了变迁，但同为社会转型期，所面临的社会问题也存在共性，且诉讼调解的优势依然存在，其非对抗性和温和性对婚姻家事纠纷的处理仍然有较好的效果，而服务性与职权性相结合的互动机制又是婚姻家事纠纷的内在规律所要求的，这就决定了建国初期的成功经验对现今确有可供借鉴之处。

本章小结

新中国初期婚姻诉讼实践对我国新婚姻家庭制度的确立和

〔1〕 陈杭平：“反思民事诉讼模式改革——从司法的纠纷解决力入手”，载《法制与社会发展》2008 年第 4 期。

发展，以及对民事诉讼程序制度的建设和发展都起到了举足轻重的作用。总体上说，建国初期诉讼的理念、模式、制度及其运行是基本合理的和科学的。从历史的眼光看，新中国初期婚姻家事诉讼制度的运行方式、诉讼结构和实践经验无不显现出其独特性，及其与现代民事诉讼共通的规律性。不可否认，从实际出发、实事求是的原则要求，蕴含着的依靠人民、便利人民和为人民服务的思想，在当代仍然有着指导意义。虽然从现代意义上说，新中国初期的婚姻诉讼实践存在着某些不足，但在当时的历史时空之中，其不失为是一种基本成功的司法实践。笔者认为，其优势和特色是主要的。因为它不仅适应了建国初期的形势需要，而且对当代婚姻诉讼制度的建设和改革也有着重要的启示和借鉴作用。婚姻诉讼实践中反映出的处理婚姻家事纠纷的一些内在规律性因素，对当代民事诉讼程序制度改革也有一定的启示作用。而作为历史的一个组成部分，建国初期的司法实践可以说已成为历史传统。传统不是一朝一夕形成的，也无法毁之于顷刻。正如张晋藩教授所指出的："传统绝不意味着腐朽、保守；民族性也绝不是劣根性。传统是历史和文化的积淀，只能更新，不能铲除，失去传统就丧失了民族文化的特点，就失去了前进的历史与文化的基础。"〔1〕传统内部有其合理的成分，并有继续吸收的可能性，因而可以与现代化接轨。作为历史的连续过程，新中国初期婚姻诉讼传统不应因其是历史的东西而与现代发生断裂，它在或大或小的程度上以某种新的形式得以延续，进而在一个新的法律系统中发挥新的作用。

---

〔1〕张晋藩：《中国法律的传统与近代转型》，法律出版社 1997 年版，第 2 页。

第六章

新中国初期婚姻诉讼的局限性及走向

1956年底，新中国的绝大多数地区都基本完成了生产资料所有制的社会主义改造，中国开始进入全面进行社会主义建设阶段。此后，由于各种主客观原因，我国的社会主义革命和建设事业经历了一些挫折，社会主义法制建设进展缓慢，民事审判工作的发展也因此受到了影响，立法工作曾一度停滞，因而婚姻诉讼程序制度并没有新的变化。1978年党的十一届三中全会后，工作的重点转移到社会主义现代化建设上来，确立了改革开放的战略决策。同时，我国的民主与法制建设也进入了一个新的发展时期，立法工作和司法工作都得到了加强。在民事诉讼领域，1982年，国家颁布了《中华人民共和国民事诉讼法（试行）》（简称《试行民诉法》），我国的民事审判工作从此进入了依照法定程序办案的新阶段。1991年4月9日，第七届全国人民代表大会第四次会议审议通过了《中华人民共和国民事诉讼法》（简称《民事诉讼法》）。2007年又作了部分修改。2012年8月31日，第十一届全国人大常务委员会第十八次会议通过了关于修改《民事诉讼法》的决定，新修改的《民事诉讼法》必然对婚姻诉讼程序产生影响。随着我国民主与法制建设的发展，民事方面的立法工作也得到了很大发展。我国相继颁布了《继承法》《民法通则》《著作权法》《收养法》等一系列法律。其间，1980年颁布实施了新《婚姻法》，2001年又颁布了《婚姻法（修正案）》。最高人民法院从2001年至2011年，先后发布了三次适用婚姻法的解释以指导实践。与此同时，随着社会主义建设的发展，婚姻家庭领域发生了巨大变革的社会现实，对婚姻诉讼程序制度提出了新的要求，新中国初期形成的婚姻诉讼制度已不能完全适应新形势发展的要求，初期的婚姻纠纷解决方式的局限性已经显现出来。因而，在经验和制度传承的基础上，改革与完善我国婚姻诉讼程序势在必行。

第一节　新中国初期婚姻诉讼的历史局限性

严格地说，我国至今还没有形成完整的婚姻诉讼制度。不过，从总体上看，新中国初期婚姻司法实践形成了婚姻诉讼制度的雏形，发挥了婚姻诉讼制度的作用。婚姻司法活动基本符合当时的社会形势的需要，并初步取得了成功经验，有些经验在今天仍有借鉴价值。但新中国初期婚姻纠纷的处理方式和诉讼机制明显带有特定时代的烙印，确实存在着一些不科学或非理性的因素。如果以现代民事诉讼原则衡量或用现代理念审视，其历史局限性和制度的不足也是比较明显的。特别是在当今市场经济确立的新的形势下，婚姻家庭观念变化致使婚姻家事纠纷案件出现了新的特点，其本身更需要充分的程序控制与保障。加之，婚姻纠纷是关于人的身份权利义务关系的诉讼，而身份关系又是社会关系的基础，这与一般财产法上的法律关系是不同的。婚姻家事纠纷关系到社会安定和公序良俗，因而不能完全由当事人自由处分。同时，因身份关系更多地涉及感情、亲情、伦理道德和隐私问题，解决这类纠纷，不能采用与解决财产类纠纷完全一样的程序。而由于新中国的婚姻家庭制度先于民事诉讼制度建立，使得婚姻案件的审理程序代表和影响了整个民事诉讼程序，也就没有必要再单独设立家事审判程序了。〔1〕在建国后相当长的一段时间里，我国民事法律制度一直没有得到建立和健全，而作为实体法的婚姻家庭制度却相对健全一些，由此决定了民事诉讼领域以婚姻家庭方面的诉讼案件为主的局面，同时婚姻家庭案件的诉讼程序也直接影响着其他民事案件的诉讼程序。在整个民事诉讼领域中，婚姻案件的审理程序也就是其他民事案件的审理程序，反而将经济案件视为“特殊案件”，甚至曾经单设经济庭进行特殊审理。〔2〕而且在人们的观念中，离婚、收养等家事审判程序就是通常诉讼而不是特别诉讼，因此，也就不可能再设立专门的婚姻纠纷解决机制了。这在建国初期还能适用，因为原有的经济制度和社会结构使我国社会的婚姻、家庭等身份关系较为稳定和简单，所以当时婚姻案件和其他民事案件的案情相对来说要简单一些。而现今的家庭观念、权利意识、纠纷的类型和复杂性早已今非昔比，原来的方式和程序已远远不能适应新形势的需要。

一、程序立法滞后，程序意识薄弱

（一）程序立法滞后

在新中国成立后的相当长的一段时间内，人民法院一直依据1950年《婚姻法》中的实体法律规范来处理婚姻家事诉讼案件，在程序上则具有一定的随意性。其虽然符合当时的社会状况，但相关程序法的发展滞后以及程序意识薄弱则是不争的事

〔1〕 王强义：《民事诉讼特别程序研究》，中国政法大学出版社1993年版，第298页。

〔2〕 陈爱武：《人事诉讼程序研究》，法律出版社2008年版，第117页。

实。一方面，基于当时的条件，新中国还来不及制定民事诉讼法；另一方面，立法政策缺乏程序意识，存在着“重实体、轻程序”的倾向，直到20世纪80年代初我国才有了试行的《民事诉讼法》。虽然1954年《宪法》明确规定，人民法院办理案件时只服从法律。但是由于当时程序性的法律供应不足，一些分散性的程序规则大多存在于工作报告或总结性的文件之中，且有空洞、简略之嫌。因此，在司法实务中，政策成了办案的主要依据。这在许多情况下反映出了政策优于法律的思想，法律的适用无形之中受到了影响。同时，只强调办案人员的政治素质，对其法律素质要求不高，其结果也必然导致程序法律意识薄弱，权利保障淡化。

实体法的有效实施必须有健全的法律程序保障，但1950年《婚姻法》本身的程序条款，除了结婚、离婚两个环节的登记或管理之外，并没有专门负责婚姻家庭问题的管理、监督、执行机构，因而并不足以满足解决婚姻纠纷的需求。缺乏统一的从上到下有效的社会控管力量，使社会上许多婚姻家庭问题无人问津。这必然会严重危害人民群众利益，影响《婚姻法》的社会环境和法制秩序。例如，某县有一对青年夫妇，男系中学毕业，女是火柴工厂模范工人。男方不肯外出劳动，在家虚度岁月。女方多次托人给男方介绍工作，但均被中途辞退归家，女方因此不满。女方再次托人给男方找了一份森林采伐工作，但男方拒绝就业，双方因此而争吵，女方气愤之极起诉离婚。女方请求离婚的目的是希望通过法院教育男方纠正他的好逸恶劳观点。经法院教育之后，男方愿赴林区就业，因而矛盾解除，纠纷平息。但法院凭主观感觉认为，女方是工人劳动模范，男方是好逸恶劳的懒汉，估计夫妻关系终无前途，与其事后再离，不如马上就离，当即下离婚判决，并委托女方代送达判决书。

女方本意不打算离婚，因此未交给男方。不久男方从林区逃回家，借口思念女方而请假回家探望，夫妻和好如初。次日男方吐露实情，激起女方愤怒，遂拿出判决书，示意坚决离婚。男方感觉失望，遂起杀人动机，于女方入睡之际，男方用斧头将女方击毙。〔1〕该案既有办案人员主观认识的问题，也有程序不完备的问题。如果法院办案人员认真查明当事人的真实要求，把主要力量放在说服动员男方劳动就业上，不主观地判决离婚，没有离婚判决的刺激，男方就不至于因绝望而使矛盾激化，也不至于发展到杀人的地步。法院办案人员犯了主观主义错误，以想象来代替客观的要求，没有解决女方真正要求解决的问题，在双方情绪缓和后违背程序要求，轻易判决离婚，以致造成严重后果。如果有较完善的程序法，并严格依程序办案，这一事件是完全可以避免的。

新中国初期的司法工作，虽然处理了大量的民事案件，对当事人和群众也起到了一定的教育作用，但基于历史条件，这种解决纠纷模式带有粗放性、简易性、规范性较低的特点。其中的“司法功能被淹没在非正式的和行政性的纠纷解决机制中，各种解纷机制之间，特别是与司法程序之间的衔接，从未得到很好的解决”。〔2〕当时，解决纠纷更多的是依靠的政策号召和群众的政治觉悟以及政治积极性。之所以如此，除了程序立法不足外，还存在着其他因素：一方面是由于当时司法工作人员和民众的认识有限，也缺乏实践经验，还谈不上程序观念；另一方面则是受“人治”思想观念影响，表现为在对法官个人素质条件的高度依赖。而对法官个人作用的依赖很有可能因为经

〔1〕 马起：《谈离婚的政策界限》，辽宁人民出版社1957年版，第20页。

〔2〕 范愉：《非诉讼纠纷解决机制研究》，中国人民大学出版社2000年版，第460页。

验主义而造成处理不公。因为从哲学和社会学的意义上看，法官一方面作为社会统治秩序的特定维护者，另一方面也是社会生活中的自然人。法官的社会组织本质与个性本质共同构成了法官这一特定的社会角色。[1]法官的个性本质决定于两个方面的因素；一是法官个人的利益要求、主观偏好和其他情感禀性倾向。二是法官的行为能力。[2]过分依赖法官素质，往往会忽视法官的社会本质，在没有程序严格规范的情况下，法官有可能先入为主，造成审判行为不当和裁判结果的偏差。婚姻法的适用可能在一定程度上要依靠法官的经验判断，如果法官自己也是婚姻家庭关系的主体，则有可能用自己的在家庭关系中的感受去判断案情。如果法官仅以这种层次的经验去裁判手中的案件，便会存在主观判断的危险，因为这里面有太多的个人情感和价值取舍。例如，一位因对方不忠实而离过婚的法官，很可能对自己所办同类型案件中与己境况相似一方抱以同情，也可能由于对不忠实的经验性反感过于强烈，而对这样的抗辩理由不进行客观分析，把自己的情感宣泄在审判行为中，或以主观认识代替客观要求因而作出错误判决。由此可见，对法官的审判行为除了职业道德约束外，还必须依照严格的程序规范加以控制。

（二）婚姻诉讼程序与一般民事诉讼程序混同

我国民事诉讼制度在西周时期就已经和刑事诉讼有了大致的区分。在当时，民事案件的审理甚至已经发展到了根据案件的诉讼标的大小和性质不同而由不同的机构审理，例如，婚姻案件由“地官”审理。但是此后，根据案件性质不同而由不同

---

〔1〕 柴发邦：《体制改革与完善诉讼制度》，中国人民公安大学出版社 1991 年版，第 108 页。

〔2〕 柴发邦：《体制改革与完善诉讼制度》，中国人民公安大学出版社 1991 年版，第 109 页。

机构审理的民事诉讼并没有得到发展，而是随着“民刑合一”的构建而消失。〔1〕到了清朝末年，我国开始引进西方先进的法律制度，在民事诉讼领域中起草了《民事诉讼律（草案）》，在该法典中将婚姻家庭事件作为特殊事件对待，适用特殊程序进行审理。但这部草案还未来得及颁布即因清政府的灭亡而“胎死腹中”。〔2〕中华民国政府于1933年制定并实施的《中华民国民事诉讼法》在《民事诉讼律（草案）》的基础上，进一步规范和完善了家事事件的处理程序，单设第九编“人事诉讼程序”，并分婚姻事件程序、亲子关系事件程序、禁治产等事件程序、宣告死亡事件程序等章节。但该法在当时的实践中也没有真正得到贯彻落实。

自新中国成立后到现在，我国婚姻家庭方面的实体法已基本趋向完备，例如，婚姻法、继承法、收养法以及保护妇女、儿童、老年人权益等法律都先后颁布，但相应的程序法还不够完备。在相当长的一段时间内，法院是依据《婚姻法》中的实体法律规范和相关政策处理婚姻家事诉讼案件的，虽然迎合了当时的社会状况，但却制约了相关程序法的发展。婚姻家庭问题没有统一的程序法可供遵循，而且对于哪些案件应归入婚姻案件的范畴并适用婚姻诉讼程序也无法可依。我国《试行民事诉讼法》和新修改的《民事诉讼法》都未就婚姻纠纷专门设立特别审判程序。有关涉及婚姻纠纷的审判程序主要体现于《民事诉讼法》和相应司法解释的零散条文中。例如，《民事诉讼法》第62条对离婚诉讼当事人出庭问题作了规定；第134条对

〔1〕 常怡：《民事诉讼法学》（修订版），中国政法大学出版社1999年版，第1页。

〔2〕 何文燕等：《民事诉讼理念变革与制度创新》，中国法制出版社2007年版，第15页。

离婚案件当事人可申请不公开审理作了规定；第 124 条规定判决不准离婚和调解和好的离婚案件，没有新情况、新理由，在 6 个月内又起诉的，不予受理等。可见，我国现行家事审判程序在立法上更多限于离婚诉讼，况且这些规定还不成体系。更为关键的是，对离婚诉讼的特殊规定并没有体现出婚姻案件的特殊性，而是采用与审理普通民事案件相同的诉讼法理进行审理。

现今，家庭观念、权利意识、纠纷的类型和复杂性都已今非昔比，原来的方式和程序已远远不能适应新形势的需要，因此，解决新的婚姻家事纠纷陷入了程序的困境。2012 年修订的《民事诉讼法》和 2014 年《最高人民法院关于适用中华人民共和国民事诉讼法的解释》虽然为婚姻家事案件带来了一定的变化和影响，但因没有规定婚姻案件适用的特别程序，司法实践中处理婚姻家事案件仍然存在程序不足问题。

（三）诉讼模式的局限性

婚姻家庭纠纷是基于身份关系而发生的纠纷，具有发生率高、涉及面广、反复性强、连带问题多、矛盾容易激化等特点。因身份关系发生的纠纷在主体和内容上都有特定性和专属性，需要有独立、系统的诉讼程序和专门的审判组织。因而婚姻家事审判程序在民事审判程序体系中应该是一种较为特殊的程序，与民事诉讼程序存在着较大差异的理论基础和价值取向。例如，为维护家庭的和谐稳定而在程序的设计上追求客观真实，在程序中则采职权探知主义；为及时解决纠纷并能顺利执行而追求调解结果所显示的效率价值等。新中国初期，国家来不及制定民事诉讼法，司法实践中无论是婚姻家事案件还是其他民事案件，都采用相同的方式处理。甚至直到目前，在我国民事诉讼的立法中仍没有“家事审判程序”的单独规定，在司法实践中大量的婚姻家庭事件仍是按照普通诉讼程序进行审理的。而且，还有一种局限是，在当时的司法内容上，主要调整婚姻关系，较少涉及家庭关系和其他近亲属关系。用同一模式、方式去解决不同性质和特点的案件，不能充分体现婚姻家庭问题的内在规律和要求，难以实现彻底处理纠纷、解决矛盾的诉讼功能和程序公正的社会效果、法律效果及道德效果，也容易助长非法解决的现象发生。不同的案件用同一种审判程序，必然导致诉讼模式单一，不可能适应现实需要。这些现象的形成有各方面的原因，其中一个重要原因在于建国之初的特殊历史背景和社会环境的局限。因为，在新中国成立之后的很长一段时间内，我国司法程序实际上按照行政模式建立和运作，在民事诉讼领域法官的职权极大，法官居于诉讼的主导地位，当事人的诉讼权利的行使受到较大限制，普通诉讼程序和家事审判程序也就没有什么特殊区别了。〔1〕在这种情形下，普通程序中的职权主义特点已经得到了充分体现，所以也就没有必要单独制定一套体现法官依职权干预婚姻家庭生活的特别审判程序了。

民事审判方式改革过程中，诉讼法学者对“超职权主义”诉讼模式进行了猛烈的批判，审判方式也由职权主义向当事人主义转变，以辩论主义指导诉讼的运行，以举证责任的落实为突破口，使法官从繁忙的调查取证中解放出来。当事人主义的引入对民事诉讼无疑具有积极意义，但却存在一个误区，即在引入当事人主义时没有对民事案件的性质和类型进行区分，将当事人主义适用于所有的民事案件中，也将当事人主义的诉讼原理完全运用到婚姻家事纠纷中。〔2〕依照目前的诉讼模式进行诉讼，对于婚姻诉讼的当事人而言，最突出的问题是举证艰难。自 2002 年 4 月 1 日起实施的《最高人民法院关于民事诉讼证据

〔1〕 王礼仁：“设立人事诉讼制度之我见”，载《法律适用》2002 年第 10 期。

〔2〕 陈爱武：《人事诉讼程序研究》，法律出版社 2008 年版，第 4 页。

的若干规定》第8条和其他有关条文中规定了通常诉讼中的自认等诉讼规则不适用于身份关系诉讼案件。仅仅通过司法解释来规范家事审判程序是远远不够的，而且该解释只是初步认识到了婚姻诉讼程序与普通程序有所不同，而并未充分认识到婚姻诉讼程序的本质及婚姻纠纷的特点。新修订的《民事诉讼法》和司法解释虽然有证据方面的相关规定，但基于目前的审判方式，婚姻案件当事人的举证困难重重。在目前的司法实践中，涉及家庭暴力、夫妻债务、彩礼返还等案件的举证责任分配存在问题，举证也困难重重。其实，当事人主义只适合于市场经济条件下的普通财产关系案件，并不适合于体现社会秩序、伦理道德等既有私人利益又有公共利益的婚姻事件。在婚姻家事审判程序中适用当事人主义：一方面，对当事人来说，其将本应由国家指导干预的家庭纠纷任由当事人自由处分，不利保护当事人利益，也会影响国家、社会的公共秩序与公序良俗；另一方面，对于法官来说，采取普通民事案件的审理方式审理婚姻家事案件，放弃调查取证的职权，也难以保证判决的客观妥当性，其结果仍然不能达到恢复家庭成员的和睦相处关系，维护正常的婚姻家庭秩序的目的。

总之，单一的诉讼模式或程序设置不利于解决社会复杂矛盾和不同类型民事纠纷。就现行的民事诉讼法来看，虽然民事诉讼程序包括第一审普通程序、简易程序、第二审程序、特别程序、审判监督程序、督促程序、公示催告程序和涉外民事诉讼程序的特别规定等，但在这些程序中，仅有诉讼程序与非讼程序之分，除了解决非讼案件的非讼程序外，其他民事纠纷，不分类型或性质，一律都只能适用通常程序或简易程序的规则和制度，而没有其他特殊的诉讼程序可供适用。因此，婚姻家事诉讼也就面临了程序供不应求的困境。

二、调解存在的偏向

调解是我国纠纷解决机制的重要组成部分，也是人民司法的优良传统。在我国历史传统中就有调解息讼的观念，这种观念基于人们为达到一种和谐的自然秩序而对人与人之间和睦共处的追求。调解息讼在这种观念和制度的双重支撑下绵延数千年而不衰。无论是在新民主主义革命时期还是在新中国成立以后，调解制度一直都受到党和国家的重视。调解在婚姻案件诉讼中实际上居于前置程序地位。婚姻家事纠纷的特殊性也决定了对调解的适应性。不过，在建国初期，诉讼调解与诉讼外调解界限并未明确区分，婚姻案件诉讼调解与非讼调解往往结合在一起，形成了自己的特色。但在调解制度的运行中也存在一定的局限和偏向，其主要表现在对调解法律地位的认识和调解原则执行等方面。

（一）调解地位的偏移

自“马锡五审判方式”确立以来，调解在婚姻纠纷的解决体制中占据着重要地位。一方面，法院实行“调解为主”“着重调解”的政策，大部分民事案件均通过调解结案。另一方面，调解的方式比较适合解决身份关系纠纷，它可以让当事人在相对缓和而不公开的条件下，通过协商，消除矛盾、恢复感情、维持婚姻家庭关系的稳定和保护自身的权利。因此，人民法院审理离婚案件有必要进行调解。调解对处理民事案件的确有一定的优势，调解为减少当事人的讼累，提供了经济低廉的纠纷解决途径。因此，调解的历史作用是有目共睹的。调解具有低成本、高效率的特点，以及有利于消除矛盾、恢复感情和便于执行的优势，深受法官和当事人的欢迎。“然而，也正是这种由于某种时代的原因所形成的对调解的过分借重，造成了当时纠纷解决的失衡：由于法律和正式的审判机制被忽视或功能遭到偏废，使得本来应处于替代地位的非正式纠纷解决方式喧宾夺主，成为主角。”[1]这使得当事人并不能真正具有诉讼选择权，进而出现了强制调解或“和稀泥”式调解、久拖不决等现象。

（二）适用调解原则的偏向

第一，婚姻诉讼调解要在查明事实、分清是非的基础上进行，有利于避免调解的盲目性。但是，在适用不当的情况下，过于强调查明事实可能会使双方都因对方存在有过错而互相指责，增加对抗情绪。例如，在离婚诉讼中，即使双方均无过错，但为了使子女随自己生活也会贬低对方，或就财产归属等问题导致夫妻间发生激烈争论。在这种情形下，如果纠缠于某些事实细节，不仅不利于缓和夫妻关系的紧张，有时还会加剧夫妻感情上的对立，这样也不利于保护弱者利益。

第二，婚姻纠纷的调解过程是依照婚姻法原则进行说服教育工作，有利于防止封建主义婚姻家庭制度和陈规陋习的复活。但是如果过分强调说服教育和追求当事人个别性的意见一致，有时很可能会走向极端，导致调解人员的恣意，从而强制当事人接受调解方案，使调解成为判断型调解。司法实践中，对离婚案件的处理通常会出现强制调解现象便是如此。其实，做说服教育的思想工作对于调解是必要的，但不应带有盲目性和偏向性，否则并不利于离婚调解程序规范化。

（三）强制性调解或久调不决的其他因素

除了因判决结案而引起上诉或对调解原则有不当认识而偏重调解外，实践中还有一些其他的非正常因素。其中一个较突出的因素是领导干预。即以案件当事人的社会地位而决定调解

---

〔1〕 范愉：《非诉讼纠纷解决机制研究》，中国人民大学出版社2000年版，第467页。

与判决的选择。某县法院的一个案件就是这种外部干预因素的典型体现：[1]在新国初期，某县基层干部中男性较多，为了解决这些干部的婚姻大事，特地从外县招了一批女干部。其中，年轻女干部孙某由组织部门做工作与当时担任区长的李某结婚，婚后双方因性格和年龄差异而吵闹不休，毫无感情可言。女方要求离婚，男方不同意。女方遂向人民法院起诉离婚，人民法院受理案件后，征求男方意见，男方坚持不离婚。法院进行调解，劝导双方和好，但女方坚决要求判决离婚。考虑到男方的地位和这种案件的影响，法院动员双方“正确对待”，既未判决，也未结案。此后，女方多次催促法院判决，法院只是多次调解，劝其和好。在此期间，县里有关部门领导认为男方是基层领导，离婚对其社会影响不好，而且这种类型的婚姻在该县不止一对，判决离婚怕有连锁反应，因而要求法院做调解和好工作。这样一拖就是十几年，原告每年都到法院要求离婚，而法院每次都是对原告进行劝告，可怜的孙某，从二十多岁要求离婚，到年近四十，仍然得不到离婚的判决。像这种强行调解久拖不决的案件，不仅会对当事人造成伤害，对社会也会造成不良影响。

上述诉讼调解的缺陷，既有制度自身的不足，也有实施中的偏差。正如当时最高人民法院副院长吴溉之所指出的：“调解与群众结合，与宣传教育结合，这是一个好的制度。无论是个别调解还是集体调解，都必须注意防止两个偏差：一是强迫调解；一是无原则地‘和稀泥’。有的法院提出民事以调解为主，审判为辅，我们认为这是错误的。首先因为过分地强调调解，

---

〔1〕 笔者的老师讲课时介绍的她亲自所见的一起实例。

会使干部产生追求数目和调解必须成立的思想。”[1]此外，他还举例说明：某市法院有一个审判员经手处理了七十多个案件，没有一件是经过审理判决的。其中，有使当事人感到不能不了而只好不了了之的；有的当事人一方坚持意见，而审判员则抱着非了不可的态度，于是调解来调解去，久拖不决。致使有的当事人说：“我实在不能再麻烦你们了，我不接受你的调解真有点不好意思。”这就是“和稀泥”的结果。[2]人民法院强迫调解和无原则的“和稀泥”，不仅不能有效地解决纠纷，还会损害人民法院在人民群众中的威信。

另外，关于调解在家事审判程序中如何运用，到目前仍然没有完全解决。虽然《最高人民法院关于适用〈中华人民共和国民事诉讼法〉若干问题的意见》规定了离婚案件须经调解，现行《民事诉讼法》第 122 条也规定了对民事案件的先行调解适用于婚姻案件，但这并不意味着我国的立法者认识到了调解前置程序在审理离婚案件中的重要性。其出发点只是我国传统法律文化中“和为贵”的调解情结以及一部分法律素养不高的法官对调解的偏好，而且条文只是规定了离婚案件须经调解，对于其他的婚姻、亲子、收养等家事事件是否适用调解前置程序并没有明确规定。

三、婚姻诉讼中当事人权利保护不足

依靠群众解决纠纷是建国初期政治环境的需要，也是当时婚姻诉讼实践的重要特点之一，这在当时确实产生了较好的效

〔1〕 北京政法学院编印：《中华人民共和国审判法参考资料汇编》（第 2 辑·总类），1956 年，第 109 页。

〔2〕 北京政法学院编印：《中华人民共和国审判法参考资料汇编》（第 2 辑·总类），1956 年，第 109 页。

果，但其缺陷也是显而易见的。

(一) 诉讼中主体地位模糊

在相当长的一段时间内，我国并没有对解决公民之间身份关系纠纷的民事诉讼程序给予足够的重视和保护。新中国成立以后，由于法律供给不足，审判案件大多依赖于政策指导。在强调群众路线的同时，首先是对群众意见的过分的依赖性，从而忽视了程序价值。例如，开大会公审案件，在由群众直接进行辩论的情况下，参与的群众似乎也成了诉讼主体，当事人主体地位不突出，其诉讼权利得不到重视，有时甚至成了消极观望者。而群众作为参与者既可以进行辩论又可以“揭发事实”，其诉讼地位和身份不明确，很难规范诉讼行为和程序。其次，婚姻诉讼中应该坚持群众路线，但不能产生片面性。片面强调依靠群众，往往也会导致忽视诉讼效率的倾向。例如，当时某些法院在处理个别案件时，为了求得案件事实及群众意见，投入了许多人力和时间，除审判人员外，经常需要动员数十人参与案件的调查、开会讨论审理方案，这必然会影响诉讼效率。

(二) 关于婚姻案件公开审判的问题

民事诉讼的基本价值之一是公正。而审判公开是实现公正的保障性制度，是诉讼民主的内在要求。就现代法治国家而言，公开原则是一国民主政治的组成部分，是诉讼程序科学化的标志，也是发挥民事诉讼教育功能的一个重要条件。因此，是否切实地贯彻这一制度，成了衡量一个国家民主与法制是否健全的标志。把审理过程和裁判结果以及判决依据的法律和程序规则公开，可在很大程度上防止“背后交易”现象的发生，有利于保障诉讼民主与公正原则的实现。公开审判不应只局限于开庭审理阶段或宣告判决行为，它还包括诉讼程序规则和法律依据的公开。〔1〕其是对社会、对群众的公开。就一般民事诉讼而言，公开审判应包括审理过程公开。但婚姻家事纠纷是由身份关系引起的纠纷，涉及当事人的隐私和子女的利益。而且对于离婚案件而言，夫妻感情也是微妙的，一旦暴露于公开场合，出于“面子”关系，有可能使原本有和好意愿的一方或双方放弃和好愿望，使得对抗性增加。因此，离婚案件是否公开审理，应取决于诉讼当事人的意愿，当事人有权申请不公开审理。当事人申请不公开审理的，法院就不能公开审理。但在新中国初期，出于宣传和贯彻落实现行法律的需要，法院往往会忽视婚姻纠纷的特殊性，对隐私权更缺乏足够的认识。从前面所述的几种审理方式的例证可以看出，当时的婚姻诉讼几乎都是被大张旗鼓地公开审理的，只是规模有大小之分。在新中国初期的历史条件下，国家采取的解决婚姻纠纷的方式基本符合当时的社会环境和现实需要，也与司法机关人员和人民大众的认识水平、思想觉悟程度一致。但随着时代的发展，对其缺陷和不足也有必要进行反思，以便对其加以传承与创新。

第二节 新中国初期婚姻诉讼面临的现实挑战

新中国成立至今已经六十多年了，特别是在改革开放后中国社会发生了天翻地覆的变化。《婚姻法》经历过较大的修改，婚姻家庭制度和婚姻观念也都随之变革。尽管当前的婚姻诉讼已非“初期”的诉讼，而是由“初期”婚姻诉讼制度雏形发展而来的诉讼，其也仍然面临着新时期形势发展的挑战。

〔1〕 何文燕：《民事诉讼法研究文集》，湘潭大学出版社 2013 年版，第 332 页。

一、婚姻法的修改及婚姻家庭观念的变革

从历史上看，诉讼的功能即使在很原始的社会中也已经存在。有社会就会有纠纷，因为利益纷争引发的社会冲突在任何一个社会里都是普遍的。统治者的首要任务就是平息、消弭冲突与纷争。由此，也就有了通过一定的社会制度来解决纠纷的必要。婚姻纠纷的发展变化与婚姻法的修改有一定的必然联系，同时其也影响到了诉讼程序制度的发展。

（一）婚姻法修改及其内容的新变化

1957 年之后的一段时间内，基于国内外形势和社会政治运动的影响，我国法制建设速度缓慢，有时甚至处于停顿状态。包括 1950 年《婚姻法》在内的各项已有法律制度和原则也没有得到全面的贯彻落实，婚姻家庭法律制度变化不大。1978 年中国共产党十一届三中全会之后，我国进入了新的历史时期，婚姻家庭法制建设亦进入了发展阶段。我国《婚姻法》于 1980 年和 2001 年分别进行了再次较大的修改。

第一，1980 年《婚姻法》的修改。1980 年 9 月 10 日，第五届全国人民代表大会第三次会议通过了修改的《中华人民共和国婚姻法》（简称 1980 年《婚姻法》），并决定从 1981 年 1 月 1 日起施行。1980 年《婚姻法》是在 1950 年《婚姻法》基础上，结合几十年的实践经验和改革开放以来婚姻家庭领域新的情况和新的问题制定的。这部《婚姻法》重申了 1950 年《婚姻法》中的基本原则和实践中行之有效的规定，进一步明确了《婚姻法》是婚姻家庭关系的基本准则。同时，根据时代变化调整了婚姻家庭关系的现实需要，在具体内容方面作了修改和补充，使各种规定更加明确。与 1950 年《婚姻法》相比，1980 年《婚姻法》在内容上比较突出的变化：一是进一步明确规定了夫

妻共同财产的内容，同时进一步完善了平等原则。例如，允许夫妻对财产制进行选择，并且在离婚财产的分割与子女抚养费上，规定更为具体。1950 年的《婚姻法》规定：夫妻双方对家庭财产有平等的所有权与处理权，确定了女性作为财产权主体的地位。1980 年的《婚姻法》对此具体规定："夫妻在婚姻关系存续期间所得的财产，归夫妻共同所有，双方另有约定的除外。夫妻对共同所有的财产，有平等的处理权。"这就进一步明确了夫妻共同财产的内容，由此促使法律对婚姻家庭中财产制度的调整。二是明确了以感情破裂为离婚条件。1950 年《婚姻法》未明确规定离婚的法定条件，只是在处理离婚案件的政策上有所反映。1980 年《婚姻法》第 25 条第 2 款规定："人民法院审理离婚案件，应当进行调解；如感情确已破裂，应准予离婚。"由此表明婚姻法上是以"感情确已破裂"作为离婚的条件。虽然对离婚条件仍有争论，但这种规定毕竟从法律的层面反映出了社会对婚姻本质的反思，对感情的追求成了人们建立婚姻的目标之一。此外，其他方面的变化主要还包括对结婚年龄的规定，即由原来的"男 20 岁，女 18 岁"改为"男不得早于 22 周岁，女不得早于 20 周岁"。并增加了鼓励晚婚晚育和计划生育等规定。同时，将"其他五代内的旁系血亲间禁止结婚的问题，从习惯"，修改为"三代以内的旁系血亲禁止结婚"，这是对我国婚姻习惯的一大改革。1980 年《婚姻法》在一定程度上满足了 20 世纪 80 年代初期婚姻家庭关系的需要，对于我国婚姻家庭制度重新走上有法可依、有法必依的轨道，有促进作用。不过，由于当时法学研究的相对滞后和坚持"宜粗不宜细""不求全面系统"的立法指导思想，[1]使得 1980 年《婚姻法》

---

〔1〕 巫昌祯、杨大文主编：《走向 21 世纪的中国婚姻家庭》，吉林人民出版社 1995 年版，第 10 页。

从名称、体系结构到基本内容，都具有继承长期革命的传统特点，基本上沿袭了1950年《婚姻法》的框架，内容变动的幅度并不大。尽管如此，这部《婚姻法》对我国婚姻家庭法制的恢复，还是起到了至关重要的作用。可以说，1980年《婚姻法》是一部承上启下、有时代意义的法律。〔1〕它既是对1950年《婚姻法》继承与发展，又为2001年《婚姻法》的进一步修改作了法律上的铺垫。

第二，2001年《婚姻法（修正案）》。改革开放以来，中国发生了巨大的变化，婚姻家庭作为社会的缩影也出现了许多相应的改变，家庭更加平等民主，婚姻更为自由开放，生活节奏加快，生活方式便捷，人们的婚恋观念有了新的变化，婚姻自由原则进一步深入人心。但与此同时，也出现了漠视家庭中的责任与义务、家庭暴力等现象，包办、买卖婚姻和其他违法婚姻也不同程度地存在。并且，由于农村有买卖婚姻的现象，又助长了拐卖妇女的犯罪活动。〔2〕从20世纪80年代中期开始，立法和司法机关针对1980年《婚姻法》的局限性，为适应社会生活之需，出台了一系列规范亲属关系的法律、法规和司法解释。2001年4月28日第九届全国人大常委会第二十一次会议通过了《中华人民共和国婚姻法（修正案）》[简称《婚姻法（修正案）》]，自公布之日起施行。《婚姻法（修正案）》分为6章51条，在总体框架上增设了救济措施与法律责任。这个修正案坚持了1980年《婚姻法》所确定的婚姻自由、一夫一妻、男女平等、保护妇女儿童和老人、实行计划生育等五项基本原则。

---

〔1〕 肖爱树：《20世纪中国婚姻制度研究》，知识产权出版社2005年版，第257页。

〔2〕 肖爱树：《20世纪中国婚姻制度研究》，知识产权出版社2005年版，第263页。

而在具体内容上则更加全面，更加准确，更具有可操作性。

2001 年《婚姻法（修正案）》内容上的突出变革主要体现在以下几个方面：第一，增设了两项禁止性的条款，即“禁止有配偶者与他人同居”和“禁止家庭暴力”，从而加强了维护一夫一妻和保护家庭成员人身权利的力度。并增设了倡导性条款：“夫妻应当互相忠实，互相尊重；家庭成员间应当敬老爱幼、互相帮助、维护平等、和睦、文明的婚姻家庭关系。”这体现了《婚姻法》的立法宗旨和价值取向。第二，进一步完善了夫妻财产制。2001 年《婚姻法（修正案）》规定了个人财产制（第 18 条）、法定财产制（第 17 条）与约定财产制（第 19 条）。其最大的变化是明确了个人财产与共同财产的界限，在一定程度上承认了家务劳动的经济地位，并确立了离婚时的过错赔偿制度。婚姻财产制的完善与清晰，既体现了法律维护家庭财产的整体性，又反映出了法律对婚姻关系中个体性的关注与对夫妻之间约定的尊重。第三，对结婚制度进行了修改和补充，增设了无效婚姻和可撤销婚姻制度。具体规定包括婚姻无效的原因、婚姻撤销的原因、程序、请求权人和请求权行使的时间、婚姻无效和被撤销的法律后果等；明确规定了事实婚姻双方应当补办结婚登记。这些新增设的规定有利于使人们遵守结婚的法定条件和法定程序，有利于保障当事人的婚姻权益，有利于预防和减少婚姻纠纷。第四，确立了离婚损赔偿制度，即因重婚、有配偶者与他人同居、实施家庭暴力或虐待、遗弃家庭成员而导致离婚的，离婚时，无过错方有权请求损害赔偿；确立了离婚经济补偿制度，即离婚时，一方因抚育子女、照料老人、协助另一方工作而付出较多义务的，有权向另一方请求补偿，这有助于保障婚姻中弱势一方或无过错一方的权益。

2001 年《婚姻法（修正案）》的上述变化，反映出其立法指导思想的变革和立法技术和进步。一是更加注重婚姻法的伦理性特征，体现了法律与道德的一致性。婚姻家庭关系是一个以两性结合为前提，以血缘关系为纽带的伦理实体，具有深刻的伦理性。在婚姻道德多元化的现代社会，法律作为道德评价的重要载体之一，负有倡导社会主义精神文明，维护婚姻家庭关系的重要使命。二是更加注重对弱势群体的保护，体现了婚姻法的公平正义性与针对性。三是进一步完善了婚姻家庭的法律制度，强化了法律责任，体现了婚姻法的时代性与适用性。国家在《婚姻法》的修订过程中充分考虑了婚姻家庭关系中出现的新情况、新问题，以及在跨入新世纪之后我国将要面临的机遇与挑战，增加与完善了一些必不可少的制度及规定。

《婚姻法（修正案）》也反映出了我国立法逐步发展的过程，反映出了民间各种不同的声音并且体现出各种不同利益的平衡。1950 年《婚姻法》采用的是先颁布、再贯彻普法的道路。1950 年《婚姻法》颁布后，其贯彻执行活动一直持续到 1953 年，且都是采用从中央到基层的宣传贯彻活动，甚至还有婚姻法宣传月活动以及形式繁多的基层普法活动。之所以如此，一方面是因为 1950 年《婚姻法》与旧婚姻制度的截然不同，需要大量的宣传活动；另一方面也是因为我国法律从国家到民间的一贯形式，基本上是自上而下的方式，在很多情况下，“法律的创制与修改只是社会精英的活动”，[1]而老百姓也认为法律的制定与己无关。与之相对，2001 年《婚姻法（修正案）》呈现出了完全相反的方式。从修改讨论草案，再到正式修正案，历经数年时间，而且一直是老百姓和媒体关注的焦点，参与修改讨论的人员范围之广是任何其他法律都无法比拟的。《婚姻

〔1〕 信春鹰：“婚姻法修改：情感冲突与理性选择”，载《读书》2001 年第 6 期。

法》的修改与讨论成了不同的社会群体表达自己意志和利益的平台。之前的很多立法都是立法者的活动，与老百姓有很大距离，因此颁布之后要贯彻、普法、学习。而随着法律与人们的关系越来越密切，人们开始意识到法律的作用，并且渴望法律在制定时能关注普通人，加之婚姻家庭关系到每个人的切身利益，因此2001年《婚姻法（修正案）》可以说是由全社会共同参与制定，在听取了方方面面的意见，反复权衡取舍之后才出台的。

（二）我国婚姻家庭观念的嬗变

半个世纪以来，中国社会发生了巨大而深刻的变化，婚姻家庭领域也在进行着新的变革，而对婚姻自由与平等的追求一直是变化的主要内容。婚姻家庭变化的原因是多方面的，法律可以说是其中最重要的推动力，人们借助法律认识权利，思考婚姻自由与平等。在婚姻法的三次变化中，有关家庭财产权的规定与演变反映了中国社会转型期的根本特征。

第一，平等和权利意识得到了提升。新中国成立以来，个人财产与家庭财产的状况发生了巨大的变化，经济发展带来了个人财富的增加，国家对个人财产所有权的承认，让人们体验到了自己的权利，并由此开始了对婚姻家庭中其他权利的认识。经济上的独立提升了个人主体意识、平等和权利意识。人们对婚姻的价值有新的认识，对婚姻质量也有了更高的要求，“搭帮过日子”的传统婚姻观念受到了挑战。

第二，传统家庭功能和家庭稳定观念受到了冲击。生育观念的变化带来了全新的家庭模式，使家庭的生育、抚养功能受到了冲击。道德标准的多元化也造成了婚姻家庭领域中的多元选择，依靠道德维系家庭稳定的约束机制被削弱。因而立法也适时调整，从强调家庭整体性与稳定性转变为开始关注个体独立性，从对婚姻家庭的全面控制转变为有所为有所不为。从婚姻家庭的变迁过程中我们可以看出，现代、文明、和谐的婚姻家庭仍然是社会追求的目标，也是婚姻家庭的发展方向。但同样可以预见的是，存在于此领域的诸多矛盾与冲突仍会交织在一起，其对传统意义上婚姻家庭稳定性的挑战也是不容置疑的。在《婚姻法》的历次修改与实施中，维持婚姻的稳定与社会的稳定一直是其基本的主旨。1950 年以来的离婚高潮就是在特殊的历史背景下出现的，如 1950 年《婚姻法》确立了婚姻自由的原则，导致大批包办买卖婚姻的解体，相应出现了我国婚姻纠纷的第一次“高峰”。1957 年理论界有关“感情论”与“理由论”的争论，反映出当时担忧离婚率上升可能带来的社会不稳定问题。此后的离婚率下降也与法院在审理离婚案件时所把握的追求社会稳定的原则有关。实际上，从 20 世纪 70 年代末到现在，随着改革开放，政治变革、经济发展，人们的生活水平不断提高，婚姻观念也发生了较大变化，离婚的条件也有所放宽，离婚率仍然处于较高水平。

第三，传统习俗观念发生改变。婚姻法是与人们的个人生活联系最为密切的法律，法律在民间的实施也改变了人们的观念和行为，三次婚姻法的制定和修改给人们的家庭生活带来了很多的变化，中国传统婚姻家庭中的许多旧习俗被社会所抛弃。1950 年《婚姻法》旗帜鲜明地反对包办买卖婚姻，提倡婚姻自由，建立了新的婚姻制度。1980 年《婚姻法》重整了扭曲的婚姻家庭关系，引导了文明、现代的婚姻观念。2001 年《婚姻法（修正案）》适应了社会变革带来的巨大变化，及时地进行了法律上的调整。中国的婚姻家庭领域，历来都是民间法最有权威的场所，传统上也是人们公认的私人领域。国家法律的不断发展，改变了私人领域中的很多行为规范。法律对此领域介入的方式：一种是将某些在这一领域发挥作用的善良风俗习惯上升为法律，另一种是制定法律来反对和废除落后的风俗习惯。因此，在婚姻法引导社会发展，并适应社会变化不断调整的过程中，一些封闭、落后的民间传统习惯被抛弃，代之以国家法律对婚姻家庭领域的调整。例如，包办买卖婚姻被保护婚姻自由的法律所取代，“七出三不去”被平等的离婚权利所取代。同样，一些与法律调整目标相适应的道德规范被纳入法律，如夫妻间的忠实义务、婚姻关系中对弱者的保护等。《婚姻法》所反映出的价值观念冲突，实质上是转型期社会现象在婚姻家庭领域中的折射。婚姻家庭领域需要靠法律、道德、伦理乃至民俗等各种力量来共同维系，各种因素都不可或缺，但又各有局限，本该由道德规范调整的问题用法律来解决，可能会适得其反。道德调整通过舆论、教育、习俗和个人内心制约来规范人们的行为，而法律调整却是通过外在的国家公权力来实现调节。婚姻家庭领域涉及私人感情生活。比如，婚外恋涉及夫妻感情隐秘，其产生的原因多种多样，有当事人思想品质的原因，如喜新厌旧，也有婚姻本身的原因。这些问题完全可以通过伦理、道德等手段加以规范和调整。经济的发展和社会的进步并不会当然地推动社会的文化素质、道德的提高，不可能自发地形成符合社会发展需要的道德行为规范。法律与道德的争论也反映出了在经济发展后的社会，由于约束人们行为的相关道德规范缺失，因此出现了很多与经济发展不一致甚至是落后的、丑恶的行为，如包养情妇等现象。所以，建构符合社会发展的道德规范，提高人们行为的自律性是迫切需要解决的问题。

总之，一个世纪以来，我国婚姻家庭领域发生了较大的变革。现实生活中，在婚恋观念、家庭观念、生活方式、家庭关系等方面，过去为社会所认同的一些婚姻家庭观念已逐渐发生变化。这些变化其实是个人利益、他人利益和社会利益的冲突，是新观念与旧观念的冲突，而在有些情况下，也是法律与道德的冲突。在多元价值观念下，人们在婚姻家庭中的行为也出现了多元性，一些市场经济的运行法开始在婚姻家庭领域中发生作用，使一些传统的婚姻家庭价值观念受到了严重的挑战。

（三）新时期婚姻纠纷的变化

从历史上看，我国社会的婚姻家庭观念比较单一，家庭也极少受到社会外界因素的冲击，基本上维持着“法不入家门”的状态，婚姻家庭等身份关系简单且稳定，纠纷较少。即使发生了纠纷，也会由于家庭成员的权利意识并不是很强烈，而往往通过本地德高望重的人排解，或通过基层官员解决。因此，对程序保障的要求不是十分迫切。新中国初期的婚姻司法经验之所以基本能满足当时的要求，与这种传统也有一定的关系。但是改革开放后，随着市场经济体制的建立，婚姻家庭制度也发生了变革。家庭成员的生活方式呈现出多样化，西方的婚姻家庭观念对一些青年人产生了较大的影响，各种欲望对家庭也造成了巨大的冲击，婚姻家庭纠纷也就随着发生了明显变化。这里所说的婚姻纠纷是广义上的纠纷，也就是婚姻家事事件的纠纷。所谓婚姻家事纠纷，主要是指由婚姻法所确定的权利义务发生争议及其所确认和保护的身份关系处于不稳定状态，以及以身份关系为基础并与身份关系有着密切联系的财产事件。既涉及婚姻的成立、结束、家庭成员之间权利义务关系的事件，也包括涉及婚姻、未婚同居、父子关系确定、生育权问题、亲权、抚养纠纷等实践，是家庭成员为预防家庭纷争之发生或现实上已发生纷争的事件。也就是说，婚姻纠纷包括婚姻问题引起的纠纷以及与婚姻问题相关或由其派生的婚姻家庭纠纷，如离婚、离婚后的子女抚养与财产分割，以及赡养、财产继承、无效婚姻、可撤销婚姻事件等。

第一，婚姻纠纷发生频率增多、类型复杂。各种有关婚姻的纠纷不断增多。根据《中国法律年鉴》的统计数字来看，从1950年到1990年的40年间，全国各级人民法院审结的第一审婚姻家庭方面的案件达1700万件，其中离婚案件占到了90%以上，每年平均有40万件的婚姻家庭案件。其中最明显的是离婚率的上升。〔1〕在有的时期，虽然婚姻案件总数有所降低，但在民事案件中所占比例却很大。根据最高人民法院统计，2003年全国审结的各类民事案件中婚姻家庭案件占29%，〔2〕足可见婚姻家庭案件发生频率之高。

第二，婚姻家庭关系内容趋于复杂，婚姻纠纷类型增加。除了传统的离婚案件外，非婚生子女认领、收养关系等家事事件频频发生。随着社会意识形态的变化，儒学礼教对人们行为的约束力大大减弱，出现了包养情妇、买卖婚姻、假结婚等违法事件和不道德事件。近些年来，通奸、姘居行为几乎公开化，不仅引发了大量的离婚纠纷，甚至还引发了伤害、凶杀案件，并且在刑事案件中占有相当的比例。非婚同居现象的屡禁不止，导致了非婚生子女的大量涌现，由此伴随的非婚生子女的抚养、认领纠纷也频频发生。并且，还衍生出了许多新的纠纷，如生育权纠纷、探视权纠纷、亲子确认纠纷等等。例如，出现了要求婚姻中的一方当事人履行同居义务的纠纷。又如2001年《婚姻法（修正案）》中规定了婚姻无效和可撤销婚姻，据此必然会产生无效婚姻案件和撤销婚姻案件。另外，随着生命科学的迅猛发展，人类辅助生殖技术对传统的婚姻家庭也带来了巨大的影响，有关人工授精、试管婴儿和代孕的纠纷给传统的家事事

〔1〕 肖爱树：《20世纪中国婚姻制度研究》，知识产权出版社2005年版，第244页。

〔2〕 陈爱武：《人事诉讼程序研究》，法律出版社2008年版，第116页。

件带来了较大的冲击。这类新型纠纷的出现必将给我国审判实务带来巨大的影响。因此，如何规范此类纠纷并保护当事人的程序权利便是司法界的当务之急。如何在程序上来完善处理这类有关法律与伦理的纠纷，也应成为完善我国民事诉讼程序关注的焦点。

第三，婚姻纠纷婚姻家事纠纷连带问题多，矛盾容易激化，排解难度大。婚姻案件发生率高、存在面广、恶性转化快、连带问题多，如不能及时处理便可能造成严重的社会后果。因为有的纠纷掺杂着过多的感情色彩，当事人难免采用一些极端的手段，从而增加了排解的难度。婚姻纠纷连带的子女抚养问题的处理也有一定的难度。在婚姻家事纠纷中，双方的子女可能是最大的受害者。人民法院处理离婚纠纷案件对子女抚养问题的主要判断标准是一方抚养子女是否有利于子女的健康成长，而判断夫妻双方的哪一方抚养子女对子女的健康成长更为有利，要考虑当事人的文化知识水平、生活方式、家庭背景、经济状况等因素。在这些因素中，除经济状况比较客观外，其他因素的衡量尺度都比较主观，很难判断。审判实践中，有的争夺子女抚养权，有的推脱责任，逃避给付抚养费，举出各种理由，真假难辨。处理稍有不慎，就会影响到对未成年子女合法权益的有效保护。

总之，婚姻家事纠纷之所以排解难度大，有着多方面原因：一是由于引起纠纷的因素复杂，不仅有人的因素，还有经济、利益等因素。看来是家庭成员关系出问题，实际是重大的经济利益冲突。二是多种矛盾交织，表面上是赡养问题，实质上是继承问题；表面上是夫妻感情不和，实质上是双方父母干涉过多；等等。因此排解难度较大。另外，“家丑不可外扬”也是其中缘由之一，有些人认为家里的事传到外面“没面子”“难看”，所以在矛盾发生之初，希望在能在内部解决，或者用简单判决方式了事。但如果问题久拖不决，随着时间推移，纠纷当事人心中积累的怨气就会越来越深，一旦矛盾激化，就容易出现不理智的行为，以致酿成严重后果，从而影响社会秩序的稳定。

二、婚姻家事纠纷自身的特点进一步显现

婚姻纠纷包括由婚姻问题引起的纠纷以及与婚姻问题相关或由其派生的婚姻家庭纠纷。如，离婚、离婚后的子女抚养与财产分割，以及赡养、财产继承、无效婚姻、可撤销婚姻等等。由此，涉及的婚姻诉讼并非只是单纯的男女婚姻诉讼。其实际上泛指婚姻家事诉讼程序。婚姻家事纠纷一直有着自身的特点，只不过在新中国初期的历史环境中，人们的认识水平有限，这些特殊性往往被忽视。在新的历史条件下，这些特点和需求才突显出来。

（一）婚姻家庭及其家事纠纷的特殊性

第一，婚姻家庭关系的特殊性。众所周知，婚姻家庭关系具有社会性和自然性双重属性。从自然属性来说，婚姻家庭关系以男女两性的结合和父母子女及其亲属间的血缘联系为其自然条件。马克思指出：“人的本质并不是单个人所固有的抽象物，实际上，它是一切社会关系的总和。”[1]既然人的本质是社会关系的总和，那么作为社会关系之一的婚姻家庭关系，本质上当然也只能是一种社会关系。换言之，婚姻家庭关系是社会中人与人之间的关系，因而其本质上是一种社会关系。人作为社会成员既从事物质资料的生产，也进行着人口的再生产，

〔1〕《马克思恩格斯全集》（第3卷），人民出版社1972年版，第5页。

并在这两种生产中形成了各种社会关系，其中就包括婚姻家庭关系。婚姻家庭关系的社会属性是婚姻家庭的本质属性。因此，从自然属性分析，可以说婚姻家庭关系具有私益性特点；从社会属性分析，可以说婚姻家庭关系又具有公益性特点。正是婚姻家庭的这种双重性特点，决定了婚姻家事纠纷具有特殊性，即尽管从表面上看婚姻家事纠纷是私人之间的问题，但实质上其与国家和社会的根本利益息息相关。[1]

第二，婚姻家事纠纷当事人关系的特殊性。婚姻家事纠纷与人的身份有关联，身份关系包括血缘关系和婚姻关系，因而其人事关系特殊而复杂。婚姻家事纠纷一般存在潜在的多数当事人。因为这类纠纷一旦发生，往往与当事人婚姻家庭的所有关系都有牵连，影响家庭的正常生活状态，在其纠纷背后可能潜藏着许多利害关系人。例如，父母、子女、兄弟姐妹等等。虽然他们不一定在诉讼或非讼程序中出现，但纠纷不仅涉及感情、亲情与道德，而且其处理结果对家庭的生活状态有直接影响，这些都与他们有直接关系。因此，这一特点决定了我们在家事审判程序的设计上应考虑潜在当事人的家庭利益，从而保持家庭稳定和良好的社会秩序。有些家事纠纷中，当事人间对抗情绪激烈，不易妥协。如遗产分割事件、离婚事件等。在该类事件中，双方当事人都从自身的利益和观点出发，多认为自己是无辜的，是受害人，而对方是家庭生活的妨碍者或加害人，将对方行为理解为恶意。但实际上，双方发生的纷争在很多情况下可能是由误会引起的，或者因某些细微的不当言行才使矛盾逐渐加深的。一方的某个言行一旦背离另一方的意图及期待，就会被认为是具有攻击意味，而不管另一方当事人自身的意愿

〔1〕 范愉：《非诉讼纠纷解决机制研究》，中国人民大学出版社 2000 年版，第 209 页。

如何。一旦进入纷争状态，对自身对家庭各方是不稳定、不安全的。

（二）婚姻家事纠纷具有隐私性

婚姻家庭纠纷往往涉及当事人的私生活及在感情上很隐秘的事情。通常情况下，任何人就家庭内的问题都不希望公开化。而且从维持家庭稳定的角度来看，如果将当事人的隐私公之于众，不仅不利于消除双方的误会，而且还可能适得其反，使纠纷当事人之间尚存的“和好”希望破灭，达不到和平解决的效果。例如，婚姻纠纷中往往牵涉夫妻私生活的细节、婚外恋等问题，其间微妙之处难以明言。又如，亲子纠纷往往涉及血缘关系和未成年子女的利益保护，难免有不便对外明言之处；继承纠纷则可能出现原有家庭成员以外的法定继承人，或被继承人生前继续扶养的人，比如事实婚姻所生的子女等隐私问题。现代法治社会中，隐私权已被诸多国家确认为宪法保障的基本权利之一。从人的基本权利角度，每个人对自己的思想或情感，享有向何人公开及在何种范围内公开的绝对自由权，如果他不想公开表示，则其他任何人都不得强制其公开表示，更不得以任何名义加以披露。因此，基于对人格尊严的维护及保护隐私权的需要，应特别针对婚姻家事事件的隐秘性这一特征而设计适当的程序，避免当事人因顾虑生活隐私泄露而不信任法院处理其纷争的能力。

（三）婚姻家事案件的公益性

如上所述，婚姻家庭关系是一种特殊的社会关系。不论是两性中的男女，还是血缘相连的亲属，首先都是社会中的人，都是社会的一员。社会成员之间的关系当然是一种社会关系。人们都是以社会一员的身份从事物质资料的生产和人口的再生产的，并且在这两种生产的过程中，发生了包括婚姻家庭关系在内的社会关系。社会属性决定了婚姻家庭的性质和特点，家庭的规模随着时代和社会的发展而发生变化，家庭规模由传统的“大家庭”（三代、四代甚至包括姻亲同堂的家庭）转变为“小家庭”（二代的家庭），甚至出现了“丁克家庭”。家庭规模缩小，个人摆脱家庭束缚的自由度增大，有独立的人格和尊严，并承担应有的社会责任。但是，不管时代如何变迁，家庭的社会地位和功能都未发生太多变化，家庭仍承担着教育、保护、繁衍后代的功能，任何一个人的成长都不可能脱离家庭的庇护。而且，家庭是社会的细胞，家庭关系的稳定是社会安定的基础。家事纠纷如果得不到及时和合理的解决，往往会引发大量的社会问题，如青少年犯罪、家庭暴力、虐待、遗弃等悲剧，严重的还会引起更大的社会动荡。因此，婚姻家事纠纷小则涉及个人利益，大则与国家社会的利益息息相关，这就是婚姻家庭的社会公益性所在。“为确保健全的家庭生活能持续经营，国家必须从法律与行政等各方面给予家庭必要的协助及保护，亦发挥国家的照顾功能。”〔1〕

三、婚姻家事纠纷对诉讼程序的新需求

婚姻家庭关系及婚姻家事纠纷的自身特点决定了这类纠纷对诉讼程序的特殊需求。

（一）婚姻家事纠纷需要国家的必要干预

因为在家庭生活关系中，有各种各样的角色，即夫妻、父母子女、亲属等。在整个家庭关系中，每一个家庭成员都有一定的责任、喜乐或烦恼。例如，夫妻感情破裂、经济贫困而又要担负扶养义务、因离婚带来未成年子女监护权的争执等等。

---

〔1〕 朱柏松：“个人资料保护之研究——近代隐私权概念之形成及发展（上）”，载《法学丛刊》1984 年第 114 期。

而在家事纠纷发生及解决的过程中，当事人处于纷争的混乱状态，自身往往无法冷静思考。所以，为了使纠纷的当事人恢复正常的生活秩序，并预测未来的家庭生活状态，有必要由国家以适当的方式干预，帮助其克服心理障碍。婚姻家事事件更多地涉及感情、亲情和伦理道德等因素，而基于家庭生活的具体人际关系，并不一定要强调过去事实的孰是孰非，也不一定要期待法院那种“非黑即白”的判决。所以，家事事件既不能用简单的合同关系及其调整方式来解决，也不能简单地以权威性的裁判进行处理，而必须把促使当事人之间恢复感情、消除对立、实现和解，作为纠纷解决的根本目标和价值取向。[1]因而在处理婚姻家事纠纷的过程中，法院的主要功能是对纠纷当事人进行人际关系的恢复和调整，使其能自主解决家庭纷争，并协助其预测将来生活的可能变化，并通过法院的职权裁量收集相关证据，恢复或重建和谐的婚姻家庭关系。同时，因婚姻家事纠纷既有私益性，又事关公益，国家不允许当事人随意处分，因而也需由国家以照顾者、保护者的身份予以必要的干预。

这种特殊性也反映了对法官职权裁量的需求。婚姻家事纠纷关系到整个社会秩序的稳定，法官基于维护社会公共利益的需要，必须行使自由裁量权。同时，即使基于家事纠纷本身的私益性，也需要法官发挥自由裁量权。首先，家事纠纷类型多，身份关系和案件事实都很复杂，许多具体情形不可能在实体法中详细规定，因此在立法上多采用不确定方式，授权法官在具体个案中视个别情况酌情处理。同时，与普通的财产纠纷相比较，家庭纷争更易受到个人情感、生活环境、社会伦理观等多重因素的影响，无法仅以严格法条衡量，故而法官审理时应享

---

〔1〕 范愉：《非诉讼纠纷解决机制研究》，中国人民大学出版社 2000 年版，第 208 页。

有一定的自由裁量权。其次，法律效果比较抽象。例如，夫妻关系或家庭关系变更后的扶养费，老人的赡养费的给付数量、给付方式，对未成年子女权利义务的行使方式和内容、抚养费的承担等，以及家庭财产的分割方法等，都须由法官综合各种情形加以考虑和衡量。因此，法官在审理家事事件时，除遵循婚姻家庭法的规定外，还应参照当事人的身份、经济情况、教育程度、生活状态、当事人意愿及态度等情况，针对具体个案事实进行适当的裁判。

（二）婚姻家事纠纷需要及时而慎重的处理

由于婚姻家事案件涉及家庭成员之间的相处关系，因此，如何加以妥当安排以避免今后发生类似纠纷，就显得极为重要。此外，与家事案件有关的人往往不仅限于案件本身的当事人，还可能存在案外其他的利害关系人。有些与案件有关的家庭成员之间的纠纷甚至还涉及家庭成员之外的其他利害关系人。因此，更需要妥当、慎重的处理。同时，有些类型的家事案件必须得到及时解决，如请求扶养费或赡养费纠纷、选定监护人等案件。这些案件中的当事人有的已经身陷生活困境，他们所面临的生存问题迫在眉睫，需要迅速查明事实，确认其权利或指定适当的监护人，以便维护当事人的合法权益。在家事案件的解决过程中，“慎重性”与“迅速性”两者之间的紧张关系比普通的财产关系更为强烈，更需要达成平衡。

（三）非对抗性的程序需求

婚姻家事纠纷不仅与身份关系紧密关联，而且也是在比较固定、长期的社会关系中所发生的。有些纠纷当事人具有相当的感情基础，甚至存在着血缘关系，以及多年共同生活的情感因素。这使双方都有共同生活下去的愿望，并非真正期待关系的彻底破裂，在这种情况下，纠纷很可能得到和平解决。如果在权利义务较清楚前提下稍微调整一下利益关系，一旦消除误会，就可能恢复和睦的家庭关系。因此，这类纠纷并不一定适合严格的诉讼程序，而由当事人通过协商、有关人员对其进行斡旋和调解等自主性解决方法就可以和平解决纠纷。所以，婚姻家事纠纷的解决，并不是单纯地追求权利义务型的“非黑即白”。基于尊重当事人自主解决家事事件的需要，就应在家事审判程序的设计中充分考虑调解的适用。因为在某些情况下，单纯的裁判方式对消除家庭不和谐的状态不一定有多大帮助，反而会因激烈、公开的法庭争辩而更加激化彼此的矛盾。由此可见，对抗式的程序不适合解决家事事件这类纠纷。毕竟，“对于解决争执发生后须继续打交道的当事人之间的争议——雇主与雇员、房主与房客、夫妻、邻里及其他人之间争执——对抗式程序是一种拙劣的方法”。〔1〕

综上所述，随着时代的变迁、社会的变革以及民众婚姻观念的嬗变，以及婚姻家事纠纷自身的特殊性所带来的新的程序需求，新中国初期婚姻诉讼实践形成的婚姻诉讼制度，不得不面临新时期、新形势发展的挑战。

第三节　新中国初期婚姻诉讼之走向——变更程序设计

如果仅从字面上看，本节的标题似乎是一个“伪命题”。因为新中国初期的婚姻诉讼并未形成完整的程序制度，何谈制度走向？况且，新中国成立至今已经六十多年，新中国初期，伴随1950年《婚姻法》的宣传普及而进行的婚姻诉讼应该早已完成了历史使命。其是否还有存在的意义呢？笔者之所以如此命

〔1〕［美］迈克尔·D. 贝勒斯：《法律的原则——一个规范的分析》（中文版），张文显等译，中国大百科全书出版社1996年版，第42页。

题，主要是基于如下考虑：其一，婚姻诉讼是民事诉讼的重要组成部分，婚姻案件在民事案件中一直占有很大比重。因而，只要民事诉讼程序制度存在，婚姻诉讼制度就必然存在，而婚姻诉讼制度的形成与发展反过来对民事诉讼制度也有促进作用。由此可见，婚姻诉讼制度走向与民事诉讼程序制度的发展有着密切的联系，不可分割。其二，基于历史延续和经验的传承。如前几章所述，尽管新中国初期民事诉讼程序制度尚未确立，但民事诉讼实践先行，特别是婚姻诉讼实践取得了突出的社会效果，并在一定程度上促进了民事诉讼制度的建设和发展。六十多年来，无论我国法制建设是顺利发展还是曲折渐进，婚姻诉讼活动一直没有停止。新中国初期婚姻诉讼中许多成功的实践经验也随着时间的延续传承至今，这是一个客观事实。现在的婚姻诉讼制度其实是在新中国初期婚姻诉讼基础上的延续和发展，因此也可以说，初期婚姻诉讼制度必然走向现代的婚姻家事诉讼制度。当然，现在的婚姻家事诉讼毕竟不同于新中国初期的婚姻诉讼。婚姻家事制度已经发展，婚姻家事纠纷发生了很大变化，解决新形势下的婚姻家事纠纷还面临着程序困境。而正因为如此，我们才有必要针对新中国初期婚姻诉讼的局限和当前的程序困境，在明确婚姻家事纠纷特点和程序特殊要求的基础上，探讨我国新时期婚姻诉讼程序制度的完善与发展。鉴于新中国初期婚姻诉讼实践的功绩，有许多经验和制度可以传承，而随着时代的发展，婚姻诉讼程序制度又有必要创新。因此，笔者认为，针对婚姻案件的诉讼程序与其他民事案件诉讼程序未加区分的情况，当前的首要任务是根据新时期婚姻纠纷对程序的需求，按照婚姻家事纠纷特点，在民事诉讼程序体系中增设婚姻家事诉讼程序，使之随时代发展而发展，以适应市场经济体制下纠纷解决的现实需求。我国现行民事诉讼程序虽然有诉讼程序与非讼程序之分，但却没有从解决社会复杂矛盾和不同类型民事纠纷的角度考虑设置不同的诉讼程序。因此，设立适用于婚姻家事案件诉讼综合性的特别程序，是改革我国民事诉讼程序设置的需要，也是对建国初期婚姻诉讼制度的创新。

一、设立婚姻诉讼特别程序的必要性

（一）婚姻家事纠纷的特殊性需要综合性的诉讼程序

婚姻家事纠纷的特殊性及其对程序的特殊需求决定了其诉讼程序的特殊性。如上所述，婚姻纠纷包括婚姻问题引起的纠纷以及与婚姻问题相关或由其派生的婚姻家庭纠纷，比如离婚、离婚后的子女抚养与财产分割，以及赡养、财产继承、无效婚姻、可撤销婚姻等。本书涉及的婚姻诉讼不是单纯的男女婚姻诉讼，实际上泛指婚姻家事诉讼，因而婚姻纠纷的诉讼程序，有时也可被称为婚姻家事诉讼程序或家事审判程序。这种诉讼程序以尊重和维护家庭稳定为目的，具体分析各个案件的特性及讼争性的强弱程度，酌情处理。因而婚姻家事诉讼程序在民事诉讼程序体系中应该是一种较为特殊的民事程序，具有丰富的理论和实践价值，其间蕴含着与民事诉讼程序有较大差异的理论基础和价值取向。例如为维护家庭的和谐稳定而在程序的设计上追求客观真实，在程序中采职权探知主义。这都是由婚姻家事案件自身的私益性与公益性双重性特点所决定的。

第一，适应婚姻家事案件特点的需要。如上所述，婚姻家事案件虽然从性质上讲属于民事案件范畴，但与一般民事案件相比，其有许多独特之处。民事诉讼程序本质上通常是解决私权纠纷的程序，主要涉及普通的财产关系纠纷，这类纠纷讼争比婚姻家事纠纷更加激烈。基于私法上“意思自治”的观念，处理该类案件应该尊重当事人的处分权和辩论权，遵循诉讼法理来解决。但是家事诉讼程序的审理对象是婚姻家庭事件，其不仅涉及自身和家庭其他成员利益，而且涉及整个家庭的维系和社会的稳定等公共利益，所以当事人的处分权应当受到限制。由此可见，婚姻家事诉讼程序与通常民事诉讼程序存在着较大的差异。婚姻家事诉讼的任务不仅是要妥善处理已经发生争议的婚姻家庭纠纷，还需对处于不正常状态的与案件有关的婚姻家庭纠纷进行确认或处理。婚姻家事程序的审理对象不仅指传统意义上的人事诉讼事件，还应包括大量的为实体法所确认或保护的家事非讼事件，可统称为婚姻家事案件，其程序是一种具有混合性质的审理程序。婚姻家事诉讼事件具有不同于其他民事案件的特性。根据家事纠纷的特点，婚姻家事诉讼在一定程度上要限制当事人的处分权，也应不适用辩论原则和程序公开等原则。法院可以依职权收集当事人未提出的事实资料，并依职权对相关事件进行处理。虽然现行《民事诉讼法》规定的程序在一定程度上可以满足家事诉讼案件对职权干预原则、程序不公开等非讼法理的需求。但是，由于这类案件同时又具有强烈的讼争性，在案件具有公益性和隐私性时，也需要适用通常民事诉讼程序，因而现有的规定还不能满足形态各异的婚姻家庭案件在程序上的基本要求。而如果设立相对独立的家事诉讼程序，就可以针对不同类型的婚姻家事案件的特点和讼争性的强弱选择相应的程序规定进行审理，在审理过程中才可考虑是否适用诉讼法理和非讼法理，以满足婚姻家庭事件对程序法理的基本需求。

第二，满足婚姻家事诉讼程序的特殊性。这种特殊性首先表现在其与民事诉讼法规定的特别程序的区别，即与非讼事件程序的区别。非讼事件一般是指没有权利义务争议，只需要确认权利义务的实际状态，或需要确认某种法律事实状态，所以适用特别程序，或称非讼程序。我国现行《民事诉讼法》第十五章规定的特别程序，从理论上讲是狭义的非讼程序。适用该程序的案件包括：选民资格案件；宣告失踪、宣告死亡案件；认定公民无行为能力、限制行为能力案件；认定财产无主案件；确认调解协议案件和实现担保物权案件。其中宣告失踪、宣告死亡案件，认定公民无行为能力、限制行为能力案件，认定财产无主案件等，是传统的、典型的非讼程序。选民资格案件并非严格意义上的非讼案件，首先它不具有“民事性”，涉及的不是公民的人身权、财产权，而是选民的选举资格以及正常的选举秩序；其次，选民资格案件因具备双方当事人（起诉人与选举委员会）而不具备非讼案件的基本特征，因此《民事诉讼法》将其规定在特别程序中，只是立法技术的需要。广义的非讼程序包括《民事诉讼法》第十七章规定的督促程序、第十八章规定的公示催告程序。公示催告程序是为维护票据秩序而设立的程序之一，这种案件具有非讼性，与之相适应的程序也属于非讼程序。在这种程序中虽有双方当事人，但对方当事人处于不明状态，法院审理只是为了确认一定的事实是否存在，即是否有利害关系人申报权利，在法定期间如果无利害关系人申报权利，法院就依法判决宣告该票据无效，从而保护票据权利人的权益。[1]可见，公示催告程序建立在对票据权利没有争议的基础上，如果有利害关系人在公示催告期间申报权利并提出了与申请人对立的主张，公示催告程序便告终结。票据纠纷的双方要解决争议，就只能提起诉讼，由法院按通常诉讼程序解决。督促程序以债权债务关系不存在争议为假设前提，如果债务人

---

〔1〕 何文燕：《民事诉讼法学》，湖南人民出版社2001年版，第343页。

在法定期限内不提出异议，支付令即可产生与生效判决同等的法律效力。如果债务人对支付令提出了有效异议，人民法院就应裁定终结督促程序，支付令失效。这时可转入普通诉讼程序审理，但申请支付令一方当事人不同意提起诉讼的除外。

以上都是通过人民法院按照特别程序的规则审理解决的案件和程序，其审理对象可被称为非讼事件。现实中还有一些纠纷或法律事务可以不通过人民法院，而直接申请相关部门或律师协助解决，这类事件被称为非诉讼事件，适用诉讼外的相关程序，在此不赘述。

在非讼事件的程序开始后，法院可依法主动干预，以防止事后发生纠纷。作为审理对象的非讼事件往往涉及公益或他人利益，法院处理解决程序中带有某种民事行政的性质，而不完全受制于私权自治。所以，法院对于诉讼程序的推进以及程序事项的处理，通常应持积极的干预态度，充分地发挥职权裁量的作用。从这一方面看，婚姻家事案件与非讼案件在审理程序上有共同之处，例如，婚姻家事审判程序和非讼事件程序一样都需要适用职权探知主义、程序不公开等非讼法理等。

但是婚姻家事案件的诉讼程序与非讼事件的审理程序的区别也是明显的。第一，婚姻家事诉讼案件存在着利益对立或情绪对立的双方当事人，所以能依照民事诉讼的通常程序法理进行反驳或反诉，也可依案件情形进行辩论，也可以交错适用非讼法理。而非讼案件一般只有一方当事人，所以适用程序法理的程度不同。第二，婚姻家事案件具有讼争性。在多数情况下，这类案件涉及民事权利义务的争议，属于诉讼性质的案件。而非讼性的案件则以没有权利义务的争议为标志。因而人民法院在婚姻家事诉讼程序中，可根据案件特点适用辩论主义等普通民事案件的诉讼法理。如果家事非讼程序中只适用非讼法理，当面对家事非讼事件中具有讼争性的事件，或在解决纠纷过程中产生的激烈对抗时，就难以进行下去，也无法保障当事人的程序主体性地位。这就是家事诉讼程序与上述非讼事件审理程序的主要区别所在。第三，婚姻家事案件在诉讼程序进行前或进行中都可以适用调解，有些案件还把调解视为前置程序，例如，离婚案件等案件就需先行调解。非讼程序一般则不适用调解。

由此可见，婚姻家事案件诉讼程序与现行非讼程序有较大区别，需要一种综合性的特殊诉讼程序。我国现行民事诉讼程序虽然有诉讼程序与非讼程序之分，但却没有从解决社会复杂矛盾和不同类型民事纠纷的角度考虑设置不同的诉讼程序。因此，设立适用于婚姻家事案件的婚姻家事诉讼的特别程序，是改革我国民事诉讼程序设置的需要，也是对建国初期婚姻诉讼制度的创新。

总之，因为婚姻家事案件当事人身份的特殊性和纠纷发生原因的特殊复杂性，需要及时而慎重的处理；因为当事人就相关事实保持隐秘的需求，以及公益性而需要国家干预；基于尊重当事人自主解决家事事件的需要，对抗式的诉讼及生硬的裁判对消除家庭不和谐状态不但没有多大帮助，而且激烈公开的法庭争辩反而可能更加激化彼此的矛盾。所以调解在婚姻家事案件的审理中就显得尤为重要。如此等等，不再赘述。同时，面对婚姻家事诉讼案件的日益复杂化、多元化趋势，如果仍旧沿用通常诉讼程序的审理理念和程式来解决发生争议的身份关系，往往会面临难以逾越的困难。首先，通常诉讼程序严格遵循私权自治原则，在诉讼中给予当事人较多的自由权和选择权，法院一般不能干预，而婚姻家事诉讼事件则不完全适用私权自治之法理。因为当事人对诉讼标的身份关系不具有自由处分的权利。如我国法律明确规定，无效婚姻是不准许当事人间进行私自和解的。其次，身份关系是涉及公、私双重权益的一种社会关系，实体法就此关系作了种种规定，但诉讼法上没有完全对应的程序，通常诉讼程序充其量勉强能应付诉讼中的部分案件，但就婚姻无效之诉、婚姻撤销之诉、婚姻关系存否确认之诉等涉及身份关系的纠纷而言则显乏力，其结果是这些案件极少步入法院大门，致使违法状态一直延续着，严重损害了国家法律的权威和社会公益秩序。

（二）实体法需要有相应的程序法保障

第一，新中国成立以来，我国关于婚姻家庭领域的实体法的建设一直受到高度重视，特别是2001年《婚姻法（修正案）》不仅在实体内容有重大修改，而且直接涉及许多诉讼法上的问题，使婚姻法在实际操作上增加了难度，导致婚姻案件的类型增加，对诉讼程序的要求更为迫切。而我国民事诉讼法对此却没有及时地修改和相应完善。比如，无效婚姻与可撤销婚姻、夫妻约定财产制、离婚损害赔偿等制度在民事诉讼程序中很难找到相应的程序规则。现行《民事诉讼法》的规定大多是针对解决财产关系纠纷而制定的，适合处理婚姻家事诉讼案件的规定并不突出，因而不能满足解决多种诉讼案件的需要，使得这些实体法的新制度很难通过诉讼达到保护当事人利益的目的。可见，程序法相关规定的缺失，使实体法对当事人权利的保护也显得苍白无力。因而在市场经济条件下，改革我国的民事诉讼制度需要从全局的角度出发转变民事诉讼观念，不仅要建立和完善适应一般民事案件的诉讼程序制度，还要充分考虑到婚姻家事诉讼案件等特殊类型民事案件的性质，设置与其相适应的程序制度，做到既保护平等的诉讼个体的权利，又兼顾社会的公共利益。因此，合理地转变民事诉讼观念，认清我国的法律现状是我国民事诉讼理论研究，以及民事诉讼改革和设立相关特别诉讼程序的关键。以上论及的新形势下婚姻家事案件面临程序保障的困境和建国初期诉讼的历史局限性，也表明我国的民事诉讼程序制度上必须改革。

第二，从实体法与程序法的关系方面看，实体法需要有相应的程序法保障。婚姻家庭方面的立法发展较快，除了《婚姻法》外，20 世纪 90 年代，我国还颁布了《收养法》等相关的实体法，婚姻家事纠纷大大增加。除了传统的离婚诉讼案件外，还有无效婚姻和撤销婚姻纠纷、亲子纠纷、收养等等，不仅使婚姻家事案件范围扩大，而且从无效婚姻和撤销婚姻案件的诉讼特点来看，职权干涉原则的色彩更加浓厚。因而从婚姻家事纠纷范围及其自身诉讼的特点来看，应当从通常诉讼中分离出来另行规定诉讼程序。同时，最高人民法院的《证据规定》确立了对通常诉讼案件以辩论主义为主的诉讼原则，并明确规定有关身份关系的诉讼不适用于通常诉讼的有关规则。这也说明，身份关系的诉讼应当有其自身的规则。此外，我国现有法律和司法解释，虽然也有一些关于身份关系诉讼的特别规定——例如，《民事诉讼法》及相关司法解释规定，涉及身份关系的诉讼，不适用证据自认规则；离婚诉讼当事人必须到庭；依法解除离婚关系的案件不得申请再审；无效婚姻不能调解等等——但都比较分散，不够全面和系统，不便于司法实践操作和运用。故有必要对《民事诉讼法》进行全面修改、完善和集中。例如，《证据规定》中规定了“自认”不适用于涉及身份关系的诉讼，这是通常诉讼中适用辩论原则的例外。那么，婚姻家事诉讼与通常诉讼到底还有哪些例外就不清楚了。又如，对于辩论原则中的对诉讼请求的承认等，是否适用婚姻诉讼案件，对此也没有具体规定。这不仅是立法上的不完善，也给司法实践带来了许多困惑。

（三）是进一步深入进行司法改革的需要

从我国的司法实践来看，目前已初步形成了辩论主义原则，那么婚姻家事诉讼的某些职权干预原则，就有必要从中分离出来，作为特殊诉讼程序加以规定。由于民事诉讼理论研究的不断深入和发展，其逐步冲破了超职权主义诉讼理论束缚，形成了符合现代要求的民事诉讼的新理念，有力地推动和促进了民事诉讼司法改革的步伐。而随着辩论原则的推行，婚姻家事诉讼与通常的区别自然显现出来。婚姻家事诉讼适用该原则的情形与通常诉讼不同，原先婚姻诉讼中的某些职权干预原则需要保留。这就决定了建立特殊的婚姻家事诉讼程序和制度具有必要性，这也是诉讼制度进一步改革的实际需要。

总之，从我国现行《民事诉讼法》就有关婚姻家事诉讼的规定来看，其远远落后于婚姻领域内相关实体法的步伐。况且，《民事诉讼法》中关于家事诉讼的规定也过于简单，未免挂一漏万，现行法中有关家事诉讼程序的规定又过于片面、笼统，已无法完全适应诉讼实践的需要。因此，笔者认为，结合中国司法制度的现状，在民事诉讼程序体系中尽快设立综合性的婚姻家事诉讼特别程序是非常必要的。

二、设立独立的婚姻诉讼特别程序的可行性

新中国初期的婚姻诉讼为我们提供了实践经验和理论借鉴。如服务与职权干预结合、诉讼调解与非讼调解结合等实践经验，诉讼原理与非讼原则交错适用等理论借鉴等，这些都说明设立婚姻诉讼程序具备可行性。

（一）具有一定的立法基础和经验借鉴

第一，我国已经有了一定的立法基础。现行法律和司法解

释对婚姻家事诉讼已经有了许多特别规定，这对制定全面、系统的人事诉讼制度，创造了有利条件，提供了一定的立法基础。有关法律和解释对人事诉讼的特别规定，除了前面说的外，还有诸如新《民事诉讼法》第 122 条关于先行调解的规定、第 124 条第 7 项关于限制起诉的规定、第 134 条关于不公开审理的规定、第 135 条关于巡回审理，就地办案的规定、第 151 条第 3、4 项关于诉讼终结的规定、第 202 条规定不得申请再审的案件以及确认调解协议案件程序以及《证据规定》第 8 条的规定等，都涉及婚姻家事案件，在此不予一一列举。这些规定实际上已经成为婚姻家事诉讼作为特别程序的立法基础。

第二，有国外经验可供借鉴。当今世界，婚姻家事诉讼也被称为人事诉讼程序，其立法体例大致可分为三种模式：第一种是德国模式，即在民事诉讼法中，将人事诉讼程序作为专门一编加以规定，德国、我国台湾地区等均采用此种模式。第二种是日本模式，即将人事诉讼程序法单列，形成一部单行法规，日本、韩国等均采用该种模式。第三种是苏联东欧模式。这种模式是在民事诉讼法中不区分婚姻家事诉讼与一般民事诉讼，仅就人事诉讼中的主要诉讼类型，如离婚之诉等有关问题作特殊规定。我国目前的做法就属于第三种。因此，构建我国婚姻家事诉讼程序时，应结合我国法律制度的现状和构建的可能性加以抉择。[1]笔者认为，如果在民事诉讼法之外制定单独的婚姻家事诉讼法，比较复杂，达不到立法简洁的目的。一方面，我国尚无对民事诉讼特别程序另行立法的先例，而且另行立法的成本较高，也会有一定的阻力。因此，在《民事诉讼法》中增设婚姻家事诉讼程序更方便快捷。即采用德国和我国台湾地区的

---

〔1〕 陈爱武：《人事诉讼程序研究》，法律出版社 2008 年版、第 140 页。

立法模式，对婚姻家事案件与普通民事案件进行区分，将婚姻家事诉讼程序作为特别规定，安排在具体的“编”或“章”中。但我国民事诉讼法已经于2012年进行了较大的修改，短期内再次修改《民事诉讼法》的可能性不大。而要解决婚姻诉讼实践之急需，权宜之计是通过司法解释进行相应规定，待修法时机成熟，再正式吸收在《民事诉讼法》中，以进一步完善我国的婚姻家事诉讼程序制度。

第三，我国社会改革为完善婚姻诉讼制度提供了契机。目前，在世界范围内，家庭仍被界定为社会秩序稳定的重要因素。因为不管社会如何复杂，不可否认的是，个人或婚姻家庭生活绝不可能与其他社会成员或社会之间毫无牵连。在现代社会中，不论有无意愿、有无意识，都无法否认个人及家庭受社会、国家、经济等因素的直接或间接影响。同时，家庭也是社会中个人生活与社会秩序安定的基石。家庭作为社会的细胞，若发生大量的家庭纠纷，不仅对家庭秩序有影响，而且对整个社会的秩序都有重大影响。所以，社会秩序的稳定在一定程度上取决于家庭的和睦相处，婚姻家庭制度是社会稳定的重要制度，因为没有和谐的婚姻家庭，文明就不会产生，社会就不会进步。因此，纠纷当事人不能随意处分身份关系，故在程序的设置上，应区别于实行处分权原则的普通民事诉讼程序，须单独设立家事审判程序，通过法官的自由裁量权和职权调查来干预婚姻家庭关系。党的十一届三中全会以来，我国经历了三十多年的改革开放变革时期，整个社会都发生了巨大变化，法制建设也呈现了大发展的局面，一个有中国特色的社会主义法律体系已经初步建立。民事诉讼制度也得到了不断发展和完善，出现了前所未有的好形势，为建立婚姻家事诉讼制度创造了新的契机。

（二）实质正义观是婚姻家事诉讼程序的法理依据

从古至今，有关正义的理论学说很多。但谁也无法否认正义是社会制度的首先价值。[1]西方现代以来，司法摆脱了对实质正义的顶礼膜拜，确定了程序正义的法治观念，但实质正义仍是司法的最高理想，只是由于各种主客观原因没有办法轻易达到，所以只要程序是公正的，由公正的程序产生的结果就被视为是公正的。但是，对大多数市民而言，在程序正义的司法理念下，流于形式的程序选择权实际上就是对有效正义的拒绝。程序正义不考虑现实中的个体差异、经济地位等，而是以同一方式对待。即"在这里，只有原告、被告、证人、代理人，而不管他们在社会上是新任局长还是卖瓜王婆"，[2]是以通过牺牲个案的正义而达到形式上的正义。但时至今日，人们不仅追求形式上的正义，而且追求实质正义、个案正义。在婚姻家事案件的审理中，更应该追求实质正义，特别是个案的公正，这主要是为了处理家事事件的程序能满足家事案件的特性。故此，长久以来，世界各国的家事事件处理都非常注重个案的正义，并引入"治疗"理念。[3]婚姻家事诉讼程序的设计并不只是追求过去事实的准确认定，而在于对人际关系进行调整，以消除误会，恢复感情，尊重家庭制度和维系家庭的正常状态。为此，就需要发挥法官的运用职权探明事实真相的作用，即使当事人没有提出的证据也可进行调查。当然这并不意味着可以忽视当事人的程序保障权，法院自主收集的证据也应当听取当事人对该证据的看法。由此可见，家事审判程序强调通过发挥法官职权来维护家庭制度及保护家庭中的弱势群体（如妇女、儿童、老年

---

〔1〕［美］约翰·罗尔斯：《正义论》，何怀宏、何包钢、廖申白译，中国社会科学出版社1998年版，第1页。

〔2〕季卫东："程序法的意义"，载《比较法研究》1993年第1期。

〔3〕范愉：《非诉讼纠纷解决机制研究》，中国人民大学出版社2000年版，第89页。

人)，虽由法官主导程序的进行但并不漠视当事人程序主体性，法官不得侵犯当事人的听讯权，也不得偏袒任何一方，而是依据法律、良知、生活经验常识和相应的伦理道德来解决家事事件。

(三) 实体法的模糊性是婚姻诉讼程序作为特别审判程序的客观依据

婚姻家庭法在各国的民法发展史中都是变化最多、修改最大的部分，这不仅和时代对家庭的影响有关，而且也可反映出各国对有关身份立法的重视。但是无论多么精妙的立法都无法克服家庭法在实际操作中的模糊性。特别是当婚姻家庭法作为法院的裁判规范时，其抽象化的立法，特别需要法官的职权裁量权。其主要体现在以下几个方面：首先，重视男女的平等权利。婚姻家庭关系不是简单的契约关系，而是感情、血缘关系的整合，但现实中夫妻之间因生理等因素的影响，男女之间的经济实力悬殊。因此，充满对抗的形式上平等的当事人主义的诉讼模式，并不能够平等地解决婚姻家事事件。所以，要实现男女真正意义上的平等，不仅要在立法上保障男女的平等，而且更应注重在家事审判程序的设计上加强对弱势群体的保护，实现“可以看得见”的男女平等。其次，离婚从有责主义演变为破裂主义。婚姻的关键点是双方的特殊爱慕，感情是至关重要的，但感情也会在现实社会的磨炼下发生了变化，婚姻含有感情的因素，所以它不是绝对稳定的，本身就含有离异的可能性，因此，离婚不应采过错原则而应采破裂原则。实体法立法原则的变化对家事事件的审理提出了新的要求，因为感情是双方当事人内心深处难以捉摸的感觉，而要求法官去判断感情是否破裂，这本身就是对“清官难断家务事”的印证。故离婚原因的规定便是法官裁判感情是否破裂的可操作性规范，但离婚原因及其与事实的关系的认定问题以及离婚原因中的模糊性规定则都需要法官的自由裁量权和职权干预。所以，承担社会公正最后一道屏障的司法机关，一方面要保证感情确已破裂的夫妻能顺利离婚，另一方面，必须要妥善地利用协商、调解、诉讼等方式来维持婚姻家庭关系的稳定。家事审判程序正是国家介入婚姻家庭领域、规制离婚的产物。

三、构建婚姻诉讼特别程序的大体思路

关于婚姻家事诉讼程序的研究已有不少成果，特别是王礼仁、陈爱武等专家学者对人事诉讼程序的研究更为系统详细。笔者在此仅就自己的粗浅理解略述一管之见。

（一）婚姻家事诉讼程序的适用范围

适用范围问题是婚姻家事诉讼程序中一个重要的、基本的问题，这个问题解决不好，就难以深入其他相关问题的讨论。在探讨我国婚姻家事诉讼程序适用范围时，应该根据《婚姻法》和《收养法》加以确定。笔者认为，我国婚姻家事诉讼程序适用的案件范围应包括以下几类：一类是婚姻关系案件，即离婚、撤销婚姻、确认婚姻无效、确认婚姻关系是否存在等案件。第二类是亲子关系案件，主要指否认子女为婚生子女案件、认领子女案件和确认父母子女关系的纠纷等。第三类是收养案件，主要包括收养无效案件、解除收养关系、确认收养关系是否存在案件等。第四类是抚养案件，主要包括子女抚养、给付抚养费、抚育费、变更抚养关系等案件。〔1〕至于宣告死亡案件和确认公民无民事行为能力、限制民事行为能力案件所适用的程序，因“这种程序不具有诉讼性质，应属于非讼案件程序”，〔2〕况

---

〔1〕 陈爱武：《人事诉讼程序研究》，法律出版社2008年版，第142～143页。

〔2〕 王强义：《民事诉讼特别程序研究》，中国政法大学出版社1993年版，第19页。

且《民事诉讼法》对上述案件所适用的程序已有专门规定，因而不宜将其纳入婚姻家事诉讼程序所适用的案件范围。

（二）婚姻家事诉讼程序应确立的原则

第一，婚姻家事诉讼程序实行不公开审理原则。婚姻家事事件涉及当事人的生活隐私，如将其公之于众，不利于当事人关系的调和，并可能使生活误会进一步加深，破坏家庭稳定与社会秩序，故在家事审判程序中不实行公开审理原则。而我国现行的规定是“是否公开审理由当事人申请并由法院决定”，为此有必要修改为“应当不公开审理”。除此之外，尚需进一步完善程序不公开的相应措施，如规定不得以新闻报纸、杂志及其他出版物登载或广播当事人姓名、年龄、职业与肖像的事实和照片等。

第二，调解前置原则。婚姻家庭纠纷中双方往往在一起生活多年，有着深厚的感情，不管存在多大的分歧，多年的感情和与身俱有的血缘关系都是很难割舍的。故此，双方都渴求自主地解决纠纷，避免在对抗式的争辩中互相指责而激化双方的矛盾。所以，应在家事审判程序之前设置强制调解程序。我国《婚姻法》第 32 条规定了“人民法院审理离婚案件应当进行调解；如感情确已破裂，调解无效，应准予离婚”。调解在我国是诉讼的必经程序，而不是诉讼的前置程序。基于家事事件的公益性、隐私性，应将调解规定为家事审判程序的前置程序。但是我们应当注意的是，并不是所有的案件都适合于调解，如宣告或撤销禁治产、无效婚姻等。对此，《最高人民法院关于适用〈婚姻法〉的解释（一）》第 8 条的规定无疑是正确的，即人民法院审理宣告婚姻无效案件，对婚姻效力的审理不适用调解。

第三，职权主义的审理原则。从国外立法来看，在家事审判程序中，通常诉讼程序中关于对他人主张事实的自认或不争执的规定都不适用于家事审判程序。在家事审判程序中，法官可依职权调查、收集证据，可依职权考虑双方未提出的事实。在我国，《最高人民法院关于民事诉讼证据的若干规定》第8条已明确规定自认规则不适用于身份关系诉讼案件，但尚有些内容未规定及规定不明确。所以，考虑到许多案件当事人举证的艰难，在构建家事审判程序时，应赋予法官依法收集调查证据的职权。同时，对于当事人双方未提出的事项，法院是否有权调查、收集证据并加以认定，我国的立法和司法解释均未作规定。笔者认为，对此还应加以明确和完善，即法院在处理维持婚姻或确认婚姻是否无效或不成立等案件时，对于当事人未提出的相关事项，法官行使释明权如果不能解决问题，可以依职权调查收集证据。

第四，《民事诉讼法》第62条已经作了关于离婚诉讼代理的特别规定，即离婚案件有诉讼代理人的，本人除不能表达意思的以外，仍应出庭；确因特殊情况无法出庭的，必须向人民法院提交书面意见。也就是说，婚姻诉讼应以本人亲自诉讼为原则。

（三）婚姻家事程序相关内容的调整

有关家事审判程序的内容，应当体现职权主义审理原则，以及满足家事事件的特性在程序上的需求。根据我国婚姻家事纠纷的特点，参照国外的家事审判程序，除上述适用范围和原则外，在构建我国家事审判程序时，还应设置如下一些相关内容。

第一，关于管辖的规定。从国外的立法来看，婚姻家事审判程序注重于家事事件管辖的专属性，主要是以当事人住所地为标准确定管辖法院，这样便利于诉讼。笔者认为，我国现行《民事诉讼法》关于一般地域管辖规定和一般地域管辖的例外规定基本符合婚姻诉讼案件的情况，只是需要进一步明确婚姻案件中夫妻有共同住所的，由共同住所地法院管辖；若无共同住所地，则由被告住所地法院管辖。除了根据我国现行《民事诉讼法》第22条外，应增加关于撤销婚姻、婚姻无效、确认婚姻关系是否存在、亲子关系案件、收养关系等案件管辖的明确规定。

第二，婚姻家事案件关于起诉的特殊规定。收养、婚姻关系事件在起诉上的特别之处，主要表现在各种诉讼可以合并审理以及限制起诉等。如在婚姻事件之诉中，为了同时解决纷争、避免重复诉讼而给当事人造成讼累，以及避免裁判相互抵触，应当就当事人与婚姻有关的诉讼进行合并、变更、追加或提起反诉，设立特别规定。对婚姻无效之诉、撤销婚姻之诉、离婚之诉，可以合并或提起反诉。同时，为了一次性解决纠纷，也应规定婚姻事件与婚姻效果事件一并解决，如与婚姻事件有关的离婚损害赔偿、子女抚养等事件应一并解决。对于起诉的限制，我国现行法律也有一些规定，如对男方起诉离婚的限制，重新起诉的时间限制，这些对稳定家庭关系具有积极意义，应做相应技术处理后纳入家事审判程序法。另外，应增设“禁止另诉”的规定，即驳回婚姻无效或撤销、离婚或撤销离婚的诉讼请求后，原告不得以变更之诉或其他理由提起独立的诉讼，被告亦不得以反诉理由主张的事实提起独立的诉讼。

第三，关于当事人问题。首先，应适当扩大对当事人诉讼行为能力的规定。对于婚姻家事案件的当事人问题，应充分尊重身份关系当事人本人的意愿，尽量使其能亲自进行诉讼。相应扩大对当事人诉讼行为能力的规定，在必要时赋予限制民事行为能力人诉讼资格。同时，法官可以依申请，指定律师担任其诉讼代理人。其次，婚姻家事诉讼程序的诉讼主体应具有多样性。在通常的民事诉讼程序中，我国以“与案件有直接利害关系”为标准确立原告的诉讼主体地位。但由于婚姻家事案件的审理结果不仅在双方当事人间产生效力，而且对当事人之外的第三人也会产生影响。因此，为了顾及婚姻家事诉讼程序的公共影响，应当明确利害关系人对案件的诉讼参与权。对此，《最高人民法院关于适用〈中华人民共和国婚姻法〉若干问题的解释（一）》第7条中的相应规定，还需要在民事诉讼法律条文中予以明确。这样才有利于婚姻家事诉讼案件的全面解决，也可避免重复诉讼和不同法院之间对同一问题的矛盾裁判。

第四，关于婚姻案件的判决。笔者认为，根据婚姻家事案件的特点，应当与一般民事案件一样实行对席审理、对席判决。也就是说，在婚姻家事诉讼中应限制作缺席判决。[1]而在我国司法实践中，对一方下落不明的离婚案件采取缺席判决的方式还比较多，判决后出现的问题也不少。几年前，有媒体曾报道过一则案例。大体内容是：A市的谭某之妻肖某因夫妻不和而出走6年，谭某多次寻找无下落。后来谭某得知肖某已在B市与某男登记结婚。谭某拿出自己与肖某的结婚证找女方说理，认为肖某是重婚行为，而肖某则拿出当地法院判决书，证明法院已经判决自己与谭某离婚，因而与某男是合法婚姻。谭某丈二和尚摸不着头脑：法院为什么在一方全然不知的情形下判决离婚呢？经了解，女方是在自己娘家所在地法院起诉离婚，谎称谭某属于“招郎”上门结婚，居住地在女方家，外出打工下落不明，并提供了相应的虚假证据，当地法院依据女方的证据作出了离婚判决。显然，这种缺席判决是不慎重的。现行《民事民诉法》第143～146条规定了几种可以使用缺席判决的情形，但并没有规定离婚案件是否适用，也没有规定对下落不明的当事人适用公告送达后是否适用缺席判决，以及缺席判决不当的救济方式。这样不仅操作困难，而且也达不到缺席判决的应有效果。因此，为了更好地保护双方当事人的利益，为了保

〔1〕王强义：《民事诉讼特别程序研究》，中国政法大学出版社1993年版，第292页。

持身份关系的高度稳定，我国有必要借鉴德、日等国的规定，对婚姻家事诉讼限制适用缺席判决。

此外，在通常民事诉讼中，一方当事人死亡但有继承人承受诉讼的，并不终结诉讼程序。而在婚姻诉讼中，由于身份关系的专属性，其他人无法承担诉讼。故当事人一方当事人死亡，诉讼程序应予终结。但在第三人提起的婚姻无效之诉中，配偶一方死亡的，仍应以生存一方为被告继续诉讼，而不终止诉讼程序。

关于再审制度的限制适用。我国《民事诉讼法》第202条规定："当事人对已发生法律效力的解除婚姻关系的判决，不得申请再审。"这是我国特有的一个规定。根据我国再审制度的特点，对婚姻家事诉讼的再审问题作出规定是完全必要的。离婚诉讼、婚姻撤销之诉以及解除收养关系等案件，应当限制适用再审程序。当然，在婚姻家事诉讼中限制性适用再审，并不是对其完全禁止，这样才能充分体现有错必纠的原则。根据《民事诉讼法》第201条的规定，当事人对已经发生法律效力的调解书，提出证据证明调解违反自愿原则或调解协议的内容违反法律的，可以申请再审。经人民法院审查属实的，应当再审。如对于虚假诉讼的离婚当事人在人民法院骗取离婚调解书，在一定条件下，就应允许当事人申请再审。又如对确认婚姻关系是否存在的确认之诉、收养关系是否成立的确认之诉以及确认亲子关系的诉讼、确定生父之诉等，应当允许正常再审，无需限制。[1]因为判决的依据是客观存在与否的事实，而在审判实践中，由于各方面因素的影响，法院对案件事实的认定也可能出现偏差，所以，对上述几类案件及相类似的案件允许使用再审制度是十分必要的。

---

〔1〕李杰："完善我国身份关系诉讼制度的构想"，载《中国法学》1990年第6期。

本章小结

新中国初期婚姻司法实践的历史功绩是有目共睹的，婚姻诉讼实践的成功经验与现代婚姻家事案件的程序需要，在很大程度上具有契合性，其许多成功的经验也被传承至今。况且，虽然“初期”这一时间概念已经成为过去，但婚姻诉讼却在继续，由此决定着初期的婚姻诉讼必然走向现代诉讼。但我们同时也要看到，这一特定历史时期的婚姻诉讼不可避免地具有时代特征并带有历史局限性。随着时代的发展，我国婚姻家庭制度和婚姻家庭观念已经发生了变革，婚姻家事纠纷也发生了巨大的变化，建国初期的许多方法已不满足或不适应新时期婚姻家事纠纷对诉讼程序的特殊需求。更重要的是，我国长期以来的职权主义模式是按照通常诉讼程序处理婚姻家事案件，而民事审判方式改革中强调的又是当事人主义、普遍推行辩论原则和处分权原则，没有认识婚姻家事案件的特殊性，自然也不可能认识到婚姻家事纠纷对诉讼程序的特殊要求。因此，在民事诉讼程序体系内增设婚姻家事诉讼程序很有必要，并且设立婚姻家事诉讼程序在当今也有一定的法律基础和法理依据。笔者认为，有必要在吸收新中国初期婚姻司法实践成功经验的基础上，对婚姻诉讼制度加以改造和创新。鉴于2012年《民事诉讼法》已经修改，也许暂时还不可能再次修订，建议通过司法解释对婚姻家事纠纷的程序作特别规定，完善婚姻家事诉讼程序。并应充分考虑到婚姻家事事件的特征及个性，通过在程序进行中视具体情况交错适用诉讼法理及非讼法理来对家事事件进行妥当的解决。

结 论

新中国初期，我国婚姻制度发生了根本性的历史变革，主要标志就是传统婚姻制度的渐渐废除和社会主义婚姻制度的逐步确立。而在这一历史变革过程中，我们不可忽视婚姻诉讼制度的形成背景及其作用。笔者之所以选择建国初期（即 1950 年至 1956 年）婚姻司法作为研究的对象：一是因为这一时期婚姻案件几乎是民事案件的主流，婚姻诉讼实践具有中国特色，并且有显著成效。二是因为 1957 年后至改革开放前很长一段时间内，普通民事案件审判与婚姻案件的审判程序合一，民事程序立法没有大的进展，而这一时期的婚姻司法活动却一直运行，并且对新中国后来的民事诉讼制度和程序产生了巨大的影响。也正因为如此，研究建国初期婚姻诉讼具有典型意义和一定的理论价值。

如同新中国成立是历史的必然一样，具有中国特色的婚姻家事诉讼制度的雏形也是历史发展中诸多因素作用的必然结果。除了政治、经济和文化因素影响外，其主要根源还在于三个方面的背景：其一，实体法背景。1950 年颁布的《中华人民共和国婚姻法》引起的婚姻家庭制度变革，必然产生对司法程序的需求，促使了婚姻诉讼程序制度的形成。其实这也是实体法与程序法互动关系的具体体现。其二，程序制度背景。革命根据地创建的民事审判程序和制度，在建国初期的婚姻审判实践中一直被沿用，是新中国婚姻诉讼的制度基础和历史渊源。其三，社会实践背景。司法保障在婚姻法贯彻实施中的经验积累，是新中国婚姻诉讼制度形成的实践基础。

我国立法中尽管没有“婚姻诉讼制度”的概念，但在司法实践中因婚姻纠纷引起的诉讼却是客观存在的。我国婚姻诉讼制度的雏形与民事诉讼制度的形成具有同源性，即根源于革命根据地的优良司法传统和新中国成立初期的司法实践。略有不同的是，基于程序法与实体法的互动关系原理和建国初期的特殊情况，婚姻领域内的实体法促进了我国婚姻诉讼制度的生成和发展。我国1950年的《婚姻法》明确废除了包办强迫、男尊女卑、漠视子女利益的封建主义婚姻制度，确立了婚姻自由、一夫一妻、男女权利平等、保护妇女和子女利益的新婚姻制度和原则，新型的婚姻家庭制度得以形成。《婚姻法》规定的基本原则是千百年来男女当事人在婚姻问题上梦寐以求的愿望。经过广泛的宣传贯彻，《婚姻法》深入人心，广大群众纷纷要求解决过去不合理的婚姻，人民法院受理的婚姻案件必然增多，这正是婚姻诉讼制度形成的社会基础。新中国初期的司法制度对1950年《婚姻法》贯彻实施的保障作用主要表现在三个方面：一是设立司法机构，为实施《婚姻法》提供组织保障；二是初步确立民事审判工作的一些原则和制度，为处理婚姻家事案件提供裁判依据；三是司法机关在《婚姻法》的宣传贯彻活动中参与处理婚姻纠纷。

新中国成立初期我国法制的外在特点是政府推进型，而内在的需求则是社会演进型，即借重于社会民众的法治实践。1950年《婚姻法》的贯彻实施过程中，通过组织声势浩大的宣传《婚姻法》的群众性运动，取得了很大实效，从法律上确立了我国新的婚姻制度，实现了婚姻家庭领域的废旧立新。这一时期，人民法院根据《婚姻法》以及相关政策的规定，几年间审理了数以百万计的离婚案件。对这些婚姻案件的处理，不仅进一步促进了《婚姻法》的贯彻实施，而且也在一定程度上推动了我国婚姻诉讼制度的形成和发展。

通过对这一段的回顾与考察，笔者认为，新中国成立初期对婚姻纠纷的处理，总体上是诉讼内与诉讼外相结合的一种互动模式。在司法实践中，一般表现为专门机关与民众参与相结合、人民调解与诉讼调解相结合，以及运动推进式的运行方式。这种运行方式反映了当时婚姻诉讼实践的时代特征，即体现在婚姻诉讼的结构特点是处理案件的程序简单而宽松，处理婚姻纠纷的方式方便而灵活；审判婚姻案件的依据具有政策导向；审判观念和审判活动过程的便民服务性与职权性相结合等特点。这些特点表明，新中国初期婚姻诉讼实践，既传承了解放区和革命根据地的优良传统，又针对当时的社会需要做了创新性的调整。例如，体现革命根据地时期具有“马锡五审判方式”特色的注重调解、群众参与、职权调查、就地解决等处理纠纷的方式，不仅用于解决婚姻纠纷，而且在审理其他民事案件中也被长期沿用。由于建国初期程序制度和实体法律制度还不健全，百姓对现有的法律还不了解，也不可能适应复杂的程序。加之婚姻纠纷数量增多，广大农村交通不便，人民群众文化水平较低，并且在《婚姻法》的实施过程中，宗法势力影响和封建残余思想束缚还比较严重。因此，在这种情况下，开展宣传运动的作用不可低估。同样，如果法院不送法上门，不去为受害人做主，他们的冤屈就难以平息。因此，通过公审大会处理案件的方式，能让群众有一个诉说冤屈的机会和场所，让违法者受到教育，这在当时的条件下的确有一定的合理性。而基层法院巡回审理、就地办案，也与我国的地理环境当和时的经济以及文化状况相适应。

从婚姻诉讼角度看，新中国初期婚姻诉讼实践具有自己的特色，即在婚姻诉讼实践运行中既包含司法机关为人民服务的理念，又反映出了职权强制特点。职权性与服务性相辅相成，融为一体，法院审判与诉讼外调解结合，群众参与性的诉讼结构发挥了特殊的程序功能，对新中国实体法律制度的发展和程序法律制度建设都产生了巨大影响。虽然从现代意义上说存在着历史局限性与某些不足，但其优势和特色是主要的。建国初期婚姻家事诉讼制度的运行方式、诉讼结构和实践经验无不显现出其独特性和与现代诉讼共同的规律性。作为历史的一个组成部分，建国初期的司法实践在一定意义上说已成为历史传统，传统内部的合理成分，是可以为现代诉讼制度吸收的。作为历史的连续过程，建国初期婚姻诉讼传统法制并未因其是历史的东西而发生断裂，它在或大或小的程度上以某种新的形式获得延续，进而在一个新的法律系统中发挥新的功用。

随着改革开放的深入发展和《婚姻法》的几次修改，婚姻家庭领域也发生了大的变化。一方面，婚姻制度随着时代发展而发生变革；另一方面，西方文化、思想的渗透，对传统的婚姻道德观念也形成了较为强烈的冲击，人们的爱情、婚姻观念都发生了较大的变化。这两个方面的因素交织在一起，使得婚姻家庭关系变得日趋复杂，家庭领域的新问题、新情况层出不穷，婚姻家事纠纷出现了种类繁多，性质复杂，发生频率高等特点。这表明，社会现实对婚姻诉讼程序制度提出了新的需求。与此同时，新中国初期婚姻诉讼的历史局限性也显现出来。例如，程序立法滞后，过分偏重调解结案可能导致诉讼迟延和程序虚无而形成“重实体，轻程序”倾向，等等。但是，也不能因此而全盘否定我国传统中对当代的启示和值得借鉴的合理成分。

事实上，新中国初期婚姻诉讼实践的成功经验与现代婚姻家事案件的程序需要，在很大程度上具有契合性，而且我国婚姻诉讼一直在运行。不同的是，我国长期以来的职权主义模式是按照通常诉讼程序处理婚姻家事案件，而改革中又有片面强调当事人主义的倾向，普遍推行辩论原则和处分权原则，而没有认识到婚姻家事案件的特殊性，自然也不可能认识到婚姻家事诉讼的特殊要求，这就是当前婚姻家事诉讼在程序上的困境。因此，当前的首要任务就是针对婚姻案件的诉讼程序与其他民事案件诉讼程序未加区分的情况，根据婚姻制度变革对程序的需求，按照婚姻家事纠纷特点，在民事诉讼程序体系中增设婚姻家事诉讼特别程序，以解决现代婚姻家庭纠纷和维持社会秩序，构建和完善我国的民事诉讼程序。

总之，随着时代的发展，婚姻诉讼不能停留在“初期”，而必然走向现代。在进一步深化改革的过程中，通过回顾中国民事诉讼曾经走过的道路和曾经取得的成绩，可以发现新中国初期与当代社会转型所面临的纠纷解决的某些共同性。事实上，新中国初期婚姻司法实践及其所反映出的司法理念及规律性——如便民服务的司法精神、婚姻家事诉讼中职权干预、诉讼调解与诉讼外调解相结合、法院审判与有关单位配合与互动等合理性因素——仍有启示意义，并且传承至今。这就决定了新中国初期成功经验仍然有可供借鉴之处。服务性与职权性相结合的互动机制，也许正是新时期中国民事诉讼理论建构与实践运作之路。

参考文献

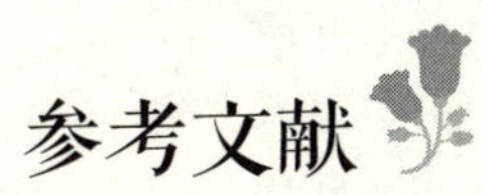

A. 著作与文献类

[1] [德] 恩格斯："家庭、私有制和国家的起源"，载《马克思恩格斯选集》（第4卷），人民出版社1972年版。

[2] 巫昌祯、杨大文主编：《走向21世纪的中国婚姻家庭》，吉林人民出版社1995年版。

[3] 肖爱树：《20世纪中国婚姻制度研究》，知识产权出版社2005年版。

[4] 何兵：《现代社会纠纷解决》，法律出版社2002年版。

[5] 张晋藩：《中国法律的传统与近代转型》，法律出版社1997年版。

[6] 张中秋：《中西法律文化比较研究》，南京大学出版社1991年版。

[7] 马起：《中国革命与婚姻家庭》，辽宁人民出版社1959年版。

[8] 马起：《谈离婚的政策界限》，辽宁人民出版社1957年版。

[9] 张树栋：《中国婚姻家庭的嬗变》，浙江人民出版社1990年版。

[10] 马原：《民事审判理论与实务》，人民法院出版社1992年版。

[11] 张希坡：《中国婚姻立法史》，人民出版社2004年版。

[12] 邱联恭：《民事程序之理论与实务》（第1卷），三民书局1996年版。

[13] 程维荣：《中国审判制度史》，上海教育出版社2001年版。

[14] 苏力：《法治及其本土资源》，中国政法大学出版社1996年版。

[15] 苏力：《送法下乡——中国基层司法制度研究》，中国政法大学出版社2000年版。

[16] 陈苇:《家事法研究》,群众出版社 2007 年版。
[17] 范愉:《非诉讼纠纷解决机制研究》,中国人民大学出版社 2000 年版。
[18] 章武生等:《司法现代化与民事诉讼制度的建构》,法律出版社 2003 年版。
[19] 法律出版社编:《离婚问题论文选集》,法律出版社 1958 年版。
[20] 福建省高级人民法院编印:《福建十年人民司法工作丛书:十年婚姻审判工作经验总结》,1960 年。
[21] 华东政法学院教务处编印:《婚姻法学习资料》,1953 年。
[22] 安徽省人民法院编印:《婚姻问题解答汇编》,1953 年。
[23] [苏] 哈尔切夫:《马克思列宁主义论婚姻与家庭》,刘辉译,生活·读书·新知三联书店 1960 年版。
[24] 韩恺东等:《她们争得了婚姻自由》,中南人民出版社 1953 年版。
[25] 邓颖超等:《论社会主义的爱情、婚姻和家庭》,新中国妇女社 1954 年版。
[26] 中央司法机关司法改革办公室编印:《司法调查汇编》,1952 年。
[27] 于玲等:《中国青年丛书——青年的恋爱与婚姻问题》,青年出版社 1950 年版。
[28] 西南政法学院编印:《刑、民事诉讼参考资料》,1956 年。
[29] 北京人民法院:《人民司法工作举隅》,新华书店 1950 年版。
[30] 丰坡:《我国人民法院》,湖北人民出版社 1957 年版。
[31] 中国人民大学审判法教研室编:《中华人民共和国法院组织、诉讼程序参考资料》(第 5 辑),中国人民大学出版社 1956 年版。
[32] 中国人民大学审判法教研室编:《中华人民共和国法院组织、诉讼程序参考资料》(第 6 辑),中国人民大学出版社 1957 年版。
[33] 董必武政治与法律文集编辑组编:《董必武政治与法律文集》,法律出版社 1986 年版。
[34] 云南省人民法院:"婚姻法宣传资料",载西南军政委员会司法部编印:《司法宣教工作材料选辑》,1952 年。
[35] "北川县人民法院惩治迫害妇女罪犯斗争公审大会专题报告",载西

南军政委员会司法部编印：《司法宣教工作材料选辑》，1952 年。
[36] 天津人民法院编印：《司法工作手册》（第 4 辑），1953 年。
[37] 天津人民法院编印：《司法工作手册》（第 7 辑），1954 年。
[38] 云南省人民法院编印：《司法业务学习资料》，1951 年。
[39] 陈绍禹："中华人民共和国婚姻法起草经过和起草理由的报告"，载云南省人民法院编印：《司法业务学习资料》，1951 年。
[40] 何文燕：《民事诉讼法学》，湖南人民出版社 2001 年版。
[41] 顾鉴塘、顾鸣塘：《中国历代婚姻与家庭》，台湾商务出版社 1995 年版。
[42] 杨大文：《婚姻家庭法》，高等教育出版社 2000 年版。
[43] 林有娴：《离婚诉讼》，天地图书 1999 年版。
[44] 陈刚：《民事诉讼法制的现代化》，中国检察出版社 2002 年版。
[45] 张荣铮、刘勇强、金懋功点校：《大清律例》，天津古籍出版社 1993 年版。
[46] 田平安主编：《民事诉讼法学》，中国政法大学出版社 1999 年版。
[47] 刘家兴：《民事诉讼原理与实务》，北京大学出版社 1996 年版。
[48] 张卫平：《程序实现中的冲突与衡平》，成都出版社 1993 年版。
[49] 常怡主编：《民事诉讼法学》，中国政法大学出版社 1999 年版。
[50] 柴发邦：《民事诉讼法通论》，法律出版社 1982 年版。
[51] 刘荣军：《程序保障的理论视角》，法律出版社 1999 年版。
[52] 陈光中、江伟主编：《诉讼法论丛》（第 1 ~ 2 卷），法律出版社 1998 年版。
[53] 邱联恭：《司法现代化与程序法》，三民书局 1999 年版。
[54] 自绿铉编译：《日本新民事诉讼法》，中国法制出版社 2001 年版。
[55] [日] 谷口安平：《程序的正义与诉讼》，王亚新、刘荣军译，中国政法大学出版社 1996 年版。
[56] 巫昌祯：《婚姻家庭法学 40 年》，上海人民出版社 1989 年版。
[57] 江伟：《民事诉讼法学原理》，中国人民大学出版社 1999 年版。
[58] 何文燕：《民事诉讼理论问题研究》，中南工业大学出版社 1996 年版。

[59] 黄松有、梁玉霞：《司法相关职务责任研究》，法律出版社 2001 年版。
[60] 李祖军：《民事诉讼目的论》，法律出版社 1999 年版。
[61] 江平：《民事审判方式改革与发展》，中国法制出版社 1998 年版。
[62] 司法部："关于人民陪审员的名额任期和产生办法的指示"，载中国社会科学院法学研究所民法研究室民诉组编：《民事诉讼法参考资料》（第 2 辑第 2 分册），法律出版社 1981 年版。
[63] 中央档案馆：《中国共产党第二次至第六次全国代表大会文件汇编》，人民出版社 1981 年版。
[64] 中南军政委员会司法部办公室编：《诉讼程序的基本原则》，中南司法通讯，1950 年。
[65] 刘广安：《中华法系的再认识》，法律出版社 2002 年版。
[66] 江伟，杨荣新：《人民调解学概论》，法律出版社 1990 年版。
[67] 刘敏：《当代中国的民事司法改革》，中国法制出版社 2001 年版。
[68] 常怡：《中国调解制度》，重庆出版社 1990 年版。
[69] 张学军："离婚诉讼中的调解研究"，载梁慧星主编：《民商法论丛》（第 7 卷），法律出版社 1997 年版。
[70] 董必武："关于收集整理十四个大中城市法院审理民、刑案件的资料问题"，载武延平等：《刑事诉讼法学参考资料汇编》，北京大学出版社 2004 年版。
[71] [日] 中村英郎：《新民事诉讼讲义》，陈刚等译，法律出版社 2001 年版。
[72] 董必武："五年来政治法律工作中的几个问题和加强守法教育问题"，载董必武法学文集编辑组编：《董必武法学文集》，法律出版社 2001 年版。
[73] 李立志：《变迁与重建——1949～1956 年的中国社会》，江西人民出版社 2002 年版。
[74] 江伟：《民事诉讼法专论》，中国人民大学出版社 2005 年版。
[75] 何文燕等：《民事诉讼理念变革与制度创新》，中国法制出版社 2007 年版。

[76] 王强义：《民事诉讼特别程序研究》，中国政法大学出版社 1993 年版。

[77] 范愉：“简论马锡五审判方式——一种民事诉讼模式的形成及其历史命运”，载马俊驹主编：《清华法律评论》（第 2 辑），法律出版社 1999 年版。

[78] 邓小荣：“契约、身份与近现代民法的演变”，载梁慧星主编：《民商法论丛》（第 15 卷），法律出版社 1999 年版。

[79] 王战平：《中国婚姻法讲义》，全国法院干部业余法律大学婚姻法法教研组 1986 年。

[80] [美] 迈克尔·D. 贝勒斯：《法律的原则——一个规范的分析》（中文版），张文显等译，中国大百科全书出版社 1996 年版。

[81] 汤维键：“试论诉讼法理与非讼法理的交错适用”，载樊崇义主编：《诉讼法学新探》，法制出版社 2000 年版。

[82] 邱联恭：《程序保障之机能》，三民书局 1996 年版。

[83] [美] 约翰·罗尔斯：《正义论》，何怀宏、何包钢、廖申白译，中国社会科学出版社 1998 年版。

[84] 蒋月：《婚姻家庭法前沿导论》，科学出版社 2007 年版。

[85] 何文燕：《民事诉讼法研究文集》，湘潭大学出版社 2013 年版。

[85] 杨永华、方克勤：《陕甘宁边区法制史稿（诉讼狱政篇）》，法律出版社 1987 年版。

[86] 毛泽东：“湖南农民运动考察报告”，载《毛泽东选集》（第 1 卷），人民出版社 1966 年版。

[87] 中国人民大学法律系民法教研室编印：《中华人民共和国婚姻法资料选编》（一），1982 年。

[88] 张晋藩：《中国法制通史》（第 8 卷），法律出版社 1999 年版。

[89] 毛泽东：“关于领导方法的若干问题（1943 年 6 月 1 日）”，载《毛泽东著作选读》（下册·甲种本），人民出版社 1965 年版。

[90] 肖爱树：《20 世纪中国婚嫁制度研究》，知识产权出版社 2005 年版。

[91] 吴军辉：《普通人的权力与正义——宪政视野下的陪审制研究》，广东人民出版社 2010 年版。

[92] 廖永安：《民事诉讼理论探索与程序整合》，中国法制出版社 2005 年版。

[93] 陈爱武：《人事诉讼程序研究》，法律出版社 2008 年版。

B. 论文类

[1] 李秀华："妇女法律条文与法律差距之实证研究分析"，载《民商法学》2000 年第 3 期。

[2] 吕璜："河南省鲁山县婚姻问题的调查"，载《新华月报》1952 年第 8 期。

[3] 李秀华："改革与完善我国婚姻家庭制度之法理研究"，载《河北法学》2000 年第 2 期。

[4] 张敏杰："中国的婚姻家庭问题研究：一个世纪的回顾"，载《社会科学研究》2001 年第 3 期。

[5] 秦燕、李亚娟："20 世纪 80 年代的婚姻法律与婚姻家庭变迁"，载《当代中国史研究》2003 年第 3 期。

[6] 王跃生："社会变革与当代农村婚嫁家庭变动研究的回顾和思考"，载《当代中国史研究》2002 年第 5 期。

[7] 刘辉晖："中国诉讼制度近现代变迁及思考"，载《社会科学研究》2005 年第 4 期。

[8] 信春鹰："婚姻法修改：情感冲突与理性选择"，载《读书》2001 年第 6 期。

[9] 王礼仁："设立人事诉讼制度之我见"，载《法律适用》2002 年第 10 期。

[10] 季卫东："程序法的意义"，载《比较法研究》1993 年第 1 期。

[11] 黄松有："和谐主义诉讼模式：理论基础与制度构建"，载《法学研究》2007 年第 4 期。

[12] 朱柏松："个人资料保护之研究——近代隐私权概念之形成及发展（上）"，载《法学丛刊》第 114 期。

[13] 王怀安："我国人民陪审员制度的优越性"，载《新建设》1956 年第 1 期。

[14] 汀谷:“解放了的婚姻关系”，载《新华月报》1950 年第 11 期。

[15] 何文燕、黄娟:“民事诉讼中法官与当事人互动关系”，载《湖南财经高等专科学校报》2000 年第 4 期。

[16] 中华全国民主妇女联合会华北工作委员会:“华北区贯彻婚姻法执行情况和今后工作的意见”，载《新华月报》1953 年第 2 期。

[17] 中南民主妇女联合会筹备委员会:“一年来执行婚姻法的初步检查和今后进一步贯彻执行的意见”，载《新华月报》1951 年第 10 期。

[18] 李步云、柳志伟:“司法独立的几个问题”，载《法学研究》2002 年第 3 期。

[19] 李杰:“完善我国身份关系诉讼制度的构想”，载《中国法学》1990 年第 6 期。

[20] 邓丽:“论法律在婚姻家庭领域的智慧与担当——纪念 1950 年婚姻法颁布 60 周年”，中国法学会婚姻法研究会 2010 年学术年会论文。

[21] 张松辉:“庭长办案到家门，农民告状免出门”，载《人民司法》1983 年第 5 期。

[22] 最高人民法院办公厅:“关于多年无音讯之现役革命军人家属待遇及婚姻问题处理办法”，载《党的文献》2010 年第 3 期。

[23] 陈杭平:“反思民事诉讼模式改革——从司法的纠纷解决力入手”，载《法制与社会发展》2008 年第 4 期。

C. 报纸文章

[1] 中央人民政府法制委员会:“有关婚姻法施行的若干问题”，载《人民日报》1950 年 6 月 28 日。

[2]“大力准备开展婚姻法的群众运动”，载《人民日报》1953 年 2 月 1 日。

[3] 李正:“加强区乡干部对婚姻法的学习”，载《人民日报》1951 年 10 月 9 日。

[4]“贯彻婚姻法运动基本结束——各地正准备把贯彻婚姻法工作转入正常化”，载《人民日报》1953 年 5 月 7 日。

[5] 徐安琪:“限制离婚不应是修改婚姻法的主要目标”，载《法制日报》

2000 年 10 月 12 日。

[6] “中国共产党中央委员会关于贯彻婚姻法运动月工作的补充指示”，载《人民日报》1953 年 2 月 19 日。

[7] “全国妇联与北京市妇联邀西北参观团座谈：新婚姻法获得各族人民热烈拥护”，载《人民日报》1950 年 4 月 26 日。

[8] “中央人民政府法制委员会有关婚姻问题问答（问题六）”，载《人民日报》1953 年 3 月 19 日。

[9] “全国各地为开展贯彻婚姻法运动创造经验，进行贯彻婚姻法试点工作”，载《人民日报》1953 年 2 月 26 日。

[10] “北京、上海贯彻婚姻法运动胜利结束”，载《人民日报》1953 年 4 月 27 日。

[11] 区梦觉：“坚决贯彻婚姻法，彻底摧毁封建婚姻制度”，载《南方日报》1951 年 11 月 22 日。

[12] 中央贯彻婚姻法运动委员会：“贯彻婚姻法宣传提纲”，载《人民日报》1953 年 2 月 25 日。

[13] 刘景范：“中央贯彻婚姻法运动委员会关于贯彻婚姻法运动的总结报告”，载《山西政报》1953 年 11 月 11 日。

D. 电子文献

[1] 张慜：“建国初期的民事审判工作”，载中国法律研究网：http://lex-china.com/Type.asp?TypeId=30，2007/9/21.

[2] “广州中院55年审理案件30万件”，载广州法院网：http://www.gzcourt.org.cn/zfxw/zfxw.jsp?lsh=1051，2004/11/05.

[3] 李宇松：“执行案件裁决过程引入陪审员机制”，载中国法院网：http://www.chinacourt.org/public/detail.php?id=209630.

后 记

本书是在我的博士学位论文基础上修改而成的。自2008年博士论文答辩之后，本应趁热打铁将其修改出版，但是由于自己的懈怠，竟然拖至如今。近几年，我国法制建设有较大发展，婚姻家庭领域也发生了较大变化，所以我又在原文稿的基础上进行了大幅度的修改，反复几稿，并增补了相应的历史资料，同时针对当前出现的新情况和新问题，提出了一些新的看法。书中的观点与资料，虽竭尽全力，但错漏在所难免，唯今后更加努力。

本书得以完成，特别要感谢的是我的导师陈刚教授。当初在博士论文的写作过程中，从选题、资料的准备，到指导论文的写作和修改，陈老师都花费了大量的心血，令我十分感动，一生难忘。感谢恩师陈老师的辛勤培养，导师严谨的学风和渊博的知识将指引着我今后的法学探索之路。此外，在我读博和写作论文期间，得到了吴军辉博士、匡青松博士、禹华初博士、陈文曲博士、唐东楚博士、易继松博士的支持和帮助，在此一并感谢！

感谢湘潭大学法学院所有的老师，他们的谆谆教诲，使我受益匪浅。

还要感谢我的家人，我的父亲和母亲，是他们给予了我最无私的爱和帮助，给我信心和支持，让我感受到了平凡而伟大的亲情。感谢生命中所有的亲人和朋友，我唯有努力前行才能回报你们的温暖爱意。

曾　琼

2016 年 6 月